dtv

Yu-i, Tochter einer wohlhabenden und den traditionellen Werten Chinas verpflichteten Familie, wird 1900 in eine Zeit des Umbruchs hineingeboren. Politische Unruhen, der Sturz des letzten Kaisers und die kommunistische Revolution prägen ihr Leben ebenso wie der zunehmende Einfluß westlicher Wertvorstellungen. Als Kind entgeht sie nur durch den entschlossenen Einspruch eines Bruders der traditionellen Verstümmelung ihrer Füße. Mit fünfzehn wird sie – von den Familien arrangiert – an einen ihr unbekannten Mann verheiratet, der ihr noch in der Hochzeitsnacht die Scheidung ankündigt. Doch allen Widrigkeiten zum Trotz findet Yu-i ihren Weg und ihre Identität. Sie wird eine erfolgreiche Geschäftsfrau, heiratet ein zweites Mal und emigriert 1974 in die USA. Dort trifft sie die junge Pang-Mei Natasha Chang, ihre Großnichte. In langen und intensiven Gesprächen rollen die beiden das außergewöhnliche Leben Yu-is noch einmal auf.

*Pang-Mei Natasha Chang*, geboren 1965 in Massachusetts, wuchs in Connecticut auf, studierte Sinologie in Harvard und promovierte in Jura an der Columbia Law School. Sie arbeitete als Anwältin in New York und lebt heute mit ihrem Mann in Moskau.

Pang-Mei Natasha Chang

# Grüner Tee und Coca-Cola

## Die Geschichte der Chinesin Yu-i, von ihr selbst erzählt

Aus dem Amerikanischen von Sabine Schwenk

Deutscher Taschenbuch Verlag

April 2000
Deutscher Taschenbuch Verlag GmbH & Co. KG,
München
www.dtv.de

Das englische Original ist unter dem Titel
›Bound Feet and Western Dress‹
bei Bantam Doubleday Dell Publishing Group, Inc. erschienen.

(ISBN 3-462-02747-6)
Umschlagkonzept: Balk & Brunshagen
Gesamtherstellung C. H. Beck'sche Buchdruckerei,
Nördlingen
Gedruckt auf säurefreiem, chlorfrei gebleichtem Papier
Printed in Germany · ISBN 3-423-30763-3

## Anmerkung der Autorin

Für die meisten chinesischen Worte in diesem Buch habe ich die Pinyin-Umschrift verwendet, welche nicht nur das amtliche System der Volksrepublik China ist, sondern in der Regel auch von Wissenschaftlern und Journalisten benutzt wird. Bei den Eigennamen wie etwa von Familienmitgliedern und Personen, die im Westen schon seit langem geläufig sind, habe ich die ältere Schreibweise nach Wade-Giles beibehalten. Deswegen heißt zum Beispiel meine Großtante Chang Yu-i anstatt Zhang Youyi, und anstelle von Jian Jieshi schreibe ich Chiang Kai-shek.

Für meine Eltern
und natürlich für Yu-i

# Inhalt

# Chronologie der Ereignisse

| | GESCHICHTE | CHANG YU-I | HSÜ CHIH-MO UND ANDERE |
|---|---|---|---|
| 1896 | William McKinley wird 25. Präsident der USA | | Hsü Chih-mo wird in Xiashi, Provinz Zhejiang, geboren |
| 1900 | Boxeraufstand | Chang Yu-i wird in Baoshan, Provinz Jiangsu, geboren | |
| 1902 | | | Geburt von Lu Xiaoman |
| 1903 | | | Geburt von Lin Huiyin |
| 1905 | Sun Yat-sen gründet Geheimgesellschaften, um den Mandschuherrscher zu vertreiben | | Zweiter und Vierter Bruder verlassen China, um bis 1909 in Japan zu studieren |
| 1907 | | Zieht nach der »Sänftenaffäre« mit ihrer Familie nach Nanxiang | |
| 1910 | | | Hsü Chih-mo besucht bis 1915 die Mittelschule von Hangzhou |
| 1911 | Revolution gegen die Mandschudynastie; Sun Yat-sen gründet die Kuomintang (Nationalpartei) | | |

| | GESCHICHTE | CHANG YU-I | HSÜ CHIH-MO UND ANDERE |
|---|---|---|---|
| | und wird ein Jahr später zum Präsidenten der Republik gewählt | | |
| 1913 | Yüan Shi-kai übernimmt das Präsidentenamt | Besucht bis 1915 die Teacher's College Preparatory School | Zweiter Bruder studiert bis 1916 in Deutschland und England |
| 1914 | Ausbruch des 1. Weltkrieges | | |
| 1915 | | Heiratet Hsü Chih-mo; zieht nach Xiashi, um bei der Familie Hsü zu leben | |
| 1916 | Bürgerkrieg; China wird zwölf Jahre lang durch Konflikte zwischen regionalen Militärherrschern zerrissen | | Hsü Chih-mo geht auf die Universität von Peking |
| 1917 | Russische Revolution; Hu Shi schlägt die Einführung der Umgangssprache als Schriftsprache vor; Regierung von Peking erklärt Deutschland den Krieg | | |
| 1918 | Ende des 1. Weltkrieges | Bringt ihren Sohn Hsü Chi-kai zur Welt | Hsü Chih-mo geht in die USA, um an der Clark University zu studieren; Zweiter Bruder studiert bis 1922 in Frankreich und Deutschland |
| 1919 | 4.-Mai-Bewegung in Peking; der | Beginnt Studium mit Privatlehrer | Hsü Chih-mo besucht nach Abschluß an der Clark Uni- |

| | GESCHICHTE | CHANG YU-I | HSÜ CHIH-MO UND ANDERE |
|---|---|---|---|
| | amerik. Präsident W. Wilson leitet die erste Versammlung des Völkerbundes in Paris | | versity die Columbia University und geht dann von New York nach London |
| 1920 | Frauen bekommen das Wahlrecht in den USA | Folgt im Winter ihrem Mann nach Europa | Hsü Chih-mo geht auf die London School of Economics; verliebt sich in Lin Huiyin |
| 1921 | Gründung der Kommunistischen Partei Chinas | Zieht nach Sawston; verläßt schwanger Paris, 3 Monate nachdem Hsü Chih-mo sie verlassen hat; verbringt die Schwangerschaft in Frankreich auf dem Land | Hsü Chih-mo geht auf die Cambridge University; verlangt in Sawston von Yu-i die Scheidung und kehrt nach Cambridge zurück |
| 1922 | Mussolini bildet faschistische Regierung | Bringt in Berlin ihren zweiten Sohn Peter zur Welt; Scheidung von Hsü Chih-mo; lebt bei Dora Berger, besucht das Pestalozzi-Fröbel-Haus, wo sie eine Ausbildung als Kindergärtnerin macht | Hsü Chih-mo läßt sich in Berlin von Yu-i scheiden; kehrt im Oktober nach China zurück; Zweiter Bruder verläßt Deutschland und kehrt nach China zurück |
| 1923 | | | Hsü Chih-mo lernt im Sommer Lu Xiaoman kennen; ist mit Lin Huiyin Übersetzer auf Rabindranath Tagores Vortragsreise durch China; gibt die angesehene Literaturbeilage der |

| | GESCHICHTE | CHANG YU-I | HSÜ CHIH-MO UND ANDERE |
|---|---|---|---|
| | | | *Chenbao* (Morgennachrichten) heraus |
| 1925 | Sun Yat-sen stirbt | Peter stirbt mit 3 Jahren; Yu-i reist mit Hsü Chih-mo durch Italien; Umzug nach Hamburg | Hsü Chih-mo fährt nach Europa, um seine Liebe zu Lu Xiaoman zu prüfen; reist mit Yu-i durch Italien; kehrt nach China zurück |
| 1926 | Unter Führung von Chiang Kai-shek startet die Kuomintang eine militärische Offensive (Nordfeldzug), um den Militärherrschern die Macht zu entreißen | Kehrt nach China zurück; gibt Hsü Chih-mo Erlaubnis, Lu Xiaoman zu heiraten | Hsü Chih-mo heiratet Lu Xiaoman |
| 1927 | Streitkräfte der Kuomintang greifen Kommunisten in Shanghai und anderen Städten an, verraten damit die unsichere Allianz im Kampf gegen Militärmachthaber | Tod beider Eltern; bezieht Haus in der Avenue Hague; unterrichtet Deutsch an der Dongwu Universität | Hsü Chih-mo verdient Lebensunterhalt für sich und Lu Xiaoman mit Vorlesungen; Lin Huiyin heiratet Liang Sicheng |
| 1928 | Chiang Kai-shek vereint China und wird Präsident; Mao Zedong initiiert im Südosten Chinas kommunistische Guerillabewegung; Herbert Hoover wird 31. Präsident der USA | Beginnt ihre Arbeit als Vizepräsidentin der Shanghai Women's Savings Bank und als Managerin des Bekleidungsgeschäftes Yunchang | Hsü Chih-mo und Kollegen gründen einen Verlag und beginnen im Jahr darauf Veröffentlichung der Literaturzeitschrift *Halbmond*; Hsü Chih-mo reist über die USA nach Europa |

| | GESCHICHTE | CHANG YU-I | HSÜ CHIH-MO UND ANDERE |
|---|---|---|---|
| 1929 | New Yorker Börsenkrach | | Hsü Chih-mo kehrt nach China zurück |
| 1931 | Japan besetzt die Mandschurei; gründet Satellitenstaat mit dem letzten chinesischen Kaiser Pu Yi als symbolischem Kopf | | Hsü Chih-mo kommt bei einem Flugzeugabsturz ums Leben |
| 1937 | Japan besetzt Shanghai; Chiang Kai-shek und Mao Zedong verbünden sich gegen Japan | | |
| 1941 | USA treten in den 2. Weltkrieg ein | | |
| 1945 | Ende des 2. Weltkrieges; die Allianz von Kuomintang und Kommunisten zerbricht im darauffolgenden Jahr | | |
| 1949 | Mao Zedong ruft die Volksrepublik China aus; Chiang Kai-shek flieht nach Taiwan | Emigriert nach Hongkong | Die meisten Mitglieder der Familie Chang verlassen China |
| 1954 | | Heiratet Dr. Su | |
| 1965 | | | Pang-Mei Natasha Chang wird in Boston, Massachusetts, geboren |
| 1974 | | Emigriert nach dem Tod von Dr. Su in die USA | |
| 1989 | | Stirbt achtundachtzigjährig in New York | |

# Prolog

Der chinesische Schrankkoffer aus geschnitztem Mahagoniholz steht noch immer im Wohnzimmer meiner Eltern in Connecticut, in dem Haus, in dem ich aufwuchs. Die zu Tigerklauen geschnitzten Füße des Möbels, das dunkel und glänzend in einer Ecke des Raumes steht, den es sich mit Eames und Le Corbusier teilt, scheinen sich am Boden festzukrallen. Ich trete vor die Truhe, betaste ihre kunstvollen Messingbeschläge und stemme den schweren Deckel hoch. In dieser Truhe ist alles: die Geheimnisse Chinas, der Geruch nach Kampfer und Stoffen, Kleider aus einer anderen Zeit und von einem anderen Ort. Die Robe meiner Großmutter aus bestickter Seide, der Smoking meines Großvaters, weiße Dinnerjackets, Reithosen. Die liebevoll gearbeiteten Schürzen von Xu Ma, meiner Amah. Und die *cheongsams*, diese schmal geschnittenen, hochgeschlossenen und seitlich geschlitzten Kleider, die meine Mutter im Sommer in Hongkong getragen hatte. Ich wühle in den mir so vertrauten Kleidungsstücken. Mit automatischen Bewegungen falte ich eins nach dem anderen wieder zusammen, ein Ritual, das ich seit meiner Kindheit vollziehe. Ausgerechnet mein Vater hat mir gezeigt, wie man einen *cheongsam* faltet und dabei auf den Kragen achtet, den wichtigsten Teil des Kleidungsstückes. Ich weiß noch, wie peinlich es mir war, daß er so viel über Frauenkleider wußte, aber er erzählte mir, er habe es selbst als Kind von seiner Mutter gelernt.

Jetzt finde ich, wonach ich gesucht habe, einen schwarzen *cheongsam*, wie sie im Yunchang verkauft wurden, dem Geschäft meiner Großtante Chang Yu-i, die in ihren letzten Lebensjahren mein Vorbild und meine Mentorin war. Das Kleid gab es schon, als ich ein kleines Mädchen war; eines Tages war es unter den Habseligkeiten meiner Großeltern aus Shanghai aufgetaucht. Es hatte kein Etikett mehr, aber Yu-i erkannte es sofort, als wir eines Nachmittags die Familientruhe durchstöberten. »Das ist aus meinem Geschäft«, sagte sie so erfreut, als sei ihr gerade ein alter Freund über den Weg gelaufen. Von da an war es Yu-is Kleid für mich, und ich akzeptierte seine Existenz genauso blind, wie ich das Geschenk annahm, das Yu-i mir in ihren letzten Lebensjahren machte. Dieses Kleid hält uns zusammen, verbindet uns, trägt uns über die Jahre und Jahrhunderte hinweg.

Während ich bei den meisten meiner Verwandten das Gefühl habe, sie schon immer gekannt zu haben, erinnere ich mich genau an meine erste Begegnung mit Chang Yu-i. Es war 1974. Ich war neun. Wie so häufig hatten wir Changs uns in der Wohnung von Vierter Schwester am Central Park West versammelt. Vierte Schwester, die sich seit ihrer Emigration nach New York im Jahre 1954 als erfolgreiche Modeschöpferin etabliert hatte, hüllte sich in exquisit geschnittene *cheongsams*, trug einen strengen Haarknoten, puderte ihr Gesicht weiß und schminkte sich die Lippen knallrot.
Die Zusammenkünfte in ihrer Wohnung waren mir ein Greuel. Immer rief sie uns – meinen Bruder, meine Schwester und mich – in ihr Zimmer und nahm uns in ihrem Shanghaichinesisch ins Kreuzverhör, fragte, warum wir nicht dicker, dünner, klüger, flinker oder artiger seien, um dann über uns zu lachen, wenn wir stammelnd eine Antwort hervorbrachten. In ihrer Gegenwart durfte keiner von uns, nicht einmal meine Mutter, eine Brille tragen. Vierte Schwester konnte einen derart häßlichen Anblick nicht ertragen.
An dem Abend bei Vierter Schwester, an dem ich Yu-i zum

ersten Mal begegnete, wurden meine Familie und ich ins Wohnzimmer geführt. Mein Blick fiel sofort auf eine Fremde mit starken Brillengläsern, die auf dem kleinen Sofa neben Vierter Schwester saß. In ihrer eleganten Bescheidenheit schien sie das komplette Gegenteil der glamourösen Vierten Schwester zu sein. Ich staunte, daß es dieser Fremden erlaubt war, ihre Brille zu tragen.

Mein Vater verkündete uns Kindern: »Das ist eure Großtante, Zweite Schwester, die gerade aus Hongkong eingetroffen ist.« Schüchtern trat ich an Yu-i heran. Während ich ihr feierlich die Hand schüttelte, sah ich durch ihre Brillengläser hindurch direkt in ihre Augen. Darin flackerte so etwas wie ein Wiedererkennen, so als hätte sie mich an einem entfernten Ort schon früher zur Kenntnis genommen. Ich erinnere mich an mein spontanes Gefühl, dieser Frau vertrauen zu können.

Nachdem sie kurz nach dem Tod ihres zweiten Mannes Hongkong verlassen hatte, lebte sie in einer Wohnung an der Upper East Side von Manhattan. In der Familie hieß sie »Qing Be Be«, ein Spitzname, der »Liebster Onkel« bedeutete und wohl von einem Familienwitz herrührte, demzufolge sie ein halber Mann war. Ich betrachtete ihr kurzes Haar und ihren dunklen Hosenanzug, und mir gefiel, was ich da sah: Ich haßte Kleider und hatte schon immer als burschikoser Wildfang gegolten. Obwohl meine Eltern nie davon sprachen, hatte ich von meinen Cousinen und Tanten vage Gerüchte gehört, daß sie eine geschiedene Frau sei. Die Art und Weise, wie sie darüber sprachen, deutete auf einen Skandal und auf großes Leid hin. Ich suchte in ihrem Gesicht nach Spuren davon, sah aber nichts als Ruhe und Intelligenz. An diesem ersten Abend sagte ich jedoch nicht mehr als ein paar Worte zu ihr. Und obwohl ich ihr danach regelmäßig bei unseren Familientreffen begegnete, begann ich erst fünf Jahre später, mit ihr zu sprechen.

Eines Sommers, es muß 1979 oder 1980 gewesen sein, lud

mein Vater Yu-i ein, uns für ein paar Tage in Connecticut zu besuchen. Offenbar hatten er und Yu-i bei einem der letzten Familientreffen über die Möglichkeit einer solchen Reise gesprochen. Mein Vater, Jahrgang 1940, hatte Yu-i als Kind gekannt; er und seine Familie hatten in Shanghai in ihrer Nachbarschaft gewohnt. Als 1949 die Kommunisten kamen, gingen mein Vater und seine Familie nach Hongkong, dann nach Tokio und schließlich Brasilien, ehe es sie nach Amerika verschlug. Yu-i verließ China im gleichen Jahr, um nach Hongkong zu gehen, wo sie ihren zweiten Mann kennenlernte und bis zu seinem Tod im Jahre 1974 lebte.

Bei ihrem ersten Besuch in Connecticut brachte Yu-i das Rezept und die Zutaten für *zongzi*, einen in Bambusblätter gewickelten klebrigen Reis, mit. Unter Yu-is wachsamem Auge bereiteten meine Mutter und ich das Fleisch und die Reisfüllung vor und tränkten dann die großen Bambusblätter, damit sie fürs Einwickeln schön weich wurden. Als wir unser erstes *zongzi* zubereitet hatten, erklärte Yu-i unseren Versuch für gelungen. Von da an brachte uns Yu-i jeden Sommer das Rezept für ein neues Gericht mit: Einmal waren es *jiaozi*, Fleischklößchen, ein anderes Mal war es Garnelensauce. Aufmerksam beaufsichtigte sie uns beim Kochen und bewertete dann unsere Leistungen. Ich mochte die besonnene, vorsichtige Art meiner Großtante. Während wir kochten, erzählte sie mir halb auf englisch, halb auf chinesisch von den Unterschieden zwischen China und Amerika, zwischen früher und heute. Ich war zu Hause mit der englischen Sprache aufgewachsen, begann aber in der High-School, Chinesisch zu lernen. Wenn Yu-i sich mit mir unterhielt, schwang in ihrer Stimme nicht der geringste Vorwurf mit, daß ich zu amerikanisch sei oder vielleicht jenes China, von dem sie sprach, nicht verstehen könne. Keiner meiner Verwandten seitens der Changs, nicht einmal mein Vater oder meine Großeltern, hatte eine so unkomplizierte Art, sich mit mir zu unterhalten.

Als Teenager durchlebte ich zu dieser Zeit gerade eine heftige Identitätskrise. Ich gehörte zur ersten Generation meiner Familie, die in den Staaten geboren war, und fühlte mich zwischen zwei Kulturen zerrissen. Ich war eine Chinesin und Amerikanerin zugleich und sehnte mich danach, in einem Land richtig zu Hause zu sein. Ich wünschte mir eine Zukunft, ohne daß ich mich auf eine Vergangenheit hätte stützen können. Ich wollte meine Herkunft begreifen und schämte mich zugleich meines Erbes.

Als ich 1983 aufs Harvard College ging, beschloß ich, als Hauptfach Sinologie zu belegen, weil dieser Fachbereich einen hervorragenden Ruf hatte. Ich wollte China endlich verstehen. Um so verwirrter war ich, als man mich mit systematischen Analysen der politischen und kulturellen Traditionen dieses Landes überschüttete. Zu meiner großen Enttäuschung berührte mich nichts von dem, was ich über China erfuhr, in besonderer Weise, und ich nahm es Studenten anderer Hauptfächer sehr übel, wenn sie einfach davon ausgingen, daß mir das Wissen über China sozusagen »angeboren« sein müßte. Wenn ich nicht mehr von China verstand als meine Kommilitonen, die größtenteils Amerikaner waren, dann stimmte vielleicht etwas nicht mit mir. War ich nicht chinesisch genug? Davor hatte ich oft Angst.

In diesem Jahr, in dem ich ein Einführungsseminar über die Geschichte Chinas machte, stieß ich in mehreren Texten auf den Namen meiner Familie. Die Changs wurden in der Regel im Zusammenhang mit der 4.-Mai-Bewegung genannt, die zwischen 1919 und 1926, als westliche Ideale in China immer mehr Einfluß gewannen, zu ungeheuren Umwälzungen in der traditionellen konfuzianischen Kultur führte. Diese Epoche, benannt nach der ersten prodemokratischen Demonstration, die am 4. Mai 1919 auf dem Tiananmen-Platz stattfand, brachte unter anderem eine neue chinesische Schriftsprache und eine progressive Literatur hervor. Zwei meiner Großonkel, Chang Chia-sen und Chang Chia-ao, die wir in unserer Familie Zweiter und Vierter Bruder nannten, wurden wegen ihrer Leistungen im Staatsdienst und im Bankwesen erwähnt. Ich kannte die beiden aus meiner Kindheit. Seit ihrem Tod Mitte der siebziger Jahre erwies ich ihnen jedesmal, wenn ich in San Francisco die Eltern meines Vaters besuchte, an ihren Gräbern auf einem kalifornischen Hügel die Ehre.

Zu meiner Überraschung wurde auch meine Großtante Chang Yu-i im Zusammenhang mit ihrer Scheidung von Hsü Chih-mo erwähnt, einem bekannten romantischen Dichter dieser Zeit, der westliche Reimformen und Metren in die moderne chinesische Poesie eingeführt hatte und Mitbegründer einer einflußreichen Zeitschrift namens *Halbmond* war. Ihre Scheidung wird häufig als die erste moderne Scheidung Chinas bezeichnet.

Als ich nach meinem ersten Collegejahr im Sommer nach Hause kam, wartete ich gespannt auf Yu-is Besuch. Ich mußte es unbedingt wissen. Konnte diese Frau, die ich teils als respektwürdige Ältere und teils als bescheidene Immigrantin betrachtet hatte, diese romantische Heldin sein, wie ich sie mir aus meinen Geschichtsbüchern vorstellte? Einen Tag nach ihrer Ankunft holte ich die Bücher, in denen ihr Name erwähnt wurde, hervor und bat sie, mir ihre Geschichte von Anfang an zu erzählen.*

* Diesen Passagen ist zu Beginn jeweils der Name Yu-i in chinesischen Schriftzeichen hinzugefügt.

# Eine Frau ist ein Nichts

幼儀

Ich bin die Schwester deines Großvaters, Chang Yu-i, und bevor ich dir meine Geschichte erzähle, möchte ich, daß du dir eins merkst: In China ist eine Frau nichts wert. Wird sie geboren, muß sie ihrem Vater gehorchen. Wird sie verheiratet, muß sie ihrem Mann gehorchen. Und wird sie Witwe, muß sie ihrem Sohn gehorchen. Du siehst also, eine Frau ist ein Nichts. Das ist das erste, was du wissen solltest, damit du meine Geschichte verstehst.

Ich wurde in dem kleinen Bezirk Baoshan in der Gegend um Shanghai geboren. Wir waren zwölf Kinder, acht Jungen und vier Mädchen, aber meine Mutter, deine Urgroßmutter, erzählte den Leuten immer, sie habe acht Kinder, weil nur die Jungen zählten. Söhne ließen den Familiennamen weiterleben, während Töchter heirateten und gegenüber der Familie ihres Mannes Pflichten übernahmen.

Wenn im Haus ein Junge geboren wurde, verwahrten die Dienerinnen seine Nabelschnur in einem Krug unter Mutters Bett auf. Wenn ein Mädchen geboren wurde, vergruben sie seine Nabelschnur draußen vor dem Haus. Ein Mädchen verließ das Vaterhaus, sobald es erwachsen wurde, und es war schließlich nicht nötig, die Nabelschnur eines Gastes aufzubewahren.

Dein Großvater und ich sind Geschwister, und wir sind fast gleichaltrig. Ich wurde 1900 geboren, er 1902. Es gab einen weiteren Bruder, Siebter Bruder, der nur elf Monate nach mir auf die Welt kam. In unserer Familie gab es ständig so viele kleine Kinder, daß ich erst mit sechs Jahren ganz abgestillt

war. Ich brauchte nur zu meiner Amah zu gehen und nach ihren Brüsten zu greifen, wenn ich trinken wollte. Ich habe so lange Muttermilch bekommen, daß ich nie krank werde, selbst jetzt nicht, da ich alt bin. Ich war schon immer der Überzeugung, daß es das ist, was mich so stark gemacht hat.
In der Familie heißt es allerdings, ich sei schon so auf die Welt gekommen, zäh wie ein Mann. Siebter Bruder, der nur elf Monate nach mir Geborene, war das genaue Gegenteil. Siebter Bruder war weich und schwach wie eine Frau. Alles, was an Männlichem in meiner Mutter war, habe ich mitgenommen, als ich auf die Welt kam, und Siebtem Bruder nur noch das Weibliche gelassen, sagt die Familie. Darüber muß ich lachen, aber ich bin mir nicht sicher, ob ich es genauso sehe. Ich glaube eher, daß mich das Leben hart gemacht hat. Stell dir doch einmal vor: In deinem Alter, mit achtzehn, war ich schon drei Jahre verheiratet. Verheiratet mit fünfzehn und im Alter von zweiundzwanzig geschieden. So jung und schon so viel durchgemacht.
Ich lebe jetzt alleine in New York – mein Sohn und meine Enkel wohnen in der Nähe, aber nicht bei mir, so, wie das in Amerika üblich ist. Damals in Baoshan lebte unsere ganze Familie zusammen in einem großen Haus, so, wie das in China üblich war. Das Haus stand in der Nähe des Stadtzentrums und hatte zwei Höfe – einen offiziellen und einen inoffiziellen – und eine Eingangshalle mit acht Mahagonitüren. Die meisten Häuser hatten nur einen Hof und einen Eingang mit vier Türen, aber wir besaßen viel Land in der Gegend, und dein Ururgroßvater, mein Großvater, war in der kaiserlichen Regierung ein Richter von hohem Rang gewesen. Ich habe Großvater Chang nicht mehr gekannt, aber sein Portrait hing über dem Ahnenaltar in der Eingangshalle, die wir für Gäste benutzten, und in einem extra dafür errichteten Schuppen im Vorderhof befanden sich die beiden Sänften, die ihm ein Vertreter des Hofes überreicht hatte. Wir waren die einzige Fa-

milie, die ihre eigenen Sänften besaß, und sie waren so wertvolle Besitzstücke, daß wir sie nur zu besonderen Anlässen benutzten. Im Zusammenhang mit diesen Sänften sollte sich eine unglückliche Geschichte ereignen, aber davon erzähle ich dir später. Die natürliche Lage des Hauses, die *fengshui*, was wörtlich »Wind und Wasser« bedeutet, war hervorragend und voll guter Vorzeichen. Aus dem Norden kommen Winde und Feinde, aus dem Süden kommen Sonnenschein und Glück. Unser Haus stand genau auf einer Nord-Süd-Achse, wobei seine Front nach Süden zeigte. Wir hatten großes Glück, ein Haus in dieser Lage gefunden zu haben.

Mein Vater, Baba, hatte zwei ältere Brüder, und wir lebten mit ihren Familien und mit Großmutter Chang im hinteren Teil des Hauses, jenseits des zweiten Hofes. Drei Generationen, die unter einem Dach zusammenlebten: Wir waren so viele, daß wir getrennte Küchen und Dienstboten hatten. Wir hatten sogar eine Bedienstete, die nichts anderes tat, als Schuhe für die Familie zu nähen. Damals trug man Stoffschuhe, und unsere große Familie brauchte jeden Tag neue Schuhe. Es gab auch einen Schäferhund im Haus. Einer der älteren Cousins, die um die Jahrhundertwende im Westen studierten, hatte ihn mitgebracht, als er noch klein war; er war unser kleiner Liebling, bis wir ihn töten mußten. Die Diener wußten mit diesem Hund nicht umzugehen; sie gaben ihm so viele Essensreste zu fressen, daß ihm sein ganzes Fell ausging, er zu bluten begann und Blasen bekam, bis wir ihm schließlich Gift gaben, damit er im Schlaf sterben konnte.

Baba, mein Vater, dein Urgroßvater, war Arzt, ein sehr guter Arzt. Noch heute kommen Leute auf mich zu, um mir zu sagen: »Ihr Vater hat meiner Mutter das Leben gerettet.« Baba schien jeden heilen zu können, aber die Spendenbüchse, die draußen vor seiner Praxis stand, war selten mit Geld gefüllt. Dies lag daran, daß seine Patienten glaubten, ihm mit Geld nicht genug Dankbarkeit oder Respekt erweisen zu können. Statt dessen schenkten sie ihm frisch geschlachtete Hühner oder Enten, die sie täglich mit süßem Wein und Reis gefüttert hatten, Eier oder Gemüse und manchmal sogar Gemälde. Du kennst doch all diese chinesischen Bilder, die dein Vater in eurem Haus in Connecticut aufgehängt hat? Sie sind von Baba, deinem Urgroßvater, und viele stammen ursprünglich von Babas dankbaren Patienten. So ein guter Arzt war Baba, daß er mit Gemälden bezahlt wurde. Jeder in der Umgebung wußte von seiner Sammlung und wollte ihr etwas hinzufügen. Alle Bilder wurden in einem hohen Mahagonischränkchen in Babas Schlafzimmer aufbewahrt. Wenn mein Vater sie herausnahm, in der Regel nicht mehr als eine oder zwei Rollen zugleich, breitete er sie auf einem langen, niedrigen Tisch mit abgerundeten Kanten aus, der extra als Unterlage für die Werke geschreinert worden war. Die chinesische Malerei brauche die Bewunderung des Himmels, sagte Baba, als er uns erklärte, inwiefern sich diese Malerei in ihrer Sichtweise von der westlichen unterscheide. Die besten Gemälde wurden nur hervorgeholt, damit dein Großvater, Achter Bruder, und ich sie säubern konnten, indem wir vorsichtig mit winzigen Federstaubwedeln über das Reispapier fuhren. Von allen Kindern waren dein Großvater und ich die einzigen, denen mein Vater erlaubte, sich seinen Gemälden zu nähern; während wir arbeiteten, wich er uns nicht von der Seite und erklärte uns, welch ein Genius sich hinter einer in Nebel gehüllten Gebirgslandschaft oder einem historischen Portrait verbarg. Unsere Lieblingsgeschichte war die von Zhang Sengyao, einem Künstler der alten Zeit, der sich darauf spezialisiert hatte, den Drachen zu zeichnen, jedoch niemals die Augen des Drachens ausmalte. Als Zhang Sengyao eines Tages im Begriff war, einen prachtvollen Drachen fertigzustellen, befahl ihm seine Majestät kraft kaiserlichen Edikts, mit seinen letzten Pinselstrichen die Augen des Geschöpfs zu vollenden. Da er keine andere Wahl hatte, gehorchte der Künstler, und siehe da, der Drache hob seine schweren Flügel und schwebte vom Papier davon!

Du mußt verstehen, wie ich mich Baba gegenüber zu verhalten hatte. Alles war sehr förmlich. Wenn ich euch im Sommer besuche, sehe ich, wie locker und ungezwungen du mit deinen Eltern umgehst, aber solch ein Verhalten brachte man mir als Kind nicht bei. Man brachte mir bei, die Älteren zu respektieren und mich zu benehmen.
Respekt gegenüber den Älteren, so lehrte man uns, heißt zunächst einmal, daß dein Körper und dein Leben ein Geschenk deiner Eltern sind. Dies bedeutet, daß es ungehörig ist, wenn jemand versucht, Selbstmord zu begehen. Ich erzähle dir das, damit du verstehst, warum ich mich später, als mein Leben so traurig war, nicht umbringen konnte. Ich mußte meinen Eltern Ehre machen und auf meinen eigenen zwei Füßen stehen. Die zweite Lehre lautete wie folgt: Du mußt deinen Eltern immer sagen, wohin du gehst und was du tust. Du mußt sie bei wichtigen Lebensentscheidungen um Erlaubnis fragen. Auch dies erzähle ich dir, damit du begreifst, daß ich später, als ich mich scheiden ließ, ohne meinen Eltern etwas davon zu sagen, gegen diese Regel, die Teil meiner Vergangenheit war, verstieß.
Über die anderen Lehren, die man mir als Kind erteilte – insgesamt waren es vierundzwanzig klassische Beispiele für den Respekt gegenüber den Älteren –, wirst du wahrscheinlich lachen müssen. Ein Kind, das seinen Eltern vollkommene Hochachtung entgegenbrachte, legte sich in deren Bett, um es im Winter mit seinem Körper zu wärmen und im Sommer den Moskitos die Gelegenheit zu geben, sich zuerst an ihm gütlich zu tun. An seinem fünfzigsten Geburtstag hüllte es sich in Säuglingskleider und tanzte seinen Eltern etwas vor, damit sie sich unbeschwert und jung fühlen konnten. Am

liebsten mochte ich die Geschichte von dem respektvollen Kind, dessen kranke Mutter im tiefsten Winter Gelüste auf eine Suppe mit Bambussprossen hatte. Das Kind vergoß so heiße und aufrichtige Tränen auf ein Bambusfeld, daß sein Weinen sich in einen milden Frühlingsregen verwandelte und schon bald Bambussprossen durch den Schnee hervorbrachen.

So wurde ich erzogen: meiner Familie und allen Älteren Respekt und Achtung entgegenzubringen. Niemals näherte ich mich Baba, ohne ihn um Erlaubnis zu fragen, und niemals entfernte ich mich, ohne daß er es mir gestattet hätte. Erst wenn er das Wort an mich richtete, sprach ich in seiner Gegenwart. Wenn er mich ausschimpfte, neigte ich den Kopf als Zeichen des Dankes für seine Züchtigung. Ich sprach meinen Vater auch niemals mit »du« an. Ich durfte zum Beispiel keinesfalls sagen: »Möchtest du noch eine Tasse Tee?« Es mußte heißen: »Baba, möchte Baba noch eine Tasse Tee?« Meistens fragte ich meinen Vater jedoch nicht einmal, ob ich ihm nachschenken solle; ich tat es einfach. Ihm seine Wünsche von den Lippen abzulesen zeugte von noch größerem Respekt.

Genauso wie dein Großvater war auch Baba ein sehr pedantischer, jähzorniger Mann. Von all meinen Brüdern ähnelte dein Großvater Baba am meisten; er hatte das gleiche schmale Gesicht mit den hohen Wangenknochen und die gleiche Art, laut zu werden oder mit Dingen um sich zu werfen, wenn er wütend war. Ein schreckliches Temperament.

Was sein Essen betraf, war Baba sehr pingelig. Er bestand darauf, eine vom Rest der großen Familie getrennte Küche mit Koch und Angestellten zu unterhalten. Großmutter Chang, die beiden Onkel und ihre Familien legten ihre Küchen samt Bediensteten in der Regel zusammen, während wir wegen Baba eine für uns hatten. Morgens, während mein Vater sein Frühstück einnahm, standen der Koch und der erste und zweite Küchenjunge vor ihm stramm, um bekanntzugeben, welches frische Gemüse und Fleisch sie am frühen Morgen auf dem Markt aufgetrieben hatten. Baba traf dann die wichtige Entscheidung, was die Familie an diesem Tag zu Mittag essen würde. Manchmal verkündete er auch einfach seine Wünsche, ohne den Koch anzuhören. Meine Mutter sagte, das Essen sei der einzige Grund, warum mein Vater sich morgens aus dem Bett erhebe, und da hatte sie recht; zu essen und übers Essen nachzudenken machte Baba sehr glücklich. Wenn er über Speisen sprach, leuchteten die Augen in seinem Gesicht, und er war dann auch nicht so unbeherrscht wie sonst. Während er über die Enden seines Schnurrbartes strich oder die Arme vor seinem langen, dünnen Oberkörper verschränkte – er war überhaupt nicht dick –, erklärte er dem Koch detailliert, wie er die Dinge haben wollte: wie das Essen serviert werden und wie schwer es auf seinen Stäbchen wiegen sollte, wie es über seine Zunge zu gleiten und beim Kauen zu klingen hatte, wie es sich beim Schlucken anfühlen und natürlich, wie es beim genüßlichen Verspeisen schmecken sollte. Geschmack bedeutete ihm alles. Manchmal ging Baba selbst in die Küche, um die Arbeit des Kochs zu überwachen. Meistens überließ er es jedoch meiner Mutter, den Koch zu beaufsichtigen, und selbst dies war in chinesischen Familien ungewöhnlich. Die Frauen der Onkel betraten niemals ihre Küchen und zogen meine Mutter manchmal damit auf, daß sie so viel Zeit hinten bei den Bediensteten verbrachte. Aber Baba war so eigen, wenn es um sein Essen ging, daß es ihm egal war, ob man das Verhalten seiner Frau für unschicklich hielt. Außerdem beschwerte sich meine Mutter nicht. Sie sagte, wenn Baba sie in der Küche sehen wolle, dann müsse sie ihm gehorchen.

Meine Mutter war erst zwei, als sie Babas Familie versprochen wurde. Mein Vater war damals noch nicht einmal geboren, aber ihre Familien waren eng befreundet, und die Älteren beschlossen, daß Baba, sollte er ein Junge werden, meine Mutter heiraten würde. Es gibt ein berühmtes chinesisches Sprichwort: »Wenn das Weib zwei Jahre älter ist, wird es Reis in Hülle und Fülle geben.« Und das traf auf unsere Familie zu. Wir waren sehr glücklich und hatten Essen im Überfluß.

Ich habe zwei Namen, »Yu-i« und »Chia-fen«. »Chia-fen« ist mein offizieller Name. Das Schriftzeichen »Chia« ist sehr kompliziert, während das Zeichen »Fen« sehr einfach zu schreiben ist. »Chia« ist der Name meiner Generation; bei allen meinen Geschwistern und Cousins ist das Zeichen »Chia« erster Teil ihres Namens. »Chia« bedeutet herrlich, schön.

Kurz nachdem er meine Mutter geheiratet hatte, dichtete Baba einen Vers für die Familie Chang: *chia kuo pang ming*. Das bedeutet »herrliches Reich, gerechter Staat« und sollte Babas tiefe Liebe und Treue zu China ausdrücken.

Jedes Zeichen dieses Verses wurde zum Namen für eine Generation bestimmt. Meine ganze Generation trägt das Zeichen »Chia« in ihrem Namen. Die Namen aller Mitglieder der Generation deines Vaters beginnen mit dem Zeichen »Kuo«, Reich. Deine ganze Generation trägt Namen mit dem Zeichen »Pang« für Staat. Die Namen deiner Kinder, beziehungsweise der deines Bruders, werden mit dem Zeichen »Ming« anfangen, das soviel wie gerecht oder aufgeklärt bedeutet. Jede neue Generation übernimmt das nächste Zeichen des Verses, bis wir einmal durch sind und wieder von vorne anfangen.

Da der erste Teil des Namens bereits feststeht, ist es sehr wichtig, den zweiten gut auszuwählen. Meine Eltern wählten für Ersten Bruder, das älteste Kind, das Zeichen »Pao«, weil es Schutz oder Hüter bedeutet, das heißt Sicherheit. Erster Bruder trug eine große Verantwortung; er besaß eine Baumwollfabrik und war stets damit beschäftigt, sie zu überwachen. Zweiter Bruder hatte mehr von einem Gelehrten – ständig las er oder war in Diskussionen mit seinen Freunden vertieft –, und sein Name »Sen«, was erhaben oder ehrwürdig bedeutet, paßte gut zu ihm. Vierter Bruder hieß »Ao«, das Zeichen für ein altes Musikinstrument.

Mein Name lautet »Fen«, das heißt Jade, ein Stein, der in China als edel und wertvoll gilt. Jade steht für alle menschlichen Tugenden. Es gibt neun Arten von Jade, für die jeweils ein unterschiedliches chinesisches Schriftzeichen existiert. Mein Name bezeichnet nicht die weitverbreitete grüne »bi«-Jade, sondern die ungewöhnliche, klare »fen«-Jade. Als Baba einmal von einer Reise heimkehrte, brachte er eine Brosche mit, in der sich, wie sie so schimmernd in seiner Hand lag, das Sonnenlicht brach. Es war eine Brosche aus »fen«-Jade, die er nur mir – und keiner meiner Schwestern – mitgebracht hatte, wegen meines Namens.

Chia-fen ist mein offizieller Name. Mein anderer Name lautet Yu-i. Das ist der Name, den ich im Alltag benutze. »Yu« bedeutet Güte und »I« Anstand, Rechtschaffenheit. Ich weiß nicht, ob es an meinem Namen liegt, aber ich habe immer versucht, mich korrekt zu verhalten, zuerst gegenüber meiner Familie und dann gegenüber der meines Mannes. Deshalb habe ich manchmal das Gefühl, niemals mein eigenes Leben gelebt zu haben.

Im Jahre 1900, meinem Geburtsjahr, versuchte eine Gruppe von Chinesen, die sogenannten »Boxer«, die westlichen Gesandtschaften in der Haupstadt Peking zu belagern. Nachdem ihnen dies zwei Tage lang gelungen war, wurden sie von einer 20.000 Mann starken internationalen Armee, die die amerikanischen, japanischen und russischen Streitkräfte geschickt hatten, um ihre Besitztümer zu schützen, abgeschlachtet. Zweiter Bruder, Chang Chia-sen, der damals vierzehn war, zerstückelte vor meinen Augen eine Melone aus dem Vorderhof, um mir dieses entsetzliche Massaker zu erklären.

Der Vorderhof war eigentlich für Gäste reserviert, aber an einer Rebe, die in einer Ecke an der Mauer hochkletterte, wuchsen Melonen, und dort saßen wir eines Nachmittags, als Zweiter Bruder mir erklärte, ich sei alt genug, um die Welt um mich herum zu begreifen.

Neben Viertem Bruder mochte ich Zweiten Bruder am liebsten. Er war zwar etwas zerstreut und verträumt, aber klug; Vierter Bruder, Chang Chia-ao, der drei Jahre jünger war, handelte weitaus besonnener und überlegter. Die beiden wurden die berühmtesten meiner Brüder; nachdem sie in Japan studiert hatten, kehrten sie nach China zurück, wo sie herausragende Karrieren einschlugen, Vierter Bruder als Vorsitzender der Bank von China und Zweiter Bruder als einflußreicher Staatsmann und Philosoph.

Beide kümmerten sich ihr ganzes Leben lang um mich, jeder auf seine Weise. Zweiter Bruder erklärte mir, was ich nicht alleine lernen konnte. Vierter Bruder wählte einen gebildeten Ehemann für mich aus und brachte mir in verschiedenen Momenten meines Lebens bei, wie man sich in der Öffentlichkeit korrekt verhielt. Ihm lag etwas daran, welches Bild ich nach außen vermittelte. Zweiter Bruder jedoch lehrte mich wie kein anderer, das zu respektieren, was ich selbst fühlte, unabhängig davon, wie ich nach außen erscheinen mochte.

An diesem Nachmittag im Vorderhof sagte mir Zweiter Bruder, ich solle mir China als eine Melone vorstellen. Wir hatten eine besonders große, feste und helle Frucht ausgesucht, die er mir reichte, damit ich ihr schweres, reifes Gewicht in meinen Armen spüren konnte. Dann nahm sie Zweiter Bruder wieder an sich und stieß ein Messer durch ihre glatte Schale, um die Frucht in zwei fast gleiche Hälften zu zerteilen. Während er den größeren Teil der Melone abtrennte und in die Höhe hielt, so daß der Saft über seinen Handrücken lief, sagte er: »Dieses Stück sind die Provinzen und Häfen Chinas, die jetzt in fremder Hand sind.«

Wir hatten Indochina an Frankreich verloren, Burma und Hongkong an Großbritannien, die Mandschurei und Port Arthur an Rußland und Korea an Japan, erklärte mir Zweiter Bruder, während er das Fruchtfleisch mit der stumpfen Seite seines Messers aus der Schale löste. Er schnitt mir eine dicke Scheibe ab und zählte dabei die fünf wichtigsten Häfen auf, die gezwungen worden waren, sich dem britischen Handel zu öffnen: Amoy, Kanton, Fuzhou, Ningbo und Shanghai. Im nahegelegenen Shanghai, wo die ausländische Herrschaft am tyrannischsten war, regierten Ausländer mit eigenen Regeln und Gesetzen über große Teile der Stadt und machten dabei riesige Gewinne auf Kosten des chinesischen Volkes.

Die Boxer waren Chinesen, die hauptsächlich vom Land kamen, alle Menschen und Ideen aus dem Westen haßten und jeden Anflug ausländischen Denkens in China ausrotten wollten. Auch die Qing-Regierung, die einen großen Teil Chinas ans Ausland verloren hatte, haßte den Westen. Aber die Kaiserinwitwe und ihr Hof hatten die Modernisierung zu langsam in Gang gesetzt und waren zu schwach, um selbst zu handeln. Deshalb unterstützten sie heimlich die Boxer und finanzierten nicht nur ihre Kampfausbildung in entlegenen Gegenden, sondern auch den Einzug der Bewegung in die Hauptstadt. Mit ihr machte sich traurigerweise eine konservative Gesinnung breit, sagte Zweiter Bruder. Die Boxer, die durch und durch fremdenfeindlich eingestellt waren, glaubten, daß sie durch altüberlieferte Übungen und Atemkontrolle gegen Kugeln gefeit seien. Zwar waren die Boxer den Ausländern zahlenmäßig kaum unterlegen, doch sie versuchten, die internationalen Streitkräfte mit Lanzen und Schwertern anstatt mit Schußwaffen zu bekämpfen. Ihre Niederlage war so verheerend, daß zwei chinesische Beamte angesichts dieser Demütigung Selbstmord begingen. Die Kaiserinwitwe floh, getarnt als einfache Bäuerin, in den Westen Chinas, um in Xi'an den kaiserlichen Hof wiederherzustellen.

»All dies geschah in dem Jahr, in dem ich geboren wurde«, sagte Zweiter Bruder, der mir damals etwas erklärte, das ich schon immer tief in mir gespürt hatte, selbst aber nicht in Worte fassen konnte. Weißt du, wenn meine Mutter sagte, Frauen seien nichts wert, und meine Amah mich als »Gast« und als »verschwendete Schale Reis« verwünschte, hörte ein Teil von mir hin, aber der andere Teil hörte einfach weg. Ich war in eine Zeit der Veränderungen hineingeboren und besaß zwei Gesichter, eines, das auf die Reden der Alten horchte, und ein anderes, das denen der Jungen lauschte. Ein Teil von mir blieb im Osten, während der andere nach Westen ausschaute, und meine Seele war die einer Frau und die eines Mannes zugleich.

## Lotosblüten

Nach den chinesischen Schriftzeichen meiner Familie väterlicherseits heiße ich Pang-Mei, während ich den Namen Natasha einer Figur aus dem Buch *Krieg und Frieden* zu verdanken habe, das meine Mutter kurz vor meiner Geburt zu lesen begonnen hatte, weil ich zwei Wochen zu spät kam. Pang bedeutet »Land«, und Mei bedeutet »Pflaumenblüte«, die Nationalblume Chinas. Mein Vater hat mir oft von den Changs erzählt, die ihre Namen vom Familiengedicht ihrer Vorfahren ableiten, aber Natasha ist trotzdem der Name, mit dem ich mich, als ich heranwuchs, am meisten identifizierte. Ich schrieb ihn besonders gerne, mit einem großen *N*, das sich schützend über die drei kleinen *as* erhob. »Natasha« war auch einfacher auszusprechen. »Pang-Mei« hieß ich nur in meiner Familie; wenn Freunde diesen Namen hörten, dann lachten sie.

Ich sprach englisch mit meinen Eltern und sah gottergeben und mit absoluter Regelmäßigkeit *Drei Jungen und drei Mädchen* und andere amerikanische Fernsehserien. Zwischen den Unterrichtsstunden spielte ich die gängigen Pausenspiele und hielt mich für ebenso amerikanisch wie die anderen Kinder in der Schule, von denen die meisten weiße Vertreter der Mittelklasse und irisch-katholischer oder italienischer Abstammung waren. Ich wußte immer genau, was ich in den Eisdielen im Einkaufszentrum unseres Viertels haben wollte: Mint Chocolate Chip von Friendly's mit bunten Streuseln darauf oder Jamoca Almond Fudge im Becher von Baskin-Robbins.

Wenn ich manchmal zum Auto zurückging, das Eis in der ei-

nen Hand, das Wechselgeld für meine Mutter in der anderen, dann hörte ich sie, die höhnischen Bemerkungen der Teenager, die vor dem Zentrum herumlungerten. Schlitzauge. Reisfresser. Ching chang chong.
Immer wenn so etwas passierte, wäre ich am liebsten einfach aus der Stadt, in der ich aufwuchs, verschwunden. Wenn ich an solchen Nachmittagen daran erinnert wurde, daß ich mein Anderssein im Gesicht trug, versteckte ich mich in unserem Haus, das am Hang gebaut war und auf einem Hügel hoch über der Straße lag. Dort oben konnte ich mich in eins unserer großen Wohnzimmerfenster hocken und auf die anderen Kinder herabsehen, die wie Ameisen oder Käfer unter mir herumhuschten.
Einmal, als ich mit meiner Mutter und meiner Schwester im Einkaufszentrum war, probierte meine Schwester in einer Umkleidekabine ein Kleid an und sagte voller Verzweiflung: »O nein, bloß nicht. Darin sehe ich zu sehr aus wie ein Schlitzauge.« Meine Mutter riß die Hand hoch, so als wolle sie meine Schwester schlagen – dabei schlug meine Mutter uns nie –, so schockiert war sie. Sie sah meine Schwester mit einem tiefverletzten Blick an und fauchte: »So etwas wirst du *nie* wieder sagen.«
Aber ich verstand, was meine Schwester empfand. Auch ich wollte keine Chinesin sein.
Sowohl mein Vater, der Professor war, als auch meine Mutter, die als Pädagogin arbeitete, hatten schon als Teenager die amerikanische Schule besucht. Für sie war Chinesisch ihre zweite Sprache. Sie waren jung und gutaussehend und ähnelten nicht den anderen Chinesen, die ich in der Stadt sah, Leute, die schlurfend und mit krummem Rücken in Wäschereien und Restaurants arbeiteten und schlechte Zähne entblößten, wenn sie den Mund aufmachten. Jedesmal, wenn Freunde von mir meine Eltern kennenlernten, gaben sie danach überraschte Kommentare ab: »Sie wirken überhaupt

nicht wie Chinesen« oder »Sie haben ja gar keinen Akzent«. Damals machte mich das stolz.

Neben unserer Auffahrt, in einer Art natürlichem Sandkasten, der den gärtnerischen Bemühungen meiner Eltern bislang entgangen war, bauten mein Bruder, meine Schwester und ich riesige, festungsartige Schlösser, die von aufwendigen Burggräben und Bewässerungssystemen umgeben waren. Oder wir halfen meinem Vater, am Rande unseres Grundstücks ausladende Wacholdersträucher und Eiben zu pflanzen. In diesen Momenten, in denen wir auf die harte Erde Neuenglands einhackten, waren wir eigentlich auf der Suche nach China. Denn das hatte ich in der Schule gehört: daß wir auf einem langsamen Schiff hinfahren oder aber uns zur anderen Seite der Erde hindurchgraben könnten. Sooft ich den Wahrheitsgehalt dieser Erzählungen auch in Frage stellte, ich hatte sie immer im Hinterkopf und stellte mir vor, wie wir einen riesigen Felsbrocken zur Seite rollen würden und plötzlich eine belebte Straße mitten in Peking vor uns hätten, mit Rikschafahrern und Männern mit lustigen Hüten und allem Drum und Dran.
Was mich immer beunruhigte, war die Frage, was sie dann tun würden, diese Chinesen. Was würden sie tun, wenn sie mein großes Gesicht sehen würden, das durch ein Loch im Himmel auf sie niederstarrte?

幼儀

Du hast mich nach meiner Kindheit gefragt. In China gibt es ein Märchen, in dem es heißt, daß der Mond einst von zwei Schwestern bewohnt wurde. Ihr Bruder lebte auf der Sonne. Den beiden Schwestern, die sehr schön waren, wurde es zunehmend peinlich, daß so viele Menschen sie nachts anstarrten. Sie baten ihren Bruder, sein

Heim mit ihnen zu tauschen. Er lachte und erklärte ihnen, daß es tagsüber noch viel mehr Menschen gäbe als nachts, so daß noch mehr Augen zu ihnen hochsehen würden. Die Schwestern versicherten ihm, daß sie einen Plan hätten, wie sie die Menschen daran hindern würden, zu ihnen hochzuschauen. So tauschten sie miteinander. Die beiden Schwestern richteten sich auf der Sonne ein und der Bruder auf dem Mond. Wenn heute jemand versucht, die Schwestern anzusehen, stechen die beiden Frauen sofort mit ihren zweiundsiebzig Sticknadeln in seine Augen; das sind die Sonnenstrahlen.

So lautet das ganze Märchen, von dem es jedoch viele Versionen gibt. Manchmal erzählt man es so, als würden die Schwestern den Mond nie verlassen, und dann wieder wird die Geschichte so erzählt, als sei die Sonne ihr einziges Domizil. Diese Versionen der Geschichte habe ich von meiner Amah und von meiner Mutter erzählt bekommen, als ich klein war. Meine Amah, die auf dem Land aufgewachsen war und als junges Mädchen auf den Feldern gearbeitet hatte, zeigte mir die Schwestern im Mond und ließ mich über die Schönheit ihrer wallenden Seidengewänder und ihrer winzigen bestickten Schuhe staunen. Meine Mutter hingegen, die mit einer mutigen Entscheidung mein Leben änderte, als ich drei Jahre alt war, sagte mir, ich solle mir die Schwestern in der Sonne vorstellen und auf die Wahrheit der Dinge vertrauen, die man nicht sehen könne.

In meiner Vorstellung war der Himmel von beiden Schwesternpaaren belebt. Nachts, wenn meine Amah mich auszog und die Zöpfe auskämmte, die sie mir morgens geflochten hatte, hielt ich durch mein Fenster nach den Mondschwestern Ausschau und schlief mit der tröstlichen Gewißheit ein, daß sie da waren. Wenn ich tagsüber im hinteren Hof spielte, spürte ich eine brennende Hitze auf meinem Kopf und mitten auf meinem Rücken und wußte, daß die Sonnenschwestern über mich wachten. Da ich als Kind beide Geschichten gehört hatte, hatten beide Seiten einen Platz in meinem Herzen gefunden; ich sah die Schwestern in der Sonne, und ich sah sie im Mond.

Am dreiundzwanzigsten Tag des zwölften Monats meines dritten Lebensjahres, sechs Tage vor dem Neujahrsfest, feierte meine Familie das Kleine Neue Jahr, das wir das Fest des Küchengottes nannten. Wir waren keine Leute vom Land, hielten uns aber – für die Bediensteten, die an diese Götterfolklore glaubten – an jenen Brauch. Während des Jahres hängten wir ein Bild des Küchengottes über den Herd in der Küche, zündeten Weihrauch an und brachten ihm jeden Tag frisches Obst und Gemüse. Am Tag des Festes stieg der Küchengott in den Himmel auf, um dem Höchsten Gott von den Tugenden und Lastern des Haushaltes, dem er vorstand, zu berichten. Um einen vorteilhaften Bericht seitens des Gottes sicherzustellen, bereiteten die Bediensteten ihm zu Ehren ein Festmahl und stellten Klöße aus besonders klebrigem Reis vor sein Bild auf den Schrein, damit seine Lippen beim Erreichen des Himmels geschlossen blieben.
Da diese Reisklößchen, die mit einem Brei aus roten Bohnen gefüllt waren, eine weiche, matschige Konsistenz hatten, sollten sie auch die Füße kleiner Mädchen »weich« machen. In meiner Kindheit war es Sitte, daß eine Frau winzige Füße hatte. Im Westen sagt man gebundene Füße dazu, aber wir in China haben eine viel schönere Bezeichnung: Wir nennen sie nach der Konkubine der Tang-Dynastie, die diese Tradition ins Leben rief, Neumond oder Lotosblüten. Sie war eine so schöne Tänzerin, daß der Kaiser ihr aus Metall und Juwelen eine überlebensgroße Lotosblume mit dazugehörigem Teich errichten ließ und sie bat, sich zu seiner Unterhaltung die Füße mit Streifen aus Seidenstoff zu umwickeln und zwischen den Blütenblättern des Lotos zu tanzen. Ihre tanzenden Füße waren anmutig wie der Neumond, der im Spiegelbild eines

Lotosblütenteiches durch die Wolken huscht. Der Kaiser war so beeindruckt, daß auch die anderen Frauen begannen, ihre Füße zu umwickeln und den Spann wie eine Mondsichel zu krümmen. So nahm diese Tradition ihren Anfang.

Wie klein, wie wunderschön die gebundenen Füße damals waren. Gib mir einmal deine Hand, damit ich dir zeigen kann, wie die Zehen sich sanft über der Sohle krümmten, bis sie die Ferse berührten. Stell dir vor, deine Handfläche ist die Fußsohle, und deine Finger sind die Zehen. Siehst du, wie deine Finger sich in deiner Handfläche wie zu einer Mondsichel schließen? So sieht ein gebundener Fuß aus – man geht nur noch auf den Fersen und auf den Zehenknöcheln –, und wenn er perfekt geformt ist, kannst du drei Finger in den Hohlraum zwischen Zehen und Ferse schieben.

Meine Mutter hatte kaum acht Zentimeter große Füße, die sie jeden Morgen neu bandagierte und abends in parfümiertem Wasser wusch. Wenn sie mit steifen Beinen und wiegenden Hüften daherging, lugten die Spitzen ihrer bestickten Schuhe abwechselnd unter ihrem Rocksaum hervor. Meine Amah, die vom Land kam und deren Füße groß waren wie die eines Mannes, sagte, wenn ich ein gutes Mädchen sein wolle, dann würde ich mich anstrengen, wie meine Mutter zu werden, so blaß und schön wie eine der Mondschwestern. Ich hatte diese Schwestern zum ersten Mal während der Mondfeier gesehen, die als Erntedankfest alljährlich am fünfzehnten Tag des achten Monats stattfand und bei der die Familie runde Schichtkuchen aß, die man Mondkuchen nannte, und Granatäpfel, für die es dann gerade die rechte Zeit war. Mitten in der Nacht standen wir auf, um uns im hinteren Hof zu versammeln und zitternd in unseren Nachthemden den Herbstmond zu bewundern, der voll und schwer über uns am Himmel hing. Ich war zwei, als meine Amah mich zum ersten Mal eingehüllt in Decken auf ihren Armen hinaus zu dem nächtlichen Fest trug. Sie sagte mir, ich solle genau hinsehen und den Nebel beobachten, der um den Mond wirbelte, und die blassen Krater auf seiner Oberfläche. Dies seien die Spuren der Schwestern, sagte sie mit einem leisen Staunen in ihrer Stimme. Und dann sah ich sie, wie sie über mir im Mond schwebten: zwei Frauen in langen, schimmernden Kleidern und winzigen Seidenschühchen. Als ich später in der Nacht die Augen schloß, spürte ich das leuchtende Mondlicht wie einen hellen Stern in meinem Kopf, und die zwei Schwestern schwebten in meinen Träumen über mir.

Bei meinem dritten Fest zu Ehren des Küchengottes, als ich drei Jahre alt war, wies mich meine Amah an, ein ganzes Klößchen aus klebrigem Reis zu essen. Sie sagte, es würde helfen, mich weich zu machen, aber ich begriff erst am nächsten Morgen, was sie damit meinte. Da erschienen nämlich meine Mutter und meine Amah mit einer Schüssel warmen Wassers und mit Streifen von einem schweren weißen Baumwollstoff an meinem Bett. Sie tauchten meine Füße in das Wasser und umwickelten sie dann mit den dicken, nassen Bandagen. Als die erste Stoffschicht meine Füße fest umspannte, wurde mir fast schwarz vor Augen, und mir stockte der Atem. Mir war so, als seien meine Füße zu winzigen Insekten zusammengeschrumpft. Ich begann vor Schmerz zu schreien; ich glaubte, ich würde sterben.

»Weshalb heulst du?« herrschte mich meine Amah an. »Jedes kleine Mädchen will, daß man ihm die Füße bindet.«

Mutter sagte mir, ich würde mich daran gewöhnen, und sie könne nichts daran ändern. Um mich abzulenken, stellte sie einen kleinen Stuhl in die Küche, damit ich dem Koch den ganzen Tag bei seiner Arbeit zusehen konnte. Noch am Tag zuvor war es so selbstverständlich für mich gewesen, dort auf dem Boden herumzuspringen. Doch nun hallten, solange mir die Kräfte nicht versagten, meine Schreie durchs ganze Haus. Vor dem Mittagessen waren mein Vater und meine Brüder gekommen, um mich zu trösten, aber im Laufe des Nachmittags tauchten nur noch meine Mutter und meine Amah in der Küche auf, um mich zu beruhigen. Man konnte mich nicht zum Schweigen bringen. Ich sah zu, wie das Hackbeil des Kochs funkelnd auf und nieder ging, und schrie auf, wenn ich die Hühnerknochen unter seinen Hieben knirschen hörte. Es war so, als würden auch mir die Zehen gebrochen, die sich bis unter meine Fußsohlen krümmten.

Gebundene Füße müssen jahrelang umwickelt werden. Die Zehenknochen müssen langsam und vorsichtig gebrochen werden. Selbst wenn die Füße eines jungen Mädchens bereits perfekt geformt sind, muß es weiter seine Bandagen tragen, damit sie ihre Form beibehalten. Potentielle Schwiegereltern fragen: »Hat sie in den Jahren, als Sie ihr die Füße gebunden haben, sehr geklagt?« Wenn ja, dann werden sie noch einmal reiflich darüber nachdenken. Das Mädchen war offenbar eine Nörglerin und nicht gehorsam genug. Schon mit drei Jahren wußte ich Bescheid. Wenn ich brav war, dann würden meine Eltern sagen, daß meine Füße die vollkommene Form goldener Lilien hätten und daß ich in all diesen schwierigen Jahren ruhig und fügsam gewesen sei. Wenn dies jedoch nicht stimmte, würde es jeder erfahren. Der Küchengott würde es dem Höchsten Gott erzählen. Die Ehestifterinnen würden alle in Frage kommenden Familien warnen. Die Bediensteten würden mit anderen Dienstboten im Dorf über mich klatschen. Jeder in Baoshan kannte die Familie Chang. Wenn ich böse war, würde mich niemand wollen. Ich würde niemals heiraten und meiner Familie Schande machen. Und dennoch weinte ich.

Drei Tage lang saß ich vor meiner Amah und meiner Mutter und erduldete das gleiche Ritual: Man nahm mir die blutigen Bandagen ab, weichte meine Füße ein und umwickelte sie straff mit frischen Bandagen. Aber am vierten Morgen geschah etwas Wunderbares. Zweiter Bruder, der meine Schreie

nicht mehr ertragen konnte, befahl meiner Mutter, mich nicht länger zu quälen.
»Nimm ihr die Bandagen ab«, sagte er zu ihr. »Es ist zu schmerzhaft für sie.«
»Wenn ich jetzt weich werde«, sagte Mutter, »dann wird Yu-i am Ende leiden. Wer wird sie mit großen Füßen heiraten?«
Zweiter Bruder sagte, daß der Brauch, Mädchen die Füße zu binden, längst nicht mehr als schön gelte.
Doch Mutter fragte Zweiten Bruder wieder, wer mich heiraten würde, wenn sie von meinen Füßen abließe. Darauf erwiderte mein Bruder: »Ich werde mich um Yu-i kümmern, wenn sie niemand heiraten will.«
Zweiter Bruder war zu dieser Zeit erst siebzehn, aber man hatte ihm beigebracht, immer sein Wort zu halten, und so gab meine Mutter nach. Sie rief meine Amah herbei, damit sie ihr half, mir die Bandagen abzunehmen, und von diesem Tag an wurden mir die Füße nie wieder gebunden.
*Shen jing bing.* Verrückt, sagte meine Amah über Mutters Entscheidung. Noch Jahre später, als die Kaiserinwitwe eine Reihe von Reformen verabschiedet hatte, die das Binden der Füße verboten, und Mutter meinen beiden jüngeren Schwestern erlaubte, ihre Füße wachsen zu lassen, machte sich meine Amah Sorgen um unsere Zukunft. Wer würde uns mit großen Füßen heiraten wollen? Wir waren *bu san, bu si*, weder drei noch vier. Wir konnten nicht den ganzen Tag auf dem Feld schuften und die Arbeit eines Mannes verrichten. Aber wir konnten auch nicht ruhig und untätig wie Damen in den Frauengemächern herumsitzen.

Platt und lautlos, wie meine Füße waren, wurden sie zu meinem Talisman, der mich durch eine neue, weite, offene Welt führte. In der Küche lief ich dem Koch vom Hackklotz zum Ofen hinterher, und wenn ich Krevetten schälte oder andere Aufgaben verrichtete, tat ich es mühelos im Stehen; Mutter saß auf einem Stuhl weit vom Feuer entfernt und gab müde Anweisungen. Die Kraft meiner Füße schützte mich vor den Spötteleien meiner Cousins; wenn sie mich »kleines Bauernmädchen« nannten, hänselte ich sie zurück und lief dann, so schnell ich konnte, davon. Im hinteren Hof pirschte ich mich an Käfer mit harten Panzern heran und zerquetschte sie mit meiner Ferse, wenn sie zu entkommen versuchten.

Als ich zwölf war, brachte meine Mutter ein zwölftes und letztes Kind auf die Welt, Vierte Schwester. Mutter fiel während der Entbindung in Ohnmacht, und Baba, der ja als Arzt dabei war, glaubte schon, wir würden beide verlieren, sie und das Kind. Er rief Siebten und Achten Bruder hoch in Mutters Zimmer und ließ die beiden in eine Schüssel urinieren, die er dann direkt unter Mutters Nase hielt. Knabenurin ist so scharf wie Ammoniak, und Mutter wachte tatsächlich auf. Aber wir hatten alle einen Schrecken bekommen, und während der ersten Lebensjahre von Vierter Schwester war sie weiterhin schwach, weshalb ich den Reis für das Baby vorkaute und es zum Spielen mit nach draußen nahm, damit meine Mutter sich im Haus ausruhen konnte.

Als ich einmal mit Vierter Schwester im Hof spielte, ließ ich sie versehentlich hart auf den Boden aufschlagen. Vor Schreck brach sie erst nach ein paar Sekunden in lautes Geschrei aus. Mein Vater, der zufällig gesehen hatte, wie sie hingefallen war, kam aus dem Haus gerannt. Er hob Vierte Schwester auf, schlug mir dann fest ins Gesicht und sagte, daß ich vorsichtiger werden müsse und daß ich herumtoben würde wie ein Mädchen vom Land.

Es war das einzige Mal in meinem ganzen Leben, daß mein Vater mich schlug, und ich blieb lange, nachdem Baba mit Vierter Schwester ins Haus zurückgegangen war, weinend im Hof zurück. Später am Nachmittag kam Mutter, die noch immer schwach auf den Beinen war und fast nie ihre Schuhsohlen beschmutzte, aus dem Haus und setzte sich neben mich.

Während sie mit ihrer Hand meine Tränen wegwischte, drückte sie mich an sich und sagte, es sei schwer, frei zu sein wie die Schwestern im Himmel. Niemand könne sie sehen, sagte Mutter und blickte durch ihre halbgeschlossenen Augen hoch in die Sonne, aber die Schwestern seien da, und sie würden glücklich in ihrem neuen Heim tanzen und spielen.

## Reichtum, Ansehen, ein langes Leben und Glück

Wie schon Yu-is Amme kam auch meine Amah vom Land, und ich liebte sie genauso wie meine Mutter. Xu Ma war in den dreißiger Jahren von der Familie meines Vaters in Shanghai eingestellt worden und hatte meinen Vater großgezogen. Nun lebte sie bei uns in den unteren Zimmern unseres Hauses in Hamden. Sie war der Grund für das Sprachengemisch, das bei uns gesprochen wurde: der Dialekt von Shanghai zwischen Xu Ma und uns, Englisch unter uns allen außer Xu Ma und Hochchinesisch zwischen meiner Mutter und Xu Ma, weil meine Mutter kein Shanghaichinesisch sprach.

Jeden Morgen legte Xu Ma die gleiche Art von Kleidern an, die sie schon seit ihrer Kindheit auf dem Land in der Gegend von Shanghai trug: einen hochgeschlossenen Kittel mit asymmetrischem Paspelverschluß, wadenlange dunkle Hosen, flache schwarze Schuhe und dazu oft eine Schürze, die sie hochzog, um ihr Gesicht dahinter zu verstecken, wenn sie besonders laut lachen mußte. Wenn sie jedoch über die Briefe ihres Sohnes weinte, der einige Jahre älter war als mein Vater und noch immer in ihrem winzigen Dorf außerhalb von Shanghai lebte, dann nutzte Xu Ma die Schürze, um ihre Tränen zu trocknen.

Ich haßte es, diese Briefe in unserem Briefkasten liegen zu sehen, diese verräterischen Luftpostumschläge mit ihrem rot-weiß-blauen Rand. Denn sie bedeuteten jedesmal, daß Xu Ma sich mit roten Augen sofort nach dem Abendessen zurückzog. Und daß sie dann spätabends nicht mehr in unser Zimmer kam, um uns Geschichten zu erzählen oder mit der flachen

Hand auf unsere Rücken zu klopfen und dabei im Dialekt von Shanghai von eins bis vier zu zählen: »Ye ni san si! Ye ni san si!«

Wenn Xu Ma weinte, wurde auch ich traurig, denn ich wußte, daß sie ein sehr schweres Leben hinter sich hatte. Mein Vater sagte, Xu Ma sei zu Beginn des Jahrhunderts am Stadtrand von Shanghai auf die Welt gekommen und mit etwa acht Jahren an eine andere arme Familie vom Land verkauft worden, bei der sie als Tochter/Bedienstete an der Seite des Sohnes groß wurde, bis beide alt genug waren, einander zu heiraten. Auf diese Weise sorgten Familien, die sich kein Brautgeld für ihren Sohn leisten konnten, dafür, daß er eine gehorsame Schwiegertochter ehelichte, die Söhne gebären und damit den Familiennamen fortsetzen würde. Xu Mas Mann war ein Spieler und nichtsnutziger Säufer geworden. Sie bekamen ihr erstes Kind, einen Sohn, als sie achtzehn war. Es folgten weitere, doch Xu Ma trieb sie mit den jungen, geschälten Zweigen eines Maulbeerbaumes ab. Zwei dieser Schwangerschaften trug sie aus, doch weil es Mädchen waren, warf sie sie im Klohäuschen durch das Loch, so daß sie ertranken. Sie, die die Felder bestellte, für ihre Schwiegermutter kochte, das Haus putzte und sich als Salzschmugglerin mühsam ein wenig Geld dazuverdiente, hatte keine Zeit für Mädchen.
Im China der zwanziger und dreißiger Jahre wurde der Salzhandel zwischen den Provinzen von den jeweiligen Kriegsherren kontrolliert. Einfallsreiche Bauern wie Xu Ma versuchten, aus dem Verkauf von Salz Profit zu schlagen, indem sie es zwischen den verschiedenen Provinzen hin und her schmuggelten. Xu Ma pflegte die Salzblöcke in das Futter eines Unterhemdes einzunähen und darüber schichtenweise Kleider anzuziehen, um wie eine dicke Frau zu erscheinen. Wenn sie gefaßt wurde, verprügelten sie die Provinzpolizisten

oder die Wachen der Kriegsherren und rieben ihr Salz in die offenen Wunden, um ihr eine Lektion zu erteilen.

»Komm her und sieh mal, *nong ke ve*«, sagte sie in ihrem Shanghaichinesisch zu mir, wenn ich mich selbst einmal besonders bemitleidete. »Komm her und sieh mal, welche Qualen ich erlitten habe.« Dann drehte sie sich um und zog ihr Hemd hoch, um mir die Narben zu zeigen, die ihren Rücken kreuz und quer bedeckten.

Xu Ma schwor sich damals, daß sie an dem Tag, an dem ihr kleiner Sohn in der Lage wäre, für sich und ihre Schwiegermutter eine vollständige Mahlzeit zuzubereiten – und damit *ihre* Pflichten gegenüber der Familie ihres Mannes übernehmen könnte –, das Dorf verlassen und woanders ihr Glück suchen würde. So kam sie in die Familie Chang. Kurz nach der Geburt des zweiten Mädchens verließ Xu Ma ihr Zuhause und verdingte sich als Amme in einem Waisenhaus, das mein vierter Großonkel im Bezirk Baoshan gegründet hatte.

Das war 1936. Die ältere Schwester meines Vaters war gerade auf die Welt gekommen, und ihre britische Gouvernante, Mrs. Archer, brauchte ein Dienstmädchen. So sprach meine Großmutter mit ihrem Schwager, worauf Vierter Bruder einen Diener ins Waisenhaus schickte, um ein sauberes, ehrliches Hausmädchen zu suchen, das bei einer wohlhabenden Familie in der Stadt leben wollte. Man empfahl ihm Nummer 6. Doch Nummer 6 war in jener Woche zufällig nicht da, weshalb Xu Ma für sie einsprang.

»Ich bin Nummer 6«, verkündete sie und folgte dem Diener, ohne zu zögern, nach Shanghai.

Jahrelang arbeitete Xu Ma als Mrs. Archers Dienstmädchen, lernte, ihr Badewasser mit der richtigen Temperatur einzulassen und ihr die Zehennägel mit besonderen englischen Zwikkern zu schneiden. Doch 1942, nach Pearl Harbor – die Familie meines Vaters lebte gerade in Hongkong –, brachten die Japaner die Stadt in ihre Gewalt. Wie viele britische Staatsangehörige wurde Mrs. Archer in ein Konzentrationslager geschickt. Xu Ma stieg zum Kindermädchen der Familie auf und zog meinen Vater von seiner Geburt an groß.

»*Nong zang qi*«, wiederholte Xu Ma meinem Vater als Kind und dann uns Kindern. Das bedeutete, daß wir etwas aus uns machen sollten. Xu Ma sagte, daß wir von ihr, einer Frau vom Land, die kaum lesen und schreiben konnte, großgezogen würden. Wenn wir es zu nichts brächten, würde die ganze Familie Chang ihr dafür die Schuld geben.

Wie sollte ich dieses China nicht lieben, das ich aus Xu Mas Händen, die so hart und braun waren wie Erde, entgegennahm? Ich glaubte, daß Xu Mas Hände so viele Felder bestellt, so viele Mahlzeiten gekocht und so viele Kleider geschrubbt hatten, daß ihre Handflächen und Fingerspitzen einen ganz eigenen Geruch von Spülwasser, Erde, Lauch und Ingwer angenommen hatten. Diese Hände konnten alles: mit einem Beilhieb ein Huhn zweiteilen, im unergiebigen Boden Neuenglands Chrysanthemen zum Erblühen bringen und ohne jedes Schnittmuster eine Hose oder ein Kleid nähen. Jeden Tag nach der Schule rief mich Xu Ma in ihr Zimmer, damit ich ein Kleidungsstück anprobierte, das sie aus Stoffen für mich nähte, die sie in der Restetonne des Stoffgeschäftes unseres Viertels gefunden hatte. Am Kopfende meines Bettes lag eine Decke, die Xu Ma ebenfalls aus Stoffresten hergestellt hatte, die in den schreiendsten Farben leuchteten.

Ich wünschte mir damals, von meiner Umgebung so akzeptiert zu werden wie Xu Ma oder mich selbst so akzeptieren zu können, wie sie sich akzeptierte. Sie sprach nur ein paar Worte Englisch, scherzte aber jeden Morgen mit dem Milchmann und tauschte mit den Freundinnen meiner Mutter Tips für den Garten aus. Alle hielten Xu Ma für meine Großmutter, wenn wir zusammen ausgingen, und ihre Hand zu halten, während wir den Parkplatz vor dem Einkaufszentrum über-

querten, gab mir das Gefühl, vor dem Spott der Teenager sicher zu sein. Sie sagten niemals einen Ton, wenn Xu Ma und ich an ihnen vorbeigingen, und wenn sie es taten, dann machte es mir nichts aus, weil ich neben mir Xu Mas Stärke spürte. Mit ihr stand ich auf festem Boden, war ich in Sicherheit vor der tückischen Spalte, die China und Amerika voneinander trennte. Wenn ich alleine war, war es eine unsichere Gratwanderung für mich. Sobald die anderen Kinder mich »Schlitzauge« nannten oder ihre Gesichter mit den Händen platt drückten, um meine schräggestellten Augen und meine breite Nase zu imitieren, stolperte ich und fiel in die Spalte hinein. Und mit einem Mal stand ich außerhalb von China, auf das ich nun voller Spott und Ignoranz herabsah.
Sosehr ich es auch versuchte, alleine gelang es mir nicht, der Kluft zwischen den Kulturen zu entrinnen. Ich war überrascht, als sich die Kinder in der Schule zum ersten Mal über meine Lieblingshose lustig machten, weil sie fanden, die Beine seien zu kurz und der Schritt hinge zu tief. Xu Ma hatte die Hose für mich genäht, und ich dachte, ihre Kleider würden mich genauso vor gemeinen Kommentaren schützen wie sie. Danach trug ich die Hose nur noch zu Hause und inspizierte jedes Kleidungsstück, das Xu Ma gemacht hatte, zunächst einmal im Hinblick auf mögliche Mängel. Es verletzte mich, China aus der Perspektive meiner Klassenkameraden zu sehen, denn für mich bedeutete dies, daß ich weit weg von Xu Ma in die Spalte hineinfiel.

幼儀

Du siehst also, ich hatte keine gebundenen Füße. In den Augen meines Mannes machte dies jedoch keinen Unterschied, denn er fand mich so oder so altmodisch und ungebildet. Ich war erst fünfzehn, als ich ihn heiratete; für eine Frau war es früh, ihr Vaterhaus in diesem Alter zu verlassen, aber zu Beginn meines siebten Lebensjahres war unserer Familie etwas Unglückliches widerfahren: Wir wurden arm.

Wie du ja weißt, sind wir Changs sehr stolze Menschen. Wir glaubten fest an das chinesische Sprichwort »Dein Ruf ist dein zweites Leben«. Den guten Ruf, den Familiennamen, zu verlieren ist fast so schlimm, wie das Leben selbst zu verlieren. Wir Changs verloren alles, als wir jung waren, aber unseren Namen verloren wir nie, und das war das wichtigste. Wir blieben als Familie zusammen und hielten an unserer Würde, unserer *zhiqi*, fest. Beobachte einmal die Menschen, wenn sie gewinnen, daraus kannst du viel lernen. Aber beobachte sie auch, wenn sie verlieren, dann wirst du noch mehr lernen. Unser Unglück machte uns stark, es half uns, das zu werden, was wir heute sind. Wenn du dies begriffen hast, wirst du auch begreifen, was unser Geschlecht ausmacht.

Ich will dir jetzt einmal erklären, was es mit den Sänften auf sich hatte. Sie sehen aus wie Stühle mit zwei Armlehnen und einer Rückenlehne, die an langen Tragestangen aus Bambus befestigt sind. Manchmal ist um den Stuhl herum ein kleines Haus mit Vorhängen gebaut, um dich vor Blicken oder vor der Sonne zu schützen. Du machst es dir in dem Stuhl bequem, und dann heben die Träger, einer vorne und einer hinten, die Tragestangen auf ihre Schultern und bringen dich, wohin du willst. Die Bambusstangen sind so elastisch, daß die Träger sie, eine auf jeder Schulter, im Gleichgewicht halten können und mit schnellen Schritten, die dich auf wohltuende Weise durchrütteln, davoneilen. Als ich klein war, ließen wir uns überall in Sänften hinbringen. Das war sehr bequem.

Die Träger von Baoshan pflegten sich unter einem großen Baum direkt vor der Mauer unseres Hauses zu versammeln, um dort auf Kundschaft zu warten. Wenn Baba zum Beispiel wegen eines medizinischen Notfalls das Haus verlassen mußte, lief einfach ein Bediensteter zum Baum und mietete eine Sänfte und drei Träger. In Notfällen brauchte mein Vater drei Träger, weil sie keine Zeit hatten, anzuhalten und die Seiten zu wechseln. So lief der dritte Träger neben der Sänfte her und nahm die Stangen auf seine Schultern, wenn einer seiner Kollegen müde wurde.

Die Sänfte sagte viel über den Menschen aus, der darin saß. Zunächst einmal war da die Farbe: schlichter grüner Bambus für den täglichen Gebrauch, weiße Stoffdecken und -verzierungen für Leichenzüge, und bei Hochzeitsumzügen rote Seide für die Brautsänfte, so wie bei mir an dem Tag, an dem ich heiratete. Außerdem sagte die Anzahl der Träger – in der Regel waren es zwei – etwas über den Status des Passagiers aus. Nur Beamte durften sich mehr als zwei Träger nehmen. Diese Sitte stammte noch aus der alten Zeit, als die Gesellschaft in vier Klassen unterteilt war: Gelehrte, Bauern, Handwerker und Kaufleute. Die Gelehrten, die sich Gedanken über die Welt machten und Ordnung in sie hineinbrachten, standen an der Spitze. Ihnen folgten die Bauern, die das Land bestellten und den Menschen Nahrung gaben. Dann kamen die Handwerker, die die Werkzeuge zur Sicherung des Lebensunterhaltes herstellten. Die Kaufleute, die nichts anderes erwirtschafteten als Geld für sich selbst, standen in der Gesellschaft ganz unten. Selbst wenn ein Kaufmann es sich hätte leisten können, mehrere Träger zu haben, wagte er es nicht aus Respekt vor den Gelehrten.

In der Innenstadt von Shanghai, die größtenteils von den Ausländern beherrscht wurde, beachtete niemand diese alten Regeln, und die Fremden ließen sich mit so vielen Trägern herumkutschieren, wie sie wollten, manchmal sogar mit vier. Ich hörte einmal von einem Chinesen namens Yang Zuqing, der vier Träger hatte, die auch noch allesamt Ausländer waren! Yang Zuqing stammte aus einer alten Shanghaier Familie und ärgerte sich über die Präsenz der Fremden in seiner Stadt. Um zu verdeutlichen, wie sehr das chinesische Volk durch die ausländische Herrschaft gedemütigt wurde, hielt er sich ausländische Träger und zog mit ihnen durch die Internationale Siedlung. Wenn er von seiner Sänfte herabstieg, mußten seine ausländischen Mietlinge die vier Meter lange Schleppe seiner maßgeschneiderten Gelehrtenrobe tragen. Angeblich war Yang Zuqings Erscheinen jedesmal ein Schauspiel. Kein Wunder.

Die beiden Sänften, die meine Familie besaß, waren ein Symbol des Ansehens, das unser Haus genoß. Die meisten Familien konnten Sänften lediglich mieten. Unsere waren unser Eigentum: Sie waren ein Geschenk des kaiserlichen Hofes an Großvater Chang, als diesem das Amt des Provinzrichters übertragen wurde. Großvater Chang, der ein gelehrter, unparteiischer Mann war, hatte in seinen richterlichen Entscheidungen immer Weisheit und Logik walten lassen und begab sich regelmäßig in diesen Sänften zum Gericht. Nach seinem Tod stellte meine Familie sie unter schützenden Decken in einer Art Schuppen im vorderen Teil des Hauses unter. Wir benutzten sie nur zu besonderen Anlässen, wie etwa bei der Hochzeit von Erstem Cousin, die noch vor meiner Geburt stattfand.

Erster Cousin, der älteste Sohn von Babas ältestem Bruder, war das wichtigste Familienmitglied meiner Generation. Er war es auch, der die Sänften erben sollte: Großvater Chang hatte sie seinem Erstgeborenen, Erstem Onkel, vermacht, der wiederum die Absicht hatte, sie seinem Erstgeborenen, Erstem Cousin, zu hinterlassen. Als Erster Cousin heiratete, wurde eine der Sänften mit roter Brautseide geschmückt und in die Nachbarprovinz entsendet, um seine Braut zu holen. Die zweite Sänfte, in der Erster Cousin während des Umzuges saß, war zu Ehren unseres Vorfahren mit goldenen Seidenstoffen aus Großvater Changs Büro geschmückt.

Die Braut traf einen Tag vor der Vermählung in der roten

Sänfte in Baoshan ein. Als Teil ihrer Mitgift brachte sie ihren prachtvollen Schmuck aus Jade, Perlen und Smaragden mit. Ich habe die Hochzeit nicht miterlebt, aber die Frau meines Ersten Cousins hat mir alles darüber erzählt und mir auch erlaubt, einen Blick auf ihren Schmuck zu werfen. Sie lebte mit Erstem Cousin und ihren Kindern in den Räumen neben unseren Zimmern. Neben ihnen lebten ihre eigenen Eltern. Normalerweise verließ eine Frau, wenn sie heiratete, ihre Familie, aber die Frau meines Cousins hatte, als sie zu uns kam, ihre Familie so sehr vermißt, daß Erster Cousin ihr die Erlaubnis gab, ihre Eltern nachkommen zu lassen. Sie und ihre Eltern verbrachten den größten Teil des Tages damit, Opium zu rauchen, Mah-jongg zu spielen und unter sich zu bleiben.

Es gibt noch etwas, das du wissen solltest: Wir waren im Haus meiner Familie nicht alle reine Blutsverwandte. Von den drei Brüdern der Generation meines Vaters war nur Baba Großmutter Changs leiblicher Sohn. Die beiden älteren Brüder waren Söhne von Großvater Changs erster Frau, die schon vor langer Zeit gestorben war. Obwohl Großmutter Chang nur die zweite Frau meines Großvaters gewesen war und damit zunächst einen niedrigeren Status besessen hatte, war sie nun das älteste lebende Familienmitglied. Mit dem ältesten Sohn, meinem Ersten Onkel, als Berater, stand sie jetzt dem Haushalt vor.

Alle wußten jedoch, daß Großmutter Chang Baba und seine Familie begünstigte. Ständig hörte man Großmutter Chang sagen, daß meine Mutter die begabteste ihrer Schwiegertöchter sei: Mutter hatte von zwölf Kindern acht Söhne geboren, was unter den Schwiegertöchtern den höchsten Männeranteil darstellte. Und immer wenn Großmutter Chang alleine eine Mahlzeit in ihrem Zimmer einnahm, bat sie eins von uns Kindern, meistens Sechsten Bruder oder mich, ihr Gesellschaft zu leisten. Der Diener schenkte ihr dann eine Tasse Reiswein ein und reichte mir eine Miniaturtasse. Als ich Jahre später in

Shanghai eine Abendgesellschaft für Zweiten Bruder gab und auch Chou En-lai zum Essen kam, war er überrascht, wieviel ich als Frau trinken konnte.

Unsere Schwierigkeiten begannen 1907, genau zum Jahreswechsel, der doch normalerweise die fröhlichste Zeit des Jahres ist.

Ich trug meine Festtagskleidung – einen roten Anzug aus fließender, bestickter Seide, dessen Hose beim Gehen raschelte – und hatte die Haare so fest geflochten, daß sie auf meiner Kopfhaut juckten. Wie man es am Neujahrsfest von uns erwartete, hatte ich außerdem mein bestes Benehmen an den Tag gelegt. Damals glaubten wir, daß die Götter in den letzten Monaten des alten und in den ersten des neuen Jahres auf alles aufpaßten, was wir taten. Danach entschieden sie, wieviel Glück und Segen sie im kommenden Jahr verteilen würden. Ein so simpler Vorfall wie ein Nadelstich – die selbstverschuldete Verstümmelung des Körpers, der schließlich ein Geschenk der Götter war – konnte darüber entscheiden, welches Schicksal dich im nächsten Jahr ereilen würde. Deswegen schickte mich meine abergläubische Amah an jenem Tag zum Glück nicht in die Frauengemächer zum Nähen, was sie normalerweise tat, wenn ich nicht im Hof spielen konnte. Statt dessen erlaubte sie mir, bei meinen Brüdern und Schwestern zu bleiben. Manchmal versuchte ich auch, meiner Mutter vorsichtig in der Küche zu helfen, ohne meinen roten Anzug zu beschmutzen.

Die Speisekammer war gefüllt mit Reis, Öl und anderen lebensnotwendigen Dingen, so daß wir das neue Jahr im Wohlstand beginnen konnten, und das Haus war so sauber, wie es für die Festlichkeiten nur sein konnte. Als wir das Neujahrsbanner in der Eingangshalle aufhängten, erteilte Baba meinen Brüdern ihre alljährliche Lektion über die vier verschiedenen Schriftzeichen des Banners: *li*, *yi*, *lian*, *chi*. Sie sollten ihr Leben nach *li* leben, den konfuzianischen Regeln des Anstands. Sie sollten in ihrem Verhalten stets *yi*, Rechtschaffenheit, an den Tag legen. Sie sollten keinen Reichtum begehren und bei der Erfüllung einer öffentlichen oder privaten Pflicht, *lian*, niemals stehlen. Und sie sollten jede Form von hinterhältigem Tun, *chi*, vermeiden. Die meisten Familien begrüßten das neue Jahr mit einem Banner, das die vier Zeichen für Reichtum, Ansehen, ein langes Leben und Glück trug. Wir aber hängten ein Banner mit vier Schriftzeichen auf, die die Lebensprinzipien einer Gelehrtenfamilie ausdrückten.

Am ersten Tag des Neujahrsfestes, dem achten Tag des zwölften Mondes, taten sich die Köche unserer drei Haushalte zusammen, um *congee* (Reisbrei), besondere Gemüsegerichte und den größten Neujahrsschmaus, Gerstensuppe mit Lotossamen, zuzubereiten. Wir alle saßen gedrängt um die Festtafel und ließen es uns schmecken, als plötzlich mein ältester Bruder, Erster Bruder, versehentlich seine Reisschale auf den Boden fallen ließ. Die Schale zerbrach in sechs Stücke. Alle, selbst die abergläubischen Hausangestellten, sagten nach einem entsetzten Schweigen immer wieder »Das macht doch nichts, das macht doch nichts«, um Ersten Bruder zu trösten. Es war nämlich, wie du wissen mußt, im Grunde eine ziemlich ernste Angelegenheit, daß er während des Festes seine Reisschale zerbrochen hatte. Im Dialekt von Shanghai klingt das Wort für »Reisschale« ähnlich wie der Ausdruck für »Einflußbereich«, weshalb Erster Bruder durch das Zerbrechen der Reisschale symbolisch seinen Einflußbereich gefährdet hatte.

Als »gelehrter Kaufmann« hatte Erster Bruder eine klassische Ausbildung erfahren, jedoch keine traditionelle Karriere im Staatsdienst aufgenommen. Er leitete eine Cottonölfabrik und richtete sich meistenteils nach den Sitten und Bräuchen der Kaufleute. So machte er zum Beispiel während der Neujahrsfeier vor Jahresende seine gesamte Abrechnung und gab alljährlich am sechzehnten Tag des zwölften Mondes für seine

Arbeiter ein Festessen mit Fleisch. In letzter Zeit hatte Erster Bruder jedoch Schwierigkeiten mit seiner Cottonölfabrik; deshalb waren alle besorgt, als er seine Reisschale fallen ließ. Einige seiner besten Arbeiter waren vom chinesischen Agenten eines ausländischen Konzerns weggelockt worden, und während Erster Bruder nach Ersatz suchte, verlor die Firma Geld.

Erster Bruder aß aus einer neuen Reisschale weiter, aber eine Bedienstete sammelte vorsichtig die Scherben der zerbrochenen Schale auf und legte sie beiseite, um sie dem Flicker zu geben, der sich für den folgenden Nachmittag angekündigt hatte. Mit einem kleinen Handbohrer bohrte der Flicker winzige Löcher in die Scherben der Porzellanschale, die er dann mit dünnem Golddraht wieder zusammennähte. Natürlich sah die Reisschale, über deren weißes Porzellan nun kreuz und quer ein Golddraht verlief, sehr komisch aus, aber Erster Bruder benutzte sie für den Rest des Monats. Erster Cousin war der einzige, der Ersten Bruder wegen seiner Ungeschicklichkeit aufzog. Die beiden kamen nicht immer gut miteinander aus.

In der dritten Nacht des Neujahrsfestes wachte ich vom Geräusch schreiender Menschen auf, die ums Haus liefen. Nachdem ich Erste Schwester wachgerüttelt hatte, die sich durch nichts aus dem Schlaf reißen ließ, sprang ich aus dem Bett. Draußen war bereits die ganze Familie versammelt, selbst die Frau meines Ersten Cousins mit ihren Eltern und Großmutter Chang. Alle standen wie erstarrt in ihren Nachthemden da. Die Frauen mit ihrem offenen, wirren Haar sahen im Mondlicht unheimlich aus. Auch ihre Fußbandagen hatten sich gelöst, und die Enden schleiften über den Boden.

Jemand hatte der Frau von Erstem Cousin ihren Schmuck gestohlen! Die Bediensteten zündeten alle Laternen im Haus an. Auch die Nachbarn auf der anderen Seite des Teichs zündeten ihre Laternen an. Dann kamen ihre Hausangestellten herbeigelaufen, um zu berichten, daß sie einen Schatten über das Dach unseres Anwesens hatten huschen sehen. Gemeinsam machten sich alle Dienstboten bis tief in die Nacht auf die Suche, doch Einbrecher wie Schmuck blieben unauffindbar.

Etwa eine Woche nach dem Diebstahl wandten sich die Geschäfte in der Fabrik meines Bruders plötzlich zum Besseren. Dieser Umschwung war überraschend und schien angesichts des Vorfalls mit der Reisschale – bei dem er ja eigentlich seinen Einflußbereich geschädigt haben mußte – fast wie ein Wunder. Natürlich freuten wir uns. Vielleicht war dieses Glück, das unserem Familienzweig mit einem Mal beschieden war, zu viel für Ersten Cousin und seine Familie, nachdem sie gerade ein solches Unglück erlebt hatten. Vielleicht hatte es auch schon immer Schwierigkeiten zwischen Erstem Cousin und Erstem Bruder gegeben. Ich weiß es nicht. Jedenfalls fielen mir bald darauf Anzeichen des Argwohns bei ihnen auf: Erster Cousin, seine Frau und ihre Eltern begannen, in ihren Zimmern zu Abend zu essen. Und ihre Kinder durften nicht mehr mit uns spielen.
Als Erster Bruder eines Tages an den Wohnräumen von Erstem Cousin vorbeiging, sagte dessen Schwiegermutter in bitterem Ton: »Ah, da ist ja der Dieb.«
Als Erster Bruder diese Bemerkung vernahm, ließ er den Kopf hängen und antwortete nicht, denn er schämte sich, daß sein Glück die Harmonie der Familie gestört hatte. Aber auch Mutter, die in unseren Zimmern nebenan nähte, hörte die Anschuldigung. In dieser Nacht erklärte sie meinem Vater, daß sie nicht länger in einem Haus bleiben würde, in dem Menschen so über ihre Kinder sprachen.
Kurz vor Jahresende kam Baba in unser Zimmer und kündigte mir und meinen Geschwistern an: »Wir ziehen weg von hier.«
Um das Gesicht zu wahren, machten wir uns zu Beginn des

neuen Jahres schnell und leise davon, packten unsere Habe und zogen in eine neue Stadt. Es war sehr traurig, Großmutter Chang zu verlassen, aber sie blieb in Baoshan bei den älteren Söhnen, um für den Zusammenhalt der Familie zu sorgen. Monatelang sahen wir sie nicht. Dann begann Baba, gelegentlich mit einigen von uns zum Essen nach Baoshan zu fahren. Mein Vater besuchte unser Familienhaus aus Respekt und Liebe zu seiner Mutter; er wollte nicht, daß sie vor den Bewohnern der Stadt das Gesicht verlor. Solange er regelmäßig nach Baoshan zurückkehrte, gab es zumindest den Anschein von Harmonie im Hause Chang.

Die Wahrheit über den Einbruch kam erst zehn Jahre später ans Tageslicht. Wie sich herausstellte, war der Sohn von Großmutter Changs Koch der Dieb. Sein Vater, der meiner Großmutter treu ergeben diente, hörte zufällig, wie sein Sohn mit dem Diebstahl prahlte, und stellte ihn zur Rede. Der Sohn gestand Großmutter Chang alles. Er erhielt eine milde Gefängnisstrafe und lüftete nach so vielen Jahren endlich das Geheimnis: Während der nächtlichen Suche hatte er sich in einer der Sänften versteckt! Keiner der Bediensteten war auf die Idee gekommen, den Schuppen zu kontrollieren und erst recht nicht, in die Sänften hineinzuschauen.

In den zehn Jahren, die vergingen, bis unser Familienname offiziell wieder reingewaschen war, machten wir sehr viel durch. Wir verloren unser gesamtes Geld. Meine Brüder hatten Mühe, ihr Studium in Übersee weiterzuführen. Und ich mußte mit dreizehn Jahren verlobt werden. In all diesen Jahren stellten meine Brüder dank ihrer eigenen Leistung langsam den Wohlstand und das Ansehen unserer Familie wieder her. Aber wir wurden nie wieder dieselben: Wir konnten nie wieder in das Haus der Familie in Baoshan zurückkehren.

## Herrliches Reich, gerechter Staat

Im Laufe meiner Kindheit hörte ich auf Familienfesten immer wieder Erzählungen über die Leistungen der Changs, ihren Familienzusammenhalt und ihr Ansehen im China vor der kommunistischen Revolution 1949. Aber erst Yu-i erzählte mir die Geschichte von den Sänften. Alle anderen schwiegen darüber, so als sei es ein schmachvolles Geheimnis. Ich glaube, wenn mir jemand davon erzählt hätte, dann hätte ich die Changs besser verstanden. Ich hätte ihren Stolz nicht mit Arroganz verwechselt und ihren Anspruch, über jeden Vorwurf erhaben zu sein, nicht mit Selbstgerechtigkeit. Ich fragte mich immer, ob ich selbst ihren Ansprüchen überhaupt gewachsen war.

Die Episoden über die Tapferkeit der Changs waren wie eine lebendige Erinnerung für mich, die durch die Geschichten, die mein Vater, Xu Ma oder andere Verwandte erzählten, die bei Vierter Schwester zusammenkamen, aufgefrischt wurde. Die Changs waren wohlhabend, aber bekannt dafür, sich aus Geld nichts zu machen. Die Changs waren raffiniert und hatten gute Verbindungen, aber jeder wußte, daß sie über alle politischen Intrigen erhaben waren. Mein Vater erzählte gerne davon, wie er stundenlang auf der Terrasse Dreirad gefahren war, während Chou En-lai, der kommunistische Verbindungsmann zur Kuomintang und spätere Premierminister und Außenminister der Volksrepublik China, das Haus seiner Familie aufsuchte, um mit Mitgliedern der Kuomintang zu diskutieren. Mitte der vierziger Jahre galt das Haus der Changs als der einzig neutrale Boden, auf dem sich die beiden

Parteien inoffiziell treffen konnten, um ihre ideologischen Differenzen zu verhandeln.

Mein eigener Großvater, Achter Bruder, Chang Chia-chu, entwickelte in den dreißiger Jahren eine neuartige Verwendung von Sojabohnen und gründete die China Vegetable Corporation. Sein Bruder, Zweiter Bruder, Chang Chia-sen, baute die Sozialistische Nationalpartei auf, die noch heute in Taiwan existiert. Vierter Bruder, Chang Chia-ao, leitete die Bank von China. Lange bevor ich begriff, daß der Ausdruck »Großonkel« für einen Grad von Blutsverwandtschaft stand, wußte ich von diesen Leistungen meiner Großonkel.

Auch nachdem sie China 1949 verlassen hatten, bewiesen die Changs Größe. Soweit ich weiß, hatten meine Großeltern, nachdem sie Ende der sechziger Jahre von Brasilien nach Amerika gekommen waren, nicht mehr gearbeitet, pflegten aber in San Francisco weiterhin einen aufwendigen Lebensstil. Vierter Bruder unterrichtete an der Stanford University, wo in der *Hoover Institution on War, Revolution and Peace* ein Lesesaal posthum nach ihm benannt wurde. Zweiter Bruder unterstützte weiter seine Sozialistische Nationalpartei. Als Singapur 1965 unabhängig wurde, bat Lee Kuan Yew, der erste Präsident des Landes, Zweiten Bruder nach Singapur zu kommen und ihm bei der Regierungsbildung zu helfen.

Ich war stolz auf meinen Großvater und meine Großonkel, wußte aber nicht genau, inwiefern ich es wagen durfte, mich mit ihnen zu identifizieren. Sie waren Chang-Männer. Immer wenn die Familie über meine Großtanten, die Chang-Frauen, sprach, wurden ihre geglückten Ehen mit gebildeten oder wohlhabenden Männern und ihre glänzenden Auftritte bei gesellschaftlichen Anlässen gelobt. Offenbar wurde an die Frauen der Changs ein gänzlich anderer Maßstab angelegt als an die Männer, und ich fragte mich, wo ich als chinesisch-amerikanisches Mädchen der ersten Generation, das niemals in China gewesen war, darin meinen Platz finden sollte.

Ich glaubte, ein Chang zu sein bedeutete, Chinese zu sein. Für mich war das ein und dasselbe. Mir war nicht bewußt, wie viele Dinge der Familie Chang eigen waren: ihr Stolz und ihr Sinn für Rechtschaffenheit. Auch die Familie meiner Mutter war in China sehr bekannt – einer meiner chinesischen Lehrer in Yale nannte sie nach dem schottischen Whisky die »Cutty Sark«-Familie, weil sie einen beliebten chinesischen Schnaps namens Mao-tai erfunden hatte, mit dem auf Präsident Nixon angestoßen wurde, als er China 1972 zum ersten Mal besuchte –, aber die Mitglieder ihrer Familie diskutierten selten so ausführlich über ihr Vermächtnis, wie es die Changs taten.
Ich hoffte, etwas zu erreichen, so wie meine Großonkel. Aber das einzige Mal, daß meine Großeltern mich als »eine richtige Chang« bezeichneten, war in einem schicken China-Restaurant, als sie feststellten, ich würde so aufrecht und gerade dasitzen »wie eine kleine Prinzessin«. Manchmal lobten sie auch die hohe Stirn in meinem »richtigen Chang-Gesicht«.
Mein Bruder erhielt weitaus deutlichere Botschaften von seiten der Changs. Er war ziemlich frühreif, und man erwartete Großes von ihm. Als mein Großvater meine Eltern, die damals promovierten und tagsüber beide beschäftigt waren, einmal in Cambridge besuchte, fragte er meinen vierjährigen Bruder: »Kennst du Boston?«
Mein Bruder bejahte diese Frage.
Am nächsten Morgen nahm ihn mein Großvater in der U-Bahn mit in die Innenstadt von Boston und blickte ihn erwartungsvoll an. »Also, dann zeig mir mal Boston«, sagte er.
Mein Bruder sah ihn verdutzt an.
»Du hast doch gesagt, du kennst Boston«, sagte mein Großvater.
»Tu ich auch.« Mein Bruder richtete sich stolz zu seiner ganzen Größe auf und buchstabierte: »B-O-S-T-O-N.«
Damals war mein Großvater wirklich enttäuscht von meinem Bruder. Später erzählte er ihm diese Geschichte zwar oft wie

einen Witz, aber mir kam es immer so vor, als würde der leise Vorwurf mitschwingen, daß mein Bruder den Erwartungen der Changs nicht gerecht geworden sei.

幼儀 Nach dem Vorfall mit der Sänfte zogen wir in ein kleineres Gebäude in der nahegelegenen Stadt Nanxiang. Während das alte Familienanwesen in Baoshan mit zwei Höfen und vier Türen ausgestattet war, die sich über die Vorderfront erstreckten, hatte unser neues Haus nur einen Hof und zwei Türen. Trotzdem gefiel es mir sofort, weil es in dem Teich im hinteren Teil des Grundstücks etwas Besonderes gab: ein kleines Holzhaus in Form eines Bootes, das auf Stelzen über den Seerosenblättern zu schweben schien. Früher war das Bootshaus im Frühling als Teepavillon genutzt worden, aber wir waren so viele, daß daraus die Kinderzimmer wurden – eins für die Jungen, eins für die Mädchen und ein drittes für den Hauslehrer, der später zu uns kam.

Zur Zeit des Umzugs war ich sieben. Obwohl Zweiter und Vierter Bruder in Japan studierten, bestand unsere Familie einschließlich der Frauen und Kinder von Erstem und Drittem Bruder immer noch aus siebzehn Personen. Das waren viele hungrige Mäuler. Wir hatten Baoshan gegen Ende des Jahres verlassen, zu einer Zeit, in der im alten Familienhaus große Feste gefeiert wurden: Um das neue Jahr erfolgreich zu beginnen, horteten die Bediensteten Goldmünzen in Gefäßen und füllten die Küche mit Enten, Schinken, Reis und Öl. Doch als wir in Nanxiang eintrafen, hatten wir nichts.

Am zweiten oder dritten Abend in unserem neuen Heim klopfte ein Mann in derber Baumwollkleidung verzweifelt an unsere Tür und fragte, ob es stimme, daß Baba Arzt sei.

Baba bestätigte dies. Der Mann erklärte, er sei von einem der benachbarten Anwesen herbeigeeilt, da sein Herr plötzlich

erkrankt sei. Ob Baba ihm wohl diese Störung inmitten der Feiertage verzeihen und mit ihm kommen könne, um seinen Herrn zu untersuchen? Mein Vater nahm seinen Mantel und seinen Arztkoffer und folgte dem Diener hinaus. Babas Heilkräfte müssen an jenem Abend in Höchstform gewesen sein, denn als er einige Stunden später zurückkehrte, rief er uns schon von draußen herbei und zog triumphierend vier Yuan aus seiner Tasche. Die Familie war begeistert. Wir gaben zwei Yuan aus, um unser Neujahrsbanner zu kaufen, und behielten die anderen im Haus, um das neue Jahr zu begrüßen.
So begannen wir unser neues Leben in Nanxiang. Glücklicherweise waren wir nicht so weit von unserer alten Heimat weggezogen, daß Baba sich völlig neue Patienten hätte suchen müssen. Vielen seiner alten Patienten stand er weiterhin zu Diensten, verlangte aber fortan Geld für seine Arbeit. Da Baba zu stolz war, bei seinen Brüdern seinen Anteil am Familienbesitz und an den Mieteinnahmen einzufordern, mußte er uns jetzt allein von seinem Verdienst ernähren. Zuerst war es ihm peinlich, Geld zu verlangen, aber die Patienten, die an die Unschuld unserer Familie glaubten – die Neuigkeit von dem Einbruch hatte sich schnell in der Gegend herumgesprochen –, waren froh, Baba helfen zu können. Bis dahin hatte mein Vater noch nie alleine für den Unterhalt seiner Familie aufkommen müssen. Durch diese Bürde und auch durch die emotionale Belastung, seine Mutter und seine Brüder verlassen zu haben, wurde er reizbar und manchmal müde. Ich fürchte sogar, daß die Schwierigkeiten, die Baba in dieser Phase seines Lebens zu bewältigen hatte, letztlich zu seinem frühen Tod beigetragen haben. Nichtsdestotrotz werde ich niemals vergessen, mit wieviel Würde Baba die Jahre nach unserem Umzug ertrug.

In diesem ersten Jahr begleiteten Sechster Bruder und ich unsere Mutter, die ihren Eltern, wie es in China Brauch war, zu

Beginn jedes neuen Jahres ihre Aufwartung machte. Die Reise über holperige Landstraßen dauerte von unserem neuen Zuhause aus etwa einen halben Tag. Ich weiß noch, was wir damals anhatten. Sechster Bruder und ich trugen beide unsere ersten eigenen Festtagskleider. Wir waren unendlich stolz, er in seinem dunkelblauen und ich in meinem roten Seidenanzug. Als wir aus diesen Anzügen herausgewachsen waren, trugen unsere jüngeren Geschwister sie weiter. Bis meine Familie ihren Wohlstand wiedergewonnen hatte, waren dies die einzigen Festtagskleider, die für uns Kinder existierten. Wem sie gerade am besten paßten, der durfte Mutter und Baba auf Besuchen begleiten.

Mutters Eltern waren sehr gute Menschen. Ich nannte sie Wai Po und Wai Gong, was wörtlich »Äußere Großmutter« und »Äußerer Großvater« bedeutet; die Familie mütterlicherseits gilt als die »äußere«, da die Chinesen ihre Abstammung über die väterliche Linie zurückverfolgen. Wai Gong, ein konfuzianischer Gelehrter, der jungen Knaben aus seiner Gegend Privatunterricht erteilte, verbrachte täglich mehrere Stunden in seinem Studierzimmer in stiller Betrachtung, während Wai Po entsprechend den Prinzipien ihres Mannes ihren kargen Haushalt führte. Sie trug Baumwoll- und keine Seidenkleider und servierte bei den Mahlzeiten fast immer Gemüse und nur selten Fleisch.

Mutters Eltern hatten einst Großvater Chang das Haus in Baoshan verkauft, damals, als die beiden Großeltern noch gut befreundet und meine Eltern einander versprochen waren. Als sie erfuhren, daß wir das Haus verlassen hatten und vor allem aus welchen Gründen wir gegangen waren, wurden sie natürlich sehr traurig. Wai Po, die sonst immer so gelassen wirkte, schien verärgert und aufgewühlt, und aus Wai Gongs Magen vernahm man ein heftiges Knurren, so als sei sein Inneres in Aufruhr geraten.

Da es als rücksichtslos gilt, den eigenen Eltern Sorgen zu bereiten, war ich überrascht, als Mutter Wai Po und Wai Gong von den Meinungsverschiedenheiten innerhalb der Familie und von unseren bescheidenen Verhältnissen erzählte. Doch ihre Eltern trösteten sie und standen ihr mit Rat zur Seite. Wai Po und Wai Gong sagten, Mutter habe den Changs gegenüber die Pflicht, den Riß zu kitten. Sie erinnerten sie an die fünf konfuzianischen Kardinaltugenden – *ren*, Güte oder Menschlichkeit; *yi*, Rechtschaffenheit oder Gerechtigkeit; *li*, Anstand oder Sittlichkeit; *zhi*, Weisheit und *xin*, Treue – und drängten Mutter, Erstem Cousin, der die falsche Beschuldigung geäußert hatte, und besonders Großmutter Chang, die ihren Lieblingssohn Baba bestimmt sehr vermißte, gegenüber Nachsicht zu üben.

Diese weisen Worte gab Mutter, als wir nach unserem dreitägigen Besuch zurückkehrten, an Baba weiter.

»Konfuzius zufolge ist ein Mann Vorbild für seine Familie; die Familie wiederum ist ein Beispiel für den Staat und für alle Bürger«, erwiderte Baba feierlich.

Damit meinte er, daß jeder Verdacht gegen Ersten Bruder einer Anklage gegen Baba selbst gleichkam. Wenn ein Sohn seinem Vater Schande machte, stellte er in den Augen der Gemeinschaft und der Nation die gesamte Familie bloß. Armer Baba!

Er war ein Mann, der sein Land so sehr liebte, daß er die Worte »Herrliches Reich, gerechter Staat« zum Leitspruch der Changs gemacht hatte. Und es lag durchaus in Babas Absicht, daß diese Worte, *chia kuo pang ming*, auch eine zweite Bedeutung haben konnten. Wenn man nur zwei Schriftzeichen in dem Vers anders schrieb, klang er praktisch gleich – *chia kuo pang min* –, bedeutete dann aber »von der Familie für das Land für das Volk.«

Diese zweite Bedeutung des Verses stammte aus dem Buch des legendären Kaisers Yao, der, nachdem er 2357 v. Chr. den Thron bestiegen hatte, siebzig ruhmvolle Jahre lang regierte.

Dieser edle Herrscher soll mit Augenbrauen in acht verschiedenen Farben auf die Welt gekommen sein. Dem »Buch des Yao« zufolge widmete sich der sagenumwobene Kaiser zunächst seiner eigenen Bildung. Dann diente er seiner Familie als Beispiel, *chia*, die dadurch zu großer Harmonie fand. Von da an lenkten Kaiser Yao und seine Familie die Menschen seiner Domäne, *kuo*, die ausnahmslos eine überragende Intelligenz entwickelten. Zu guter Letzt brachten sie gemeinsam die unzähligen Staaten des Reiches, *pang*, in Einklang und veränderten das ganze Volk, *min*. Am Ende herrschte eine allumfassende Harmonie. Bestimmt hatte Baba dieses Bild vor Augen, als er Konfuzius' »ein Mann ist ein Vorbild für seine Familie« zitierte. Er muß das ungute Gefühl gehabt haben, in gewisser Weise als Vorbild für seine Familie und demnach auch für den Staat versagt zu haben.
Meine Mutter drängte Baba, nicht länger solchen Gedanken nachzuhängen. Sie sagte, er müsse Rücksicht auf Großmutter Changs Gefühle nehmen und Erstem Cousin vielleicht vergeben, damit wieder Ordnung in die Großfamilie Chang käme. Mein Vater tat so, als würde er Mutter nicht hören, und wandte sich kopfschüttelnd ab. Doch an diesem Abend zog er sich in sein Studierzimmer zurück. Dort blieb er mehrere Tage lang, versunken in tiefe Meditation. Selbst seine Mahlzeiten nahm er dort ein. Als er schließlich wieder auftauchte, versammelte er die Familie um sich und verkündete uns, daß er sich zu einem Kompromiß entschlossen habe. Wir würden zu den wichtigsten Feiertagen ins Haus der Changs in Baoshan zurückkehren, um Großmutter Chang die Aufwartung zu machen und an der Seite der Brüder die Ahnenrituale zu vollziehen. Ansonsten würden wir weiter in Nanxiang leben.

Wie schwierig unsere finanzielle Situation auch war, Baba wollte auf keinen Fall, daß die Erziehung seiner Söhne darunter litt. Vom ersten Geld, das er nach unserem Umzug nach

Nanxiang verdiente, stellte Baba einen Hauslehrer ein, der bei den Jungen auf dem Boot leben sollte. Baba wußte, was für die Zukunft seiner Söhne notwendig war: solide Grundkenntnisse der konfuzianischen Lehren und eine moderne Ausbildung in westlichen Fächern. Seit dem vierten Jahrhundert wurden in China alle Männer für wichtige Ämter im Staatsdienst mit Hilfe eines Prüfungssystems rekrutiert. Diese extrem schwierigen Prüfungen fanden auf Provinzebene einmal im Jahr statt, auf Reichsebene jedoch nur alle paar Jahre. Geprüft wurden in der Regel Dichtung und Reimprosa, und es nahmen immer zwei- oder dreitausend Kandidaten teil. Früher mußte man in China lediglich die konfuzianischen Klassiker kennen, um in den Staatsdienst eintreten zu können. Dadurch war es vielen jungen Männern, deren Familien einfache Grundbesitzer oder Kaufleute waren, gelungen, in der Beamtenhierarchie aufzusteigen.

Doch die Regierung hatte gewisse Reformen verabschiedet. Das jahrhundertealte und als überholt geltende Prüfungssystem war vor einigen Jahren abgeschafft worden. Schon seit der zweiten Hälfte des letzten Jahrhunderts wurden die besten Studenten vom Staat (oder sogar von Privatleuten) nach Japan, Europa oder Amerika geschickt, damit sie die westliche Lebensweise kennenlernten. Japan galt als westliches Land, da es in einem Krieg um die Jahrhundertwende Rußland besiegt hatte. Jetzt wurde ein neues Prüfungssystem eingerichtet, dessen Inhalte speziell auf diese Studenten, die aus dem Westen zurückkehrten, abgestimmt waren.

Baba wünschte sich, daß alle seine Söhne zunächst mit Hilfe von Hauslehrern eine klassische Ausbildung absolvierten, um dann jene neuartigen Schulen zu besuchen, in denen westliches Wissen vermittelt wurde, das sie auf weitere Studien im Ausland vorbereiten würde. So lernten zum Beispiel Zweiter und Vierter Bruder ab dem neunten oder zehnten Lebensjahr am Institute of Modern Languages in Shanghai Deutsch und

Französisch. Als wir nach Nanxiang zogen, studierte Vierter Bruder Wirtschaftswissenschaften an der Keio Universität und Zweiter Bruder Recht und Politikwissenschaften an der Waseda Universität. Als Studenten an Japans anerkanntesten Universitäten waren diese beiden Brüder auf dem besten Weg, führende Positionen im chinesischen Staatsdienst einzunehmen.

Eine Ausbildung sowohl in klassischer als auch in westlicher Tradition schien von nun an notwendig zu sein, da sich beide extrem voneinander unterschieden. Die Weisheiten des Konfuzius reichten bis ins elfte Jahrhundert v. Chr. zurück, in die Zeit des Herzogs von Zhou. In seinen Lehren betonte er die Gebundenheit des Menschen, die sich in den »drei unumstößlichen Beziehungen« ausdrückte, die die Grundlage der Gesellschaft bildeten, nämlich die Unterordnung des Volkes unter den Herrscher, der Frau unter den Mann und des Sohnes unter den Vater. In der konfuzianischen Ausbildung wurden außerdem die vierundzwanzig Exempel kindlichen Respekts gegenüber den Älteren gelehrt, an die wir uns alle hielten. Der Kaiser von Shun, der von 2255 bis 2208 v. Chr. regiert hatte, wurde im *Xiao jing*, dem »Klassiker der kindlichen Pietät« erwähnt, da er seine Eltern noch ehrte, als sie schon mehrmals versucht hatten, ihn umzubringen.

In den neuen Schulen, die Fünfter und später auch Sechster Bruder besuchten, folgte man schon einem anderen Lehrplan, der auch Fächer wie Geographie und Physik sowie Vorträge über die Gleichheit unter den Menschen, den industriellen Fortschritt und das Überleben der Stärkeren beinhaltete. Als Zweiter Bruder dafür plädierte, daß meine Füße nicht gebunden werden sollten, hatte dies mit seiner westlichen Ausbildung zu tun.

Zu dieser Zeit wurden die neuen Schulen von einer Persönlichkeit dominiert: Liang Qichao. Er führte das Konzept der konstitutionellen Monarchie und andere radikale Ideen in

China ein. Ich erinnere mich noch, wie oft meine Brüder Schlange standen, um seine Zeitungen und Schriften zu kaufen. Zweiter Bruder schloß sich während seines Aufenthaltes in Japan Liang Qichaos Partei an. Später wurde Liang Qichao der Mentor meines Mannes.

Für meine Brüder begann jeden Morgen, nachdem Mutter und der Koch die Tabletts mit dem leeren Frühstücksgeschirr über die Laufplanke unseres kleinen Hausbootes zurückgetragen hatten, der Unterricht. Zu viert oder fünft saßen sie in einer Reihe an einem langen Tisch. Wenn wir Mädchen nicht in der Küche gebraucht wurden, saßen auch wir manchmal an der Seite an einem Tisch und warteten darauf, daß der Lehrer zu uns kam, wenn er gerade nicht mit den Jungen beschäftigt war. Die wenigen Bücher, die ich studierte, waren die konfuzianischen Klassiker für Kinder wie das *Xiao jing*, das ich bereits erwähnt habe, oder das *Xiao xue*, die »kleine Schule der Moral«. Natürlich war meine Ausbildung bei weitem nicht so streng wie die meiner Brüder. Ich saß nur im Unterricht und kopierte einige Texte mehrmals aus dem Lehrbuch, während meine Brüder nicht nur kopieren, sondern auch Hunderte von Zeilen aus den *Frühlings- und Herbstannalen* und dem *Einhalten der Mitte* auswendig lernen mußten. Der Raum hallte von ihrem Gesang wider, wenn sie versuchten, sich ihre Lektionen einzuprägen. Jederzeit konnte der Hauslehrer einen von ihnen aufrufen und einen Vortrag oder *bei shu* fordern, was wörtlich übersetzt »zurück zum Buch« bedeutete. Auf meinen Brüdern ruhte außerdem Babas strenger Blick. Jeden Morgen ließ Baba, während er sich anzog, einen von ihnen vor einem brennenden Weihrauchstäbchen niederknien. Dort mußte der jeweilige Bruder einen *bei shu* absolvieren, bis das Stäbchen vor ihm abgebrannt war. Achter Bruder, dein Großvater, erzählte mir, daß er manchmal, wenn er seine Lektionen nicht gut konnte, auf den Knien herumrutschte und

beim Singen auf das Weihrauchstäbchen blies, damit es schneller abbrannte.
Ihr Kinder im Westen könnt spielen, bis ihr fünf oder sechs seid. Aber meine Brüder wurden schon ab dem vierten Lebensjahr von Hauslehrern unterrichtet, und von diesem frühen Alter an erwartete man von ihnen, daß sie sich wie Gelehrte verhielten. Sie durften nicht mit Spielzeugsoldaten und Pfeilen spielen und sollten gewisse Menschen meiden. Wenn Mutter und ihre Freundinnen sich zum Beispiel trafen, um Mah-jongg zu spielen, schickte sie alle Brüder, selbst die jüngsten, aus dem Zimmer. Sie wollte nicht, daß sie anfingen, sich fürs Spielen zu interessieren. Außerdem brachten Gelehrte angeblich Pech, da das Wort für Gelehrter, *dushuren*, auch »im Spiel verlieren« bedeutete.
Zwar hatten alle meine Brüder ein gutes Wesen, aber sie waren eben noch Kinder, die gerne spielten. Als meine Mutter im Haus in Baoshan einmal zum Toilettenhäuschen ging, hörte sie drinnen Geräusche. Sie spähte hinein und sah, daß Zweiter und Vierter Bruder ein Brett über die Löcher gelegt hatten und Würfel spielten, während ihr Lehrer dasaß und auf ihre Rückkehr von der Toilette wartete.
»Was treibt ihr da drinnen?« schimpfte Mutter durchs Fenster. »Was für eine Schande! Kehrt sofort zu eurem Unterricht zurück!«
Zweiter und Vierter Bruder kamen schnell aus dem Häuschen gelaufen und stellten sich mit hängenden Köpfen vor meiner Mutter auf, um voller Scham ihre Schelte zu empfangen. Als mein Vater an diesem Abend heimkehrte, war auch er sehr zornig. Er drohte, zur Strafe müsse jeder von ihnen bis zum nächsten Morgen fünfzig gesungene Verse auswendig lernen. Doch an diesem Abend rettete Großmutter Chang die Brüder durch ihr Eingreifen.
Sie erinnerte meine Eltern daran, daß selbst die besten Knaben der Welt manchmal vom rechten Weg abkämen, wie

schon der große Philosoph Menzius in seiner Kindheit. Menzius' Mutter zog angeblich aus der Nachbarschaft eines Friedhofes weg, als sie feststellte, daß ihr Sohn dort zu spielen pflegte. Wie es heißt, gaben sie später ein Haus, das in der Nähe des Marktes stand, auf, weil sie ihn dabei ertappte, daß er seine Zeit in den Läden verschwendete. Schließlich zogen sie in ein Haus in der Nähe einer Schule, und alles wurde gut.

Ich bin keine gebildete Frau. Sieh dir nur meine chinesische Handschrift an: Dahinter verbirgt sich nicht die Hand einer Gelehrten. Und es gibt viele Schriftzeichen, die ich gar nicht kenne. Im Chinesischen gebildet zu sein ist nicht das gleiche, wie im Englischen gebildet zu sein. Wenn ich gebildet wäre, dann könnte ich in klassischem Chinesisch schreiben, das mit dem gesprochenen Chinesisch gar nichts zu tun hat. Es ist völlig anders.

Aber ich habe einfache Dinge gelernt wie den Respekt gegenüber den drei unumstößlichen Beziehungen: die Unterordnung des Volkes unter den Herrscher, des Sohnes unter den Vater und der Frau unter den Mann. Wir mußten außerdem die fünf ehrerbietigen Stufen achten: den Himmel, die Erde, den Kaiser, die Familie und den Lehrer. Deshalb wußte ich, daß sich mein Mann, als er sich in die Frau verliebte, die dem Sohn seines Mentors versprochen war, gegen den Lehrer versündigte.

# Die Erziehung eines Mädchens

Als Kind habe ich viel über die Studienzeit meines Vaters und meiner Großonkel gehört, und irgendwie brachten diese Schilderungen mich dazu zu glauben, daß es gut sei, als Student zu leiden. Mein Vater sagte, daß Zweiter und Vierter Bruder, als sie in Japan studierten und die Familie ihnen nicht mehr viel Geld schicken konnte, so arm waren, daß sie immer nur ein Buch kaufen konnten, es lesen und dann zurückgeben mußten, um das nächste zu kaufen. Sie konnten sich auch nur einen Waschlappen leisten, den sie in zwei Stücke schneiden mußten.

Als ich dann zur Schule ging, war ich die einzige in meiner Klasse, die ihre Schulbücher in braunes Packpapier einschlug, obwohl ich mir die schönsten Buchumschläge hätte kaufen können. Auch meinen ersten Waschlappen benutzte ich so lange, bis er ein Loch in der Mitte hatte. Dann klebte ich ihn zur Erinnerung in mein Sammelalbum. Solch einen Einfluß hatten die Geschichten über die Selbstaufopferung meiner Familie auf mich.

Mein Vater hat mir erzählt, Yu-i sei in den frühen siebziger Jahren einmal bei uns in Connecticut zu Besuch gewesen, kurz nachdem sie nach Amerika übergesiedelt war. Danach schrieb sie meinem Großvater in San Francisco, ihrem Bruder, einen Brief, in dem sie meine Eltern dafür lobte, daß wir Kinder alle einen Schreibtisch und gutes Licht zum Lernen hätten. Mein Vater war sehr stolz und erleichtert, als meine Großmutter ihm Yu-is Brief vorlas.

Immer wenn wir meine Großeltern in San Francisco besuchten, betrauten sie uns mit kleinen Aufgaben. Manchmal besuchten wir die Gräber von Zweitem und Viertem Großonkel. Und einmal schickte man uns auf eine Brücke mitten in Chinatown, damit wir die fünf konfuzianischen Kardinaltugenden abschrieben, die in die Bronzeplatten an den Wänden der Brücke geprägt waren. Ich schrieb die Geschichten auf englisch in das gleiche Notizbuch, das ich auch für meine Pferdezeichnungen benutzte. Während wir die Kardinaltugenden abschrieben, kam ein Chinese vorbei, der etwa so alt war wie mein Großvater, und lobte uns: »Sehr gut. Sehr gut. Die müßt ihr kennen.«

Auch meine Mutter war Pädagogin, und wir machten unsere Hausaufgaben immer in der Küche, während sie kochte. Bei ihr war alles gut für eine Lektion: Backen zum Beispiel diente dem Addieren von Brüchen.

Während der High-School sollte ich meine Hausaufgaben immer sofort nach der Schule machen, damit ich meine Mutter, wenn sie nach Hause kam, noch vor dem Abendessen alles fragen konnte, was ich zum Beispiel in Mathematik nicht verstanden hatte. Was meine Mutter nicht wußte, gab sie an meinen Vater weiter. Nach dem Abendessen erwartete man dann von mir, weiter zu lernen.

Eines Abends kam meine Mutter hoch, um zu kontrollieren, ob ich auch fleißig lernte. Ich hatte am nächsten Tag eine schwere Prüfung in Differential- und Integralrechnung, und meine Eltern hatten mir das ganze Wochenende geholfen, mich darauf vorzubereiten. Als meine Mutter die Treppe hochkam, mußte sie feststellen, daß ich mich, anstatt zu lernen, mit meiner Garderobe für den nächsten Tag beschäftigte.

Sie wurde sehr wütend. »Was ist bloß los mit dir?« schrie sie. Sie war so enttäuscht von mir, daß sie noch Tage nach der Prüfung kaum mit mir sprechen konnte.

Nachdem seine Familie China 1949 verlassen hatte, lebte mein Vater erst in Japan und später in Brasilien. Sechs Jahre später besuchte er auf Long Island eine private Vorbereitungsschule für die High-School, wo man von ihm als einzigem chinesischen Studenten Leistung erwartete. Tatsächlich gehörten er und der einzige Afro-Amerikaner der Schule beim Abschluß zu den Besten ihrer Klasse.
Nach der High-School ging mein Vater auf das Massachusetts Institute of Technology. Dort hatte er unter anderem einen Job in der Cafeteria, wo er nach den Mahlzeiten Tabletts und Teller einsammeln und zum Spülen stapeln mußte. Ein paar Jungen aus Hongkong verschütteten regelmäßig Essen auf ihren Tabletts, verschmierten es und veranstalteten extra für ihn eine Schweinerei. Sie wußten, daß seine Familie in China gewesen war, und behaupteten, er würde nur so tun, als sei er arm. Ich fragte meinen Vater, wie es für ihn war, so behandelt zu werden. Er sagte, das sei alles an ihm abgeprallt. Er habe es einfach nicht an sich herangelassen.
Ich wünschte mir damals, genauso unverwüstlich zu sein wie er. Sowohl meine Mutter als auch mein Vater glaubten aufrichtig, daß Chinesen genauso gut, wenn nicht besser seien als Nichtchinesen. Immer wenn die Yale-Kollegen meines Vaters damit angaben, Vorfahren zu haben, die schon mit der *Mayflower* nach Amerika gekommen seien, lächelte mein Vater milde, so als amüsiere es ihn, wie vergleichsweise jung die amerikanische Geschichte war. Meine Eltern bezeichneten alle Nichtchinesen als *waiguoren*, als »Ausländer«.
Ehe sie nach Amerika kam, so erzählte mir meine Mutter, hatte sie häufig Bilder von *waiguoren* in Zeitschriften gesehen und gedacht, o je, wie häßlich. Als sie dann während ihrer Überfahrt von China nach Amerika im Jahre 1949 auf der *SS President Wilson* von ihnen umgeben war, fand sie sie groß, behaart und weiß wie Geister. Bei ihrem ersten Abendessen auf dem Schiff saßen am Nachbartisch Ausländer, die Pfirsich

Melba aßen. Meine Mutter, die damals neun war, hatte gehört, daß im Westen alles größer sei.

»Sieh mal«, sagte sie zu ihrer Schwester und zeigte auf den Nachbartisch, »sieh mal, was für ein riesiges Spiegelei die Barbaren da essen!«

Doch obwohl ich diese Geschichten gehört hatte, sehnte ich mich danach, von meinen weißen Klassenkameraden akzeptiert zu werden. Ich weiß noch, wie ich eines Tages weinend von der Schule nach Hause kam, weil die Kinder, besonders ein Junge namens Douglas, mich aufgezogen hatten.

»Ching-chang-chong«, rief Douglas immer genau dann, wenn der Lehrer das Klassenzimmer verlassen hatte.

»Ching chong, wing wong«, sang er im Flur, in der Cafeteria und auf dem Schulhof. Und von seiner Schulbank aus schnitt mir Douglas den ganzen Tag lang Grimassen, indem er seine Nase platt drückte und die Augen schräg zog, sobald der Lehrer nicht hinsah.

Mein Vater schlug mir eine Maßnahme vor, die Douglas ein für allemal dazu bringen würde, seinen Mund zu halten und sich still davonzuschleichen. Es sei das Schlimmste auf der Welt, was ich jemals zu einem Menschen sagen könnte, so schlimm, daß ich ihm versprechen mußte, dieses Wort nie wieder zu benutzen. »Nenn Douglas einfach ›Du weißes Schildkrötenei‹«, sagte mein Vater in drohendem Ton. Ich brauchte ein paar Minuten – weitaus länger, als um mir klarzumachen, daß dieses Schimpfwort bei Douglas ohnehin nichts bewirken würde –, um zu begreifen, daß »Schildkrötenei« die ins Chinesische übersetzte Version von »Hurensohn« war. Mein Vater erklärte mir, daß die Eier einer Schildkröte immer von zahlreichen Männchen befruchtet würden. Für meinen Vater war deshalb ein Schildkrötenei schon schlimm genug, aber ein *weißes* Schildkrötenei war das Allerschlimmste.

Ich habe meinem Vater nie erzählt, daß ich seinen Rat nicht befolgt habe, genausowenig wie ich meiner Mutter gesagt habe, wie falsch sie auf meine Klagen reagierte. Das einzige Mal, als ich ihr davon erzählte, daß die Kinder in der Schule laut »Ching chong, ching chong« sagten, sobald ich vorbeikam, anwortete sie mir lachend: »Wahrscheinlich versuchen sie einfach, chinesisch mit dir zu sprechen. Sie sollten dir leid tun. Hör doch mal hin, die kriegen ja kein richtiges Wort heraus.« Und als ich ihr erklärte, daß sie sich über mich lustig machten, runzelte sie verdutzt die Stirn und meinte: »Ich glaube, immer wenn sie dumme Dinge zu dir sagen, solltest du einfach auf sie zugehen und erwidern: ›Ich wette, du wärst nur auch gern Chinese, so wie ich.‹«

Damals erschienen mir meine Eltern mit ihren Ratschlägen unglaublich naiv. Aber jetzt begreife ich, daß sie mit all ihrem Stolz versucht haben, mich zu lenken und zu beschützen.

幼儀

Zweiter und Vierter Bruder kehrten 1909 aus Japan zurück. Vierter Bruder übernahm eine Stelle im Post- und Fernmeldewesen und unterstützte die Familie mit seinem Gehalt. Er übernahm auch das Haushaltsbudget und machte meine Mutter auf einen wichtigen Punkt aufmerksam: Es gab zu viele unversorgte Kinder in der Familie. Von den zwölf Kindern waren fünf Brüder und alle vier Schwestern noch unverheiratet. Er schlug ihr vor, sich ernsthaft um die Zukunft der Mädchen zu kümmern.

So wurde die Wahrsagerin herbeigerufen, um ein Horoskop für meine vierzehnjährige Schwester, Erste Schwester, aufzustellen. Da sie die älteste Tochter war, schien es am wichtigsten, zunächst ihre Heiratspläne zu konkretisieren. Die Wahrsagerin las ihr *bazi*, die acht Zeichen, die auf dem Namen eines Menschen sowie der Uhrzeit, dem Tag, dem Monat und dem Jahr seiner Geburt beruhen. Als Mutter und Erste Schwester ihre Sitzung mit der Wahrsagerin beendet hatten, sahen beide besorgt aus. Erste Schwester weinte und zog sich rasch ins Mädchenzimmer zurück.

Meine Mutter verkündigte in sachlichem Ton: »Erste Schwester darf in den nächsten Jahren nicht heiraten. Die Wahrsagerin hat gesagt, daß sie erst heiraten soll, wenn sie fünfundzwanzig ist, weil sonst ihr Mann eines frühzeitigen Todes sterben wird.«

Ich war Zweite Schwester und rückte auf der Heiratsliste nach. So war ich diejenige, die mit Hsü Chih-mo vermählt wurde.

Als ich Jahre später, 1921, bereits mit Hsü Chih-mo verheiratet war und China verlassen hatte, um zu ihm nach England zu gehen, entwickelte Erste Schwester ein sehr enges Verhältnis zu meiner Schwiegermutter. Immer noch auf ihre Hochzeit wartend, verbrachte sie viel Zeit auf dem Land bei der Mutter meines Mannes; sie brachte ihr Geschenke, spielte Mah-jongg mit ihr und unterhielt sie mit Geschichten über die verschiedensten Leute aus Shanghai. Hsü Chih-mo und ich ließen uns im Jahre 1922 scheiden, als Erste Schwester sechsundzwanzig wurde und frei war zu heiraten. Ein paar Monate später sagte meine Schwiegermutter voller Bedauern zu Mutter: »Vielleicht hätten wir statt dessen sie heiraten sollen.«

Meine Schwiegermutter meinte das nicht böse. Aber das Schicksal nimmt einfach merkwürdige Wege; vielleicht hätte Erste Schwester wirklich an meiner Stelle Hsü Chih-mo heiraten sollen. Aber ich wußte, daß es auch dann eine Scheidung gegeben hätte. Erstens hätte es der Familie Hsü nicht gefallen, wie großzügig Erste Schwester das Geld ausgab. Und zweitens machte sich Erste Schwester überhaupt nichts aus Büchern oder Bildung. Hsü Chih-mo wollte jedoch eine gebildete Frau.

Ich war etwa zehn, als die Wahrsagerin das *bazi* meiner Schwester las, und als ich dann erfuhr, daß es mein Schicksal

Yu-is Mutter in aristokratischer Pose.

Yu-is Vater, ein angesehener Arzt und energischer Familienvorstand.

Yu-i mit ihren Geschwistern, die 1927 zur Beerdigung ihrer Eltern in Shanghai zusammenkamen. Links sitzend von links nach rechts: Erste und Vierte Schwester, Yu-i. Stehend: Dritte Schwester und zwei Schwägerinnen. Rechts sitzend von links nach rechts: Erster, Zweiter, Achter, Fünfter und Dritter Bruder. Stehend: Siebter, Vierter und Sechster Bruder.

Yu-i und Hsü Chih-mo 1921 in modischer Aufmachung – ihr erstes gemeinsames Foto im Westen. Im folgenden Jahr ließen sie sich scheiden.

Links Yu-is Erste Schwester, der man die Füße gebunden hatte, und ihr Mann zusammen mit Yu-is Schwiegereltern während der gemeinsamen Ferien in Hangzhou.

Yu-is Zweiter Bruder, Chang Chia-sen (links), und Hsü Chih-mo. Das Datum dieses Fotos ist unbekannt, Yu-i ging davon aus, daß ihr Bruder es für unpassend gehalten hätte, sich nach der Scheidung mit Hsü Chih-mo fotografieren zu lassen. Es muß also vor 1922 entstanden sein.

Yu-i in Deutschland, 1924. Eine Dame, so sagte sie, müsse auf der Straße immer einen Hut tragen, sonst könne man sie für eine Bedienstete halten.

Von links nach rechts: Zweiter Bruder, Frau Liu, Yui-i (schwanger) und Herr Liu. Die Lius, beide Studenten an der Pariser Universität, nahmen die schwangere Yu-i bei sich auf, nachdem Hsü Chih-mo sie verlassen hatte.

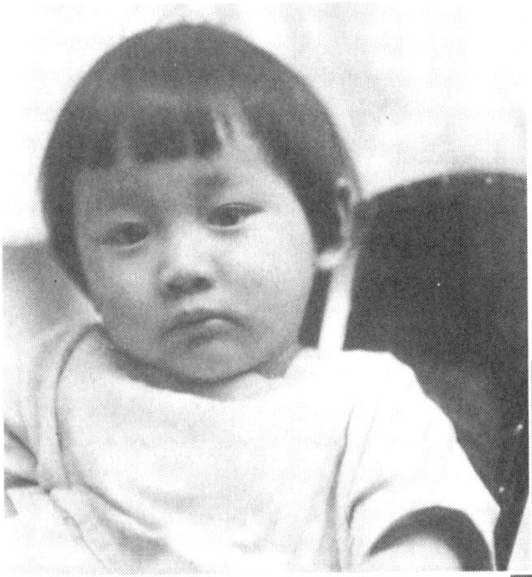

Yui-is zweiter Sohn Peter, geboren in Berlin, starb 1925 im Alter von drei Jahren.

Dora Berger, Yu-is einzige Freundin in Berlin, liebte Peter so sehr, daß nach seinem Tod stets sein Foto über ihrem Schreibtisch hing.

Yu-i mit ihrer Mutter und ihren Geschwistern kurz nach ihrer Rückkehr aus Deutschland. Man beachte ihre eindeutig westliche Kleidung und den gestreiften Hut im Gegensatz zu ihren traditionell gekleideten Geschwistern.

Yu-is Achter Bruder – mein Großvater Chang Chia-chu –, elegant gekleidet für Hsü Chih-mos zweite Hochzeit. Er war Hsü Chih-mo so treu ergeben, daß auf seinen Wunsch bei seiner eigenen Beerdigung ein Gedicht von Hsü Chih-mo vorgetragen wurde.

Die achtzehnjährige Yu-i mit ihrem ersten Sohn, dem Stolz der Familie Hsü.

Yu-is erster Sohn, Hsü Chi-kai, dem die Familie den Spitznamen A-huan – »Kleines Glück« – gab, an der Hand seiner Großmutter väterlicherseits.

Yu-i mit ihrem Sohn A-huan. Nach ihrer Rückkehr aus Deutschland 1926 zog sie ihn alleine groß.

Mein Großvater Chang Chia-chu (stehend) zwischen Zweitem und Viertem Bruder, Chang Chia-sen und Chang Chia-ao, 1945 bei einem Besuch in Amerika. Alle ließen sich schließlich in Nordkalifornien nieder.

Yu-i mit ihren Enkeln vor dem Haus in der Avenue Hague, Shanghai. Von links nach rechts: Margaret, Angela, Fern und Tony.

Meine Familie in Hamden, Connecticut, 1991. Von links nach rechts: mein Vater, meine Schwester, mein Bruder mit unserem Hund Guilin, ich [Pang-Mei Natasha Chang] und meine Mutter.

Yu-i und ich [Pang-Mei Natasha Chang] in ihrer New Yorker Wohnung, Weihnachten 1986

Yu-i in Shanghai, um das Jahr 1937. Als Vizepräsidentin der Shanghai Women's Savings Bank legte sie für dieses formelle Protrát ihren *cheongsam* aus schwarzer Seide an.

sein würde, jung zu heiraten, wußte ich, daß meine sorgenfreien Tage gezählt waren. Sobald ich verheiratet wäre, würde ich der Familie meines Mannes dienen und Kinder gebären müssen.

Ich wollte etwas lernen, aber Mutter sagte, daß Baba für das Studium eines Mädchens nicht zahlen würde. Mein Vater war vorausblickend, was seine Söhne betraf, aber er hatte nicht genug Geld, um sich auch noch um die Ausbildung seiner Töchter zu kümmern. Ich glaube, wenn wir nicht arm geworden wären und die Kosten der Ausbildung seiner acht Söhne meinen Vater weniger belastet hätten, dann wäre er vielleicht so großzügig gewesen, auch für mich einen Hauslehrer einzustellen oder mich auf die besten Schulen gehen zu lassen, wie es die Frau getan hatte, die mein Mann später liebte.

Woher mein Wunsch kam, etwas zu lernen, weiß ich nicht. Zu Mutters Zeiten verließ eine Frau die inneren Gemächer ihres Vaterhauses zum ersten Mal, wenn sie fortging, um zu heiraten. Wenn sie zu ihrem Mann und ihren Schwiegereltern zog, tauschte sie eine Abhängigkeit gegen eine andere ein. Für ein Mädchen war es undenkbar, seine Ausbildung außerhalb des Elternhauses fortzusetzen. »Wenn ein Mächen unwissend ist, dann ist dies seine Tugend«, hieß damals ein Sprichwort; ein ungebildetes Mädchen gehorchte der Familie ihres Mannes leichter.

Zu dieser Zeit lebte in unserer Nachbarschaft eine Familie, deren beide Töchter eine moderne Mädchenschule in Shanghai besuchten. Jeden Morgen legten die Mädchen, ehe sie den Zug nahmen, ihre Schuluniformen an: braune Hosen und braune Hemden ohne Kragen. Die Ehestifterin sagte bei ihrem alljährlichen Besuch in unserem Haus, daß die Mädchen hübsch und gebildet seien. Bestimmt wäre eine von ihnen für einen Chang-Jungen geeignet. Aber meine Mutter, deren Kleider allesamt hochgeschlossene Kragen hatten, die ihren Hals bedeckten, verzog widerwillig ihr Gesicht. »Den eigenen Hals derart zur Schau zu stellen, ist unentschuldbar«, verkündete sie. »Diese modernen Mädchen werden niemals einen unserer Söhne heiraten.«

Von den vier Mädchen unserer Familie war ich schon immer diejenige gewesen, der am meisten an einer Ausbildung gelegen war. Erste Schwester war es lediglich wichtig, anderen Menschen zu gefallen und Mah-jongg zu spielen; später wurde sie opiumsüchtig. Dritte Schwester war eine begeisterte Köchin und liebte das Essen; deshalb war sie die dickste von uns allen. Und Vierte Schwester, die ein paar Jahre nach unserem Umzug in das Haus in Nanxiang auf die Welt kam und heute Kleider entwirft, interessierte sich vor allem für Kunst und Mode. Als sich die finanzielle Lage unserer Familie wieder verbessert hatte, ließ sie jeden Tag einen Schneider ins Haus kommen, der ihr neue Kleider nähte.

Ich glaube, mein Wunsch nach Bildung hing damit zusammen, daß ich spürte, in eine Zeit der Veränderungen hineingeboren zu sein. Außerdem bewunderte ich meine beiden studierenden Brüder. Und ich war das erste Mädchen unserer Familie, dessen Füße nicht bandagiert wurden. Erste Schwester, die nur zwei Jahre älter war als ich, hatte gebundene Füße, aber nicht die mindeste Geduld für Bücher.

Die beiden Frauen, in die sich mein Mann später verliebte, waren nur zwei Jahre jünger als ich, aber sie hatten eine viel bessere Ausbildung genossen. Wie ich hatten auch sie keine gebundenen Füße. Ich glaube, daß meine Generation die erste war, in der immer mehr Frauen nach Bildung strebten, weil in dieser Zeit die westliche Lebensart in China langsam bekannter wurde.

Im Jahre 1912 wurde als zwölftes und letztes Kind meine kleine Schwester geboren; ich selbst war damals zwölf und wurde beauftragt, mich um das Kind zu kümmern. Schweigend half ich meiner Mutter, kaute den Reis für Vierte Schwe-

ster vor und beaufsichtigte sie, wenn sie spielte; aber ich dachte weiter über meine Ausbildung nach.
Eines Tages, Vierte Schwester war etwa sechs Monate alt, stieß ich auf eine Anzeige im Shanghaier *Shengbao*, die für eine Mädchenschule in Suzhou namens Teachers' College Preparatory School warb. In den ersten drei Jahren wurden die Mädchen dort unterrichtet. Im vierten Jahr gaben sie dann den jüngeren Schülerinnen selbst Unterricht und erhielten zum Abschluß ein Diplom als Grundschullehrerin. Die Schule lehrte die neuen westlichen Fächer, und was das Beste war, sie kostete nur fünf Yuan pro Trimester. Kost und Logis, Büchergeld, Taschengeld und selbst die Reisekosten, um in den Ferien nach Hause zu fahren, waren darin inbegriffen. Es war unglaublich billig. Ich zweifelte keine Sekunde daran, daß Baba einwilligen würde.
Zuerst erzählte ich Mutter von meiner Idee. Nachdem sie den Preis gehört hatte, fragte sie mich als erstes, ob die Schuluniformen Kragen hätten oder nicht. Ich antwortete ihr, daß in der Anzeige von Uniformen keine Rede gewesen sei. Dann sagte Mutter, Suzhou sei viel zu weit entfernt, und sie würde mir nicht erlauben, alleine fern von meinem Zuhause zu leben. Suzhou, etwa sechzig Meilen westlich von Shanghai gelegen, war berühmt für seine Gärten, in denen es ungewöhnliche Felsformationen gab, und für seine schönen Frauen. Es hieß, daß die Frauen von Suzhou mit ihrer schimmernden Haut und ihrem singenden Tonfall alles von einem Mann verlangen könnten.
Fest entschlossen, jemanden zu finden, der mich nach Suzhou begleiten würde, gelang es mir irgendwie, Erste Schwester zu überreden, mit mir auf diese Schule zu gehen. Bis heute weiß ich nicht, wie ich es angestellt habe; sie liebte den Müßiggang und hatte keinerlei Interesse am Lernen. Doch sie war sehr liebenswürdig, und da sie in den kommenden Jahren ohnehin nicht heiraten würde, wußte sie nichts Besseres mit ihrer Zeit

anzufangen. Mit Mutters Erlaubnis, Baba anzusprechen, ging ich zu ihm und fragte ihn, ob er das Schulgeld für Erste Schwester und mich zahlen würde.
Mein Vater hatte immer gesagt, es sei zu teuer, Mädchen zu unterrichten, aber über diese Schule hier konnte er sich nicht beklagen, so billig war sie. Ich glaube, es war fast günstiger für ihn, uns nach Suzhou zu schicken, als uns zu Hause durchzufüttern. Nach einigen Überlegungen erklärte sich Baba damit einverstanden, uns gehen zu lassen. Gerade als alles geregelt zu sein schien, erfuhr ich, daß die Schule eine Aufnahmeprüfung verlangte.
»Was sollen wir jetzt tun?« fragte mich Erste Schwester. Wir hatten nur wenig Unterricht bei einem Hauslehrer gehabt und glaubten nicht, daß wir auch nur irgend etwas wußten. Aber wir mußten die Aufnahme auf diese Schule schaffen; sie war die einzige, die wir uns leisten konnten.
Zwei unserer Kusinen, die Töchter von Zweitem Onkel, gingen bereits auf eine Schule. Sie seien sehr klug, sagte Erste Schwester. Vielleicht könnten sie die Prüfung für uns ablegen. Vielleicht könnten wir uns doch gemeinsam auf die Prüfung vorbereiten, schlug ich Erster Schwester dagegen vor, aber sie schüttelte den Kopf. Sie ging nur zur Schule, um mir Gesellschaft zu leisten, und wollte nicht gezwungen sein zu lernen. Sie sagte, wenn sie die Prüfung selbst machen müsse, dann würde sie bestimmt durchfallen.
So bat Baba bei seinem nächsten Besuch in Baoshan die beiden älteren Kusinen, unter unserem Namen die Prüfungen für Erste Schwester und mich abzulegen. Ich weiß bis heute nicht, warum er mit dieser Bitte von seinen sonst so hohen moralischen Ansprüchen abließ, aber zum Glück tat er es, und meine Kusinen erklärten sich einverstanden. Ich schlug Erster Schwester vor, daß wir beide zumindest versuchen sollten, die Prüfung selbst zu bestehen. So nahmen auch wir daran teil, jedoch unter den Namen unserer Kusinen. Wür-

den Erste Schwester und ich durchfallen, wäre es bedeutungslos.
Wie es sich traf, bestanden wir alle vier. Erste Schwester lachte und sagte, sie habe die meisten Antworten nur erraten, aber ich war zutiefst erleichtert.
Unsere Kusinen gaben schließlich ihre Aufnahmezeugnisse und ihre Namen an zwei Mädchen weiter, die wir nach der Prüfung kennenlernten. Die beiden hatten nicht bestanden und waren sehr dankbar, von zwei völlig Unbekannten eine derartige Hilfe zu empfangen. Ich habe nie erfahren, wie diese Mädchen unter den Namen meiner Kusinen in der Schule zurechtkamen.

Meine Mutter weinte am Morgen unserer Abreise und veranlaßte, daß uns eine Dienerin im Zug nach Suzhou begleitete. Als wir das Schulgelände erreichten, stöhnte meine Schwester.
»Das ist ja riesig«, sagte sie. Ich habe dir ja schon erzählt, daß ihre Füße gebunden waren. »Wie soll ich denn hier herumlaufen?«
Erste Schwester und ich kamen in ein Zimmer im ersten Stock des Wohnhauses. Wir teilten es mit vier anderen Mädchen, von denen drei ebenfalls gebundene Füße hatten. Immerzu beklagten sich die vier über die Größe des Schulgeländes, das mir selbst sehr klein erschien. Es gab nur drei Gebäude: das Wohnhaus, den Klassenraum und den Speisesaal. Die Mahlzeiten waren extrem einfach: Vier oder fünf Gerichte standen mit einer großen Schüssel Reis in der Mitte eines runden Tisches. Bei diesen Mahlzeiten saßen wir jeweils zu zehnt an einem Tisch. Erste Schwester klagte, daß Baba diese Köche zu Hause niemals eingestellt hätte, und ständig schrieb sie unserer Mutter, sie möge Essen schicken, aber ich aß, soviel ich konnte, weil ich nicht wollte, daß Babas fünf Yuan pro Trimester verschwendet wurden. Trotz der niedrigen Gebühren

hatten wir Schuluniformen: blaue, schürzenartige Kittel, die wir über unseren normalen Kleidern trugen. Mutter war erfreut, als sie erfuhr, daß unsere Hälse bedeckt waren.
Auf die Schule gingen etwa vierzig Mädchen, von denen viele gebundene Füße hatten. Fast alle waren mindestens drei Jahre älter als ich. Ich war erst zwölf. Wir lernten Geographie, Mathematik, Geschichte und Literatur. Die Lehrer waren Männer, die während des Unterrichts mit Linealen in der Hand durch den Klassenraum schritten. Sie schlugen uns nicht, klopften aber, sobald eine Schülerin ihre Lektion falsch aufsagte, mit dem Lineal auf ihr Pult. Im Gegensatz zu Erster Schwester arbeitete ich hart. Es gab nur ein anderes Mädchen in der Schule, das genauso fleißig war wie ich. Auch sie hatte normale Füße. Einmal sagte sie zu mir, unsere Schule sei so billig, daß die Lehrer nachsichtig sein müßten; sonst würden ihnen die Schülerinnen davonlaufen.
Der Unterricht begann morgens um halb neun. Wir standen um sieben auf, machten unsere Betten, zogen unsere Uniformen an, nahmen schnell unser Frühstück ein und durchquerten dann den kleinen Hof zum Klassenzimmer, um uns auf den Unterricht vorzubereiten, ehe der Lehrer kam. Ich trug täglich die Bücher meiner Schwester und versuchte, meinen Gang ihren winzigen Trippelschritten anzupassen. Es betrübte mich, Erste Schwester derart leiden zu sehen, aber in vieler Hinsicht hatte sie es in der Schule auch leichter als ich, weil die Lehrer nachsichtiger mit ihr waren. Ich weiß nicht, warum, aber die Lehrer dieser Schule schienen mit den Mädchen, deren Füße gebunden waren, weniger streng zu sein. Vielleicht dachten sie, diese Mädchen seien altmodisch und nicht in der Lage zu lernen.
Erste Schwester war klug, aber sie lernte nicht. Ständig tat sie etwas für ihre Freundinnen – sie wusch sogar und flickte Kleider für sie –, anstatt in ihre Bücher zu schauen. Immer wenn sie im Unterricht falsche Antworten gab, sagten die Lehrer:

»Das ist schon in Ordnung.« Aber wenn ich etwas falsch machte, schlugen sie mit dem Lineal auf mein Pult und sagten: »Wie ist das nur möglich?«

Wir waren so unterschiedlich, Erste Schwester und ich. Sie machte sich niemals Gedanken über die Zukunft. Ich dachte ständig über das Morgen nach und betrachtete meine Arbeit und mein Studium als ebenso wichtig wie meine Freizeit. Als Erste Schwester kurz nach meiner Scheidung schließlich heiratete, wählte sie einen reichen Mann, der aus unsicheren Verhältnissen stammte und über keinerlei Bildung verfügte. Ich lebte zu dieser Zeit in Deutschland und schrieb ihr, daß es eine schlechte Idee sei, denn wenn ihnen einmal das Geld ausginge, dann hätten sie nichts, worauf sie zurückgreifen könnten. Sie sagte, er habe so viel Geld – seine Familie besaß gewerbliche Grundstücke und ein Theater in Shanghai –, daß es ihnen niemals ausgehen würde. Etwa fünfzehn Jahre lang lebten sie sehr gut. Erste Schwester brachte einen gesunden Jungen zur Welt. Ihr Mann spielte nicht. Er verwahrte seine Eigentumsurkunden in einem Stapel hoch oben auf einem riesigen Kleiderschrank, der an einer Wand ihres Zimmers stand. Jeden Monat warf er die Säcke voll Bargeld, das ihnen ihre Pachtzinsen einbrachten, in den Schrank.

Doch dann kam Erste Schwester eines Tages, es war 1937 oder 38, zu mir. Ich arbeitete damals als Vizepräsidentin der Shanghai Women's Savings Bank und hatte einen Schreibtisch im hintersten Teil der Bank, von wo aus ich alles überschauen konnte. Erste Schwester humpelte auf ihren bandagierten Füßen quer durch den ganzen Raum und setzte sich weinend vor mich. Sie sagte, sie habe Angst gehabt, mir früher davon zu erzählen, aber ihr Mann spiele schon seit Jahren wie ein Verrückter beim *tuipaijiu*, einem Dominospiel mit zweiunddreißig Steinen, um Geld. Zuerst habe er gewonnen. Doch seit kurzem verliere er ständig. Und jedesmal, wenn er verloren habe, würde er in den Schrank greifen, einen Sack

Geld hervorziehen und auf den Tisch werfen, um eine neue Runde anzufangen. Weder sie noch ihr Sohn könnten ihn bremsen. Er habe schon das ganze Geld durchgebracht und finge jetzt an, sich über die Eigentumsurkunden auf dem Schrank herzumachen. Eine Wahrsagerin hatte ihr gesagt, sobald die letzte Eigentumsurkunde verspielt worden sei, würde ihr Mann sterben.

Erste Schwester wollte, daß ich mir die Urkunden von ihm geben ließ, um sie in den Safe der Bank zu legen. Eigentlich hätte ich mich in so eine Geschichte nicht eingemischt, aber seit unserer gemeinsamen Schulzeit war ich daran gewöhnt, mich immer irgendwie um Erste Schwester zu kümmern. Ich machte mir außerdem Sorgen um ihren Mann; ich hatte schon immer geglaubt, daß er nicht gut für sie sei.

So ging ich zu ihm und erklärte ihm, daß ich die verbliebenen Eigentumsurkunden haben wolle. Er gab sie mir nicht. Er sagte, er bräuchte sie, um die Ausbildung der Tochter seiner Konkubine zu bezahlen. Ich glaubte ihm nicht, nickte jedoch und tat so als ob. Eine Woche später kehrte ich zu ihm zurück. Ich log ihm vor, daß ich für die Ausbildung seiner Tochter gezahlt hätte.

»Gib mir wenigstens eine Eigentumsurkunde«, beharrte ich. »Damit eine letzte Urkunde übrigbleibt, die du nicht anrührst. Ich hinterlege sie in meiner Bank.«

Er überprüfte die Wahrheit meiner Geschichte nicht und gab mir, was ich verlangte. Aber ein paar Monate später tauchte er in der Bank auf. Er sah mitgenommen und müde aus. »Gib sie mir«, sagte er, und ich wußte, daß er die Bank ohne seine Urkunde nicht verlassen würde. Am Ende gab ich sie ihm; wer will sich schon mit einem Mann streiten, der so verzweifelt ist, daß er mit Selbstmord droht? Kurz darauf starb er im Schlaf, genauso wie die Wahrsagerin es prophezeit hatte. Wer weiß, vielleicht war das Schicksal meiner Schwester doch noch schlimmer als meins.

# Pflaumenblüten im Schnee

Als ich elf Jahre alt war, lange bevor ich zum ersten Mal ein Rendezvous gehabt, geschweige denn einen Jungen geküßt hatte, träumte ich, daß ein junger weißer Mann mit welligem Haar in mein Zimmer trat.

*Er kam mit großen Schritten auf das Sofa zu, auf dem ich saß, umschlang mich mit seinen Armen und gab mir einen weichen, sinnlichen Kuß. Voller Leidenschaft ergab ich mich ihm und erwiderte seinen Kuß. Doch dann kippte plötzlich etwas in mir um. Ich nahm all meine Selbstbeherrschung zusammen und stieß ihn entschlossen von mir. »Nein, ich muß einen Chinesen heiraten«, sagte ich.*

Als ich aufwachte, hatte ich einen roten Kopf und war erregt. Immer wieder erinnerte ich mich an den Kuß des weißen Mannes, an diesen Moment, in dem ich meinem Begehren nachgegeben hatte. Wie frei ich mich dabei fühlte! Welch eine Freude, diesen weißen Mann zu küssen! Noch nie hatte ich in meiner elfjährigen Phantasie ein solches Gefühl der Freiheit und Wonne genossen. Mit dem anderen Teil des Traumes, in dem ich den Mann von mir stieß, hielt ich mich nicht länger auf. Doch der Konflikt zeichnete sich bereits ab. Ich hatte meine Eltern immer für sehr modern gehalten. Ihre Freunde waren Nichtchinesen. Sie sprachen ein perfektes, akzentfreies Englisch. Aber während meiner ganzen Kindheit und Jugend lautete ihre eindeutige Botschaft, daß ich versuchen solle, später einmal einen Chinesen zu heiraten.
Immer wenn ich zu Hause ein Gemälde bewunderte oder im Wohnzimmer liebevoll ein asiatisches Möbelstück abstaubte,

sagte mein Vater: »Eines Tages, wenn es deine Mutter und mich nicht mehr gibt, wirst du dieses schöne Stück bekommen ..., wenn du einen Chinesen heiratest.« Zwischen Mischlingen und reinrassigen Menschen bestünde ein großer Unterschied, erklärte mein Vater weiter, so als seien Menschen das gleiche wie Hunde. Ich jedenfalls sollte einen Chinesen heiraten, um die Linie der Changs fortzusetzen und reinrassige Chinesen auf die Welt zu bringen.
Immer wenn mein Vater über Stammbäume und Reinrassigkeit sprach, kicherte meine Mutter verlegen und sagte in beschwichtigendem Ton: »Hört nicht auf euren Vater. Ihr heiratet einfach den, den ihr liebt.«
Meine Mutter sagte jedoch niemals, daß wir Kinder *keine* Chinesen heiraten sollten. Ich glaube, sie hoffte darauf, daß der Idealfall eintreten würde: daß wir den Menschen heiraten würden, den wir liebten *und* daß es zufällig ein Chinese sein würde. »Wir« bedeutete mein Bruder und ich. Meine Schwester hatte sich schon sehr früh, seit sie angefangen hatte, für amerikanische Schauspieler zu schwärmen, eindeutig davon distanziert, jemals einen Chinesen zu heiraten.
»Sie ist ein hoffnungsloser Fall«, war der einzige Kommentar, den mein Vater zu den Aussichten, daß sie irgendwann einmal einen Chinesen heiraten würde, abgab. So blieb es von den Mädchen unserer Familie an mir hängen, die Chang-Linie fortzusetzen, reinrassige chinesische Kinder zu gebären und unser Blut nicht mit dem anderer Rassen zu vermischen.

Meine Eltern sagten immer, der Schlüssel zu ihrer Ehe seien ihre »ähnlichen Wertvorstellungen«. Als Kind verstand ich niemals ganz, was sie damit meinten. Mir kam es so vor, als seien meine Eltern ziemlich verschieden. Beide waren intelligent, aber mein Vater ging ruhig und wohlüberlegt an Probleme heran, während meine Mutter schnell und intuitiv war. Wenn mein Vater wütend wurde, tobte er wie ein Wilder und hatte es zehn Minuten später schon wieder vergessen; meine Mutter kochte tage-, ja wochenlang vor Ärger. Mein Vater kam aus Hongkong und Shanghai, zwei kosmopolitischen Großstädten; meine Mutter kam aus einer gebirgigen Provinz im Westen Chinas namens Guizhou, die für ihre Armut und Rückständigkeit bekannt war. Guizhou hat kein landeseigenes Salz, weshalb Leute aus Shanghai sich gerne lustig machen: »In Guizhou müssen die Leute ein Stück Salz über den Tisch hängen und darauf hochstarren, während sie essen.«

Doch trotz all ihrer Unterschiede waren sich meine Eltern in ihren Wertvorstellungen, die sie uns Kindern vermittelten, überaus einig. Um uns Disziplin beizubringen und uns zu veranschaulichen, wie wertvoll Zeit ist und wie befriedigend es sein kann, an sich zu arbeiten, ließen uns meine Eltern jeden Tag auf unseren Musikinstrumenten üben – mich und meinen Bruder auf dem Klavier und meine Schwester auf ihrer Geige. Für jede Stunde, die wir pro Woche übten, durften wir eine halbe Stunde fernsehen. Immer wenn Gäste ins Haus kamen, mußten wir ihnen etwas vorspielen.

Mein Vater hatte eine Lebenstheorie, derzufolge die Dinge bis auf gewisse, entscheidende Momente stets ihren Lauf nahmen; wenn man sich jedoch in diesen Momenten nicht richtig verhielt oder eine unkluge Entscheidung traf, dann hatte man für immer einen Wendepunkt in seinem Leben verpaßt. Diese Theorie bezog sich auf die Planung der Berufslaufbahn, auf die Suche nach einem spirituellen Weg und natürlich auch auf die Wahl eines Ehepartners. Deswegen war ich, obwohl ich von Clint Eastwood und Sean Connery träumte (und insgeheim die Haare auf ihrem Körper gut fand), fest davon überzeugt, daß ich, wenn der entscheidende Moment käme, das Richtige tun würde. Ich würde den Nichtchinesen von mir stoßen und sagen: »Nein, ich muß einen Chinesen heiraten.«

Ich wollte wirklich einen chinesischen Mann heiraten – um ein gutes Mädchen zu sein und den Wünschen meiner Eltern

zu entsprechen –, beschränkte mich aber trotzdem nicht auf Chinesen, als ich meine ersten Rendezvous hatte. Mit einundzwanzig verliebte ich mich bis über beide Ohren in einen Nichtchinesen und war dann selbst überrascht, als ich diese Beziehung abbrach und dabei die Worte aus meinem Traum in den Mund nahm: »Ich würde, nur um es meinem Vater recht zu machen, einen Chinesen heiraten.«
Niemand, nicht einmal mein Vater, hatte dies jemals so direkt von mir verlangt, aber der Erwartungsdruck lastete derart stark auf mir, daß ich wirklich glaubte, mein Opfer würde mich zu einem stärkeren, besseren, zufriedeneren Menschen machen. Unterdessen fühlte ich mich zerrissen und war unsicherer denn je, ob ich jemals jemanden finden würde, den ich lieben könnte.

幼儀 Ich war dreizehn, als ich zum ersten Mal den Namen meines Mannes hörte. Als ich in den Schulferien zu Hause war, riefen mich Mutter und Baba ins Wohnzimmer und reichten mir ein kleines, silbernes Etui.
»Was ist das?« wollte ich wissen.
»Sieh dir das Bild darin an«, sagten sie. Ich öffnete das Etui und sah das Foto eines jungen Mannes mit einem großen Kopf, einem vorstehenden Kinn und einer runden Metallbrille.
Baba wollte wissen, was ich von dem Mann auf dem Bild hielt. Leise schloß ich das Etui. Seit die Wahrsagerin bei meiner Schwester gewesen war, hatte ich auf diesen Moment gewartet. Ich sah meinen Vater an und erwiderte vorsichtig: »Was ich denke, ist unwichtig.«
So wollte es damals die chinesische Tradition: Ich würde den Mann heiraten, den meine Familie für mich ausgesucht hatte. Sein Name war Hsü Chih-mo. Vierter Bruder hatte ihn für

mich gefunden. Als Sekretär des Provinzgouverneurs von Zhejiang gehörte es zu den Aufgaben meines Bruders, die örtlichen Schulen zu inspizieren. In der Mittelschule von Hangzhou hatte ihn einige Wochen zuvor der Aufsatz eines Schülers besonders beeindruckt. Der Essay mit dem Titel »Über das Verhältnis von Literatur und Gesellschaft« war eine perfekte Imitation von Liang Qichao, einem der führenden Intellektuellen seiner Zeit, der ein guter Freund und Kollege von Zweitem Bruder war. Wie Vierter Bruder später erläuterte, hatte er bereits die Bemühungen unzähliger Schüler um eine Nachahmung von Liang Qichaos Stil durchblättert, aber keinem war es bis dahin gelungen, seine Sprache, in der sich klassisches und umgangssprachliches Chinesisch auf so elegante Weise verbanden, wiederzugeben.

Auch die Kalligraphie des jungen Mannes zeugte von ungeheurem Talent. Bei der Prüfung jedes einzelnen Schriftzeichens hatte Vierter Bruder festgestellt, daß das *gu* – die Kraft des Striches und der Druck des Pinsels auf das Papier bei jeder Linie, jedem Haken und Bogen – eine große Entschlossenheit und unerschütterliche Zielstrebigkeit verriet. Das *qi* – der natürliche Geist der Zeichen, den ein Mann erst erreichte, nachdem er sich jahrelang darin geübt hatte und dann all sein erlerntes Wissen im richtigen Moment ablegte – sprach von Weitblick und Integrität.

Als er Erkundigungen über den jungen Gelehrten einzog, dessen Aufsatz ihn so beeindruckt hatte, erfuhr Vierter Bruder, daß er der einzige Sohn einer sehr guten, wohlhabenden Familie war, die in der Gegend lebte. Mehr brauchte Vierter Bruder nicht zu wissen. Noch am gleichen Abend schickte er einen Brief an den Familienvorstand der Hsüs. Unter seinem offiziellen Namen Chang Chia-ao legte Vierter Bruder eine Verbindung zwischen Hsü Chih-mo und mir nahe. Bald darauf erhielt er einen kurzen Brief, in dem Hsü Chih-mos Vater die Verbindung persönlich guthieß. Vierter Bruder hatte bereits begonnen, sich in der Gegend einen Ruf zu erwerben, durch den man unseren Familiennamen wieder mit Wohlstand und Ansehen in Verbindung brachte. Hsü Chih-mos Vater schrieb einfach: »Mir, Hsü Shen-ju, wäre es eine Ehre, Chang Chia-aos Schwester anzunehmen.« Damit waren Hsü Chih-mo und ich verlobt.

Als ich Jahre später bereits verheiratet war und bei Hsü Chih-mos Familie lebte, erzählte mir eine der Dienerinnen, was geschehen war, als Hsü Chih-mo zum ersten Mal mein Bild sah. Er zog die Mundwinkel herunter und sagte voller Widerwillen: »Ein Bauerntrampel.«

Vom ersten Moment an hatte ihm nichts an mir gelegen. Aber selbst er, der später einen so modernen Lebensstil führte, wagte es nicht, sich der Tradition zu widersetzen. Er gehorchte seinem Vater und heiratete mich.

Zu dieser Zeit heirateten wir in China denjenigen, den unsere Eltern für uns auswählten. Dies galt als Zeichen unseres Respektes gegenüber den Älteren, und vielleicht war es sogar das wichtigste: In einer Geste vollkommenen Gehorsams ließen sich anständige junge Männer und Frauen auf den Wunsch ihrer Eltern miteinander verloben, um sich an ihrem Hochzeitstag zum ersten Mal zu begegnen. Im *Liji*, dem *Buch der Sitte*, heißt es: »Mit der Hochzeit werden zwei Menschen aus unterschiedlichen Familien miteinander verbunden zu dem Zwecke, einerseits den Ahnen im Tempel zu dienen und andererseits für den Bestand der kommenden Generation zu sorgen.«

Derartige Hochzeiten bedeuteten jedoch nicht, daß es keine Liebe gab. Die Liebe kam später. An erster Stelle stand die Pflichterfüllung gegenüber den Eltern, der Familie und dem Gatten, dann würde die Liebe sich schon einstellen.

Du denkst vielleicht, daß die Tradition der »freien Partnerwahl«, die ihr im Westen habt – wo sich zwei Individuen frei füreinander entscheiden – eine intelligentere Art ist zusammenzukommen. Ich würde dem widersprechen. Junge Menschen lassen sich zu sehr von ihren Gefühlen leiten. Ich glaube außerdem, daß ihr euch zuviel Zeit nehmt, zunächst einmal alles über den entsprechenden Menschen zu erfahren, denn dadurch wird es irgendwann unmöglich, die guten Eigenschaften von den schlechten zu trennen. Und dann entschließt ihr euch, lieber doch nicht zu heiraten. Darin liegt das Problem der »freien Wahl«. Denn niemand ist vollkommen.

So wie diese Dinge in China gehandhabt wurden, hatten die Eltern die besten Absichten für ihre Kinder. Meine Eltern zum Beispiel hatten Viertem Bruder die Aufgabe übertragen, einen Mann für mich zu suchen, und ich vertraute seiner Entscheidung. Ich glaube, daß normalerweise Erster Bruder diese Verantwortung übernommen hätte, aber nach der Geschichte mit dem Einbruch war er so deprimiert, daß er anfing, Opium zu nehmen, und man sich auf ihn als Kopf seiner Generation nicht mehr verlassen konnte. So fiel Viertem Bruder diese Aufgabe zu, und die Art und Weise, wie er einen Ehemann für mich auswählte, erschien mir völlig normal. Wir brauchten nicht zu wissen, wie groß Hsü Chih-mo war oder ob seine Familie zwanzig Bedienstete hatte oder hundert. Wir mußten nur über den Ruf seiner Familie, über seine Bildung und über seinen Charakter Bescheid wissen. Dies sind die drei Dinge, die du bei einem Mann überprüfen mußt. Mehr brauchst du nicht zu wissen.

Keiner von uns Changs kannte zum Beispiel deine Mutter, als dein Vater 1961 beschloß, sie zu heiraten. Achter Bruder, dein Großvater, lebte damals in Brasilien und hatte die Frau, die sein Sohn heiraten würde, niemals gesehen. Er wußte nur, daß die Braut seines Sohnes auf einem College Biologie studierte und der Familie Hua aus Guizhou entstammte, die bekannt für ihren Mao-tai war. Das ist der Schnaps, den Großmutter Chang zu trinken pflegte, als wir klein waren. Achter Bruder wußte außerdem, daß der Vater der Braut seines Sohnes für die Vereinten Nationen in New York arbeitete. Die beiden Dinge, über die dein Großvater also Bescheid wußte, waren der Ruf der Familie und die Bildung der Braut. Nun mußte er sich an mich wenden, damit ich Nachforschungen über ihren Charakter anstellte. Ich war das erste Mitglied der Familie Chang, das deine Mutter und ihre Familie kennenlernte. Sie machten eine Urlaubsreise nach Hongkong, wo ich damals noch lebte. Ich empfing sie in meinem Haus in der Nähe des *Peak* und beobachtete sehr sorgfältig, was deine Mutter tat, wie sie dasaß, wie sie Tee einschenkte und wie sie sich nicht nur mir, sondern auch ihren Eltern gegenüber verhielt. Sie wirkte sehr freundlich und ausgeglichen, und als ich dies Achtem Bruder berichtete, war er zufrieden.

Man nennt mich die Familienspionin, weil ich viele Leute kenne und immer versuche, soviel wie möglich über die Familie herauszufinden, die dahintersteht. Meine Enkelin hat ihren Mann über mich kennengelernt; ich spielte Mah-jongg mit seiner Mutter, die immer sehr fair war, weshalb ich gleich wußte, daß es eine gute Partie war. Deine Mutter und dein Vater führen eine sehr stabile Ehe. Wenn du oder dein Bruder oder deine Schwester jemanden kennenlernen oder etwas über jemanden erfahren wollt, dann fragt mich. Eine gute Partie zu machen ist sehr schwer, wenn man auf sich gestellt ist.

Ehe meine Verlobung mit Hsü Chih-mo als offiziell betrachtet werden konnte, mußte eine Wahrsagerin in unser Haus kommen, um unsere *bazi* – die acht Zeichen, die auf unsere Namen und auf die Uhrzeit, den Tag, den Monat und das Jahr unserer Geburt zurückgingen – auf ihre Vereinbarkeit hin zu überprüfen. Zwischen Mutter und der Wahrsagerin sitzend, wartete ich ängstlich darauf, was sie über meine Zukunft mit Hsü Chih-mo sagen würde.

Die Wahrsagerin sah auf ihre Tabellen.

»Ich mag diese Familie«, sagte sie. »Eine sehr gute Familie.«
Während sie weiter auf ihre Listen starrte, begann sie Mutter über die Bedeutung unserer Geburtsjahre aufzuklären. Hsü Chih-mo war vier Jahre älter als ich. Seinem Geburtsjahr, 1896, entsprach das Zeichen des Affen im Zwölfjahreszyklus. Als ein Kaiser der Tang-Dynastie einen Gesandten nach Indien schickte, damit er ihm die heiligen Bücher der buddhistischen Religion beschaffte, beschloß er, daß ein Affe den Mann auf dieser wichtigen Mission begleiten sollte. Der Affe, dieses charmante und amüsante Tier, war das erste Tier überhaupt, das von den Buddhisten zum Gott erhoben wurde. Aber, so betonte die Wahrsagerin, der Affe konnte auch sehr gerissen und gemein sein.

Die Ratte, mein Geburtszeichen, symbolisierte Fleiß und Wohlstand. Die Ratte war ein Aasfresser, der ungeheure Nahrungsvorräte ausfindig machen, anlegen und horten konnte. Die Ratte konnte sich jedoch auch scheu und schäbig verhalten.

Dann holte die Wahrsagerin tief Luft und wandte sich direkt an meine Mutter. »Ich muß Ihnen sagen, daß ich das Gefühl habe, daß Ratte und Affe in diesem Fall nicht gut zueinander passen«, verkündete sie. »Es wäre besser, Ihre Tochter wäre zum Beispiel ein Hund, ein Symbol der Treue.«

»Meine beiden ältesten Töchter …«, brachte Mutter bestürzt hervor. »Die erste darf erst heiraten, wenn sie fünfundzwanzig ist, und jetzt paßt die zweite nicht zu dem Mann.«

Ich konnte kaum an mich halten. Was stimmte denn nicht? fragte ich mich, wagte es aber nicht, Mutter und die Wahrsagerin zu unterbrechen. Stimmte mit mir etwas nicht? Oder stimmte etwas nicht mit Hsü Chih-mo? Was meinte die Wahrsagerin damit, daß wir nicht zueinander paßten?

Mutter schüttelte den Kopf und sah mich fast ungeduldig an. »Was sollen wir jetzt tun? Eine von euch muß bald heiraten.« Sie schwieg einen langen Augenblick, dann zuckte sie mit den

Schultern, so als hätte sie resigniert. »Wir müssen tun, was wir zu tun haben«, sagte sie.

So machte die Wahrsagerin mich zum Hund – indem sie mein Geburtsjahr um zwei Jahre auf 1898 vorverlegte – und erklärte die Verbindung für vorteilhaft. Diese Nachricht übermittelte meine Familie den Hsüs, ohne die Veränderung meines Geburtsjahres zu erwähnen. Eine Woche später fanden wir ein Entenpaar, ein Symbol der ehelichen Treue, vor unserer Türe. Unsere Familie nahm es entgegen. Damit war die Verlobung offiziell.

Das Unglück, welches meine Ehe umgab, ist eins der großen Rätsel meines Lebens. Ich habe mich immer gefragt, welches Unheil die Wahrsagerin in ihren Tabellen gesehen hatte, ehe sie mich zu einem Hund machte. Hatte sie unsere Scheidung vorhergesehen? Ich habe nie verstanden, warum Mutter auf die Wahrsagerin hörte, als Erste Schwester betroffen war, aber nicht, als es um mich ging. Glaubte meine Mutter vielleicht, daß ich ruhig einen unpassenden Mann heiraten könne? Oder war es einfach unser Schicksal, daß Hsü Chih-mo und ich trotz der ungünstigen Voraussage heirateten?

Ich bin mir nicht so sicher, daß man seinem Schicksal entgehen kann. Denk einmal daran, was meiner Ersten Schwester geschah. Wer weiß, vielleicht schwebte ein böser Geist über ihrem Horoskop.

Nach einer weiteren Besprechung mit der Wahrsagerin, an der nur meine Mutter teilnahm, wurde für November 1915, anderthalb Jahre später, der Hochzeitstermin festgelegt. Wie es die Tradition von anständigen Chinesen und Chinesinnen verlangte, würden Hsü Chih-mo und ich uns an diesem Tag zum ersten Mal begegnen.

Die Hsüs wollten, daß die Hochzeit erst stattfände, wenn Hsü Chih-mo die Mittelschule beendet hätte. Ich selbst hatte noch anderthalb Jahre Unterricht und dann ein weiteres Jahr Praktikum vor mir, ehe ich mein Diplom als Grundschullehrerin erhalten würde, aber weder die Hsüs noch meine Eltern nahmen auf meine Ausbildung Rücksicht. Die Hsüs erwähnten das Thema einfach nicht, während meine Eltern mir anordneten, sofort von der Schule zu gehen, um meine Hochzeit vorzubereiten.

»Bei einem Mädchen ist die Ausbildung nicht wichtig«, sagten sie. »Im Leben eines Mädchens gibt es nur ein Ziel: heiraten. Du solltest zu Hause bleiben und dich auf deine Zukunft vorbereiten.«

Ich mochte die Schule. Und da ich wußte, daß Hsü Chih-mo sehr gebildet war, wollte ich bis zu meiner Hochzeit weiterlernen. Es dauerte lange, bis ich meine Eltern dazu überredet hatte, mich noch ein Jahr auf die Schule gehen zu lassen. Der Hauptgrund für ihre Zusage lag letztlich darin, daß sie Erste Schwester bis zu ihrem fünfundzwanzigsten Geburtstag, der noch einige Jahre entfernt war, beschäftigen wollten, und ohne mich wäre sie nicht auf die Schule gegangen.

Leider kümmerten sich die Lehrer nicht mehr um mich, als ich nach meiner Verlobung für ein letztes Jahr in den Unterricht zurückkehrte. Sie machten sich nicht einmal mehr die Mühe, mich zu korrigieren, wenn ich falsche Antworten gab. Selbst der strenge Mathematiklehrer, zu dessen Lieblingsschülerinnen ich einst gehört hatte, tat jetzt mir gegenüber so, als sei nichts von dem, was er unterrichtete, von Bedeutung. Er wußte, daß ich über kurz oder lang abgehen würde. Alle Mädchen hängten die Schule an den Nagel, sobald sie sich verlobten; ich war eine der wenigen, die nach ihrer Verlobung zurückkehrten. Ich glaube, die Mädchen wurden nur auf meine Schule geschickt, damit die Eltern sagen konnten, daß ihre Töchter studiert hätten und gebildet seien. Keine von uns arbeitete später wirklich als Lehrerin. Wir heirateten einfach.

Im September, zwei Monate vor der Hochzeit, ging ich von der Schule ab und kehrte zu meiner Familie zurück. Da sich unsere finanzielle Lage, seit Vierter Bruder aus Japan zurückgekehrt war, erheblich verbessert hatte, konnte ich nicht einmal mehr glauben, daß es wirklich nötig war, mich so früh zu verheiraten. Aber da der gesamte Hergang bereits vor über einem Jahr ins Rollen gebracht worden war, ließ sich jetzt nicht mehr daran rütteln.

Sechster Bruder war nach Europa geschickt worden, um meine Mitgift zu kaufen. Chinesische Möbel aus Mahagoni oder Ebenholz seien einfach nicht gut genug, hatte Vierter Bruder entschieden. Alle Häuser und Büros der wohlhabendsten Chinesen von Shanghai – jene, die durch Handel mit den Ausländern im Vertragshafen ein Vermögen gemacht hatten – waren mit Möbeln im westlichen Stil eingerichtet. Manche der Stücke, die Sechster Bruder mit dem Schiff hertransportieren ließ, schienen geradewegs den Zeitschriften entsprungen zu sein, in denen sich die modische Begeisterung für westliche Waren ausdrückte: ein Polstersofa mit passendem Sessel und Polsterschemel, eine Vitrine mit Glasscheiben und ein Sekretär mit fünf riesigen Schubladen, der von seinen Ausmaßen her genau auf jene großen Abendländer zugeschnitten war.

Meine Mitgift war so riesig, daß ich unmöglich damit nach Xiashi reisen konnte. Es waren so viele Möbel dabei, daß sie nicht einmal im Zug transportiert werden konnten; Sechster Bruder mußte sie von Shanghai aus auf einem Lastkahn schikken. Der Transport meiner Mitgift war eine gewaltige Aufgabe. Waren die Möbelstücke einmal in Xiashi eingetroffen, mußten sie durch die Straßen der Stadt getragen werden, um den Reichtum der neuen Hsü-Braut zur Schau zu stellen. Sechster Bruder stellte extra für dieses Unterfangen Personal ein. Sie füllten die Truhen mit besticktem Leinen und die Glasvitrinen mit erlesenem Porzellan. Sie breiteten ein feines Leinentuch über den neuen Eßtisch und legten Gedecke für zwei Personen auf, mit Schalen, Tellern, Teetassen, Löffeln, Eßstäbchen und selbst einer Vase, aus der eine rote Blüte ragte. Dann banden die Bediensteten das zerbrechliche Porzellan mit Hilfe feinster roter Seide am Tisch fest, damit die Träger die Mitgift so durch die Straßen tragen konnten, wie Hsü Chih-mo und ich sie benutzen würden.

Noch nie hatte es in Xiashi ein Ereignis solchen Ausmaßes gegeben, und die Dörfler säumten die Straßen, um meine Mitgift zu bewundern, als diese vom Kahn heruntergeschleppt wurde. Sechster Bruder, der die Möbel auf ihrer Reise begleitete, war somit das erste Mitglied der Changs, das den Boden von Xiashi betrat. Er schickte einen Brief nach Hause, in dem er meinen Eltern berichtete, die Familie Hsü sei »eine Kuh unter Schweinen«. Damit wollte er sagen, daß die Hsüs tatsächlich wohlhabend waren und von der Dorfbevölkerung respektiert wurden. Wir waren überaus erleichtert. Hatten wir doch bis dahin nur mit Sicherheit sagen können, daß Hsü Chih-mo einen guten Aufsatz geschrieben hatte!

Als Sechster Bruder nach Nanxiang zurückkehrte, erfuhren wir mehr über meine neue Familie: Die Hsüs lebten seit mehreren Generationen in Xiashi, und mein zukünftiger Schwiegervater war einer der erfolgreichsten einer ganzen Reihe von Unternehmern in seiner Familie. Die Dorfbewohner nannten ihn den »König von Xiashi«, weil er scheinbar alles besaß: ein Elektrizitätswerk, eine Fabrik für chinesische Pflaumensauce, ein Seidengeschäft und eine kleine Bank in Shanghai. Er leitete außerdem die städtische Kaufmannsgilde. Anders als unsere Familie hatten die Hsüs niemals finanzielle Nöte gekannt.

Was meinen Zukünftigen betraf, so berichtete Sechster Bruder mit glänzenden Augen, er sei brillant. Eine blendende Zukunft läge vor Hsü Chih-mo.

Im Alter von vier Jahren hatte Hsü Chih-mo mit einem berühmten Privatlehrer seine Ausbildung begonnen und sich im Bereich der Klassiker sehr früh als vielversprechend erwiesen. Mit elf hatte er sich in einer modernen Schule eingeschrieben, in der westliche Fächer unterrichtet wurden. Seine Klassenkameraden nannten ihn den »Wunderknaben«, und er wurde aufgrund seiner akademischen Leistungen zum Klassensprecher ernannt.

Hsü Chih-mo sei ein hervorragender Kopf, der über eine ausgezeichnete Willenskraft verfüge, sagte Sechster Bruder. Mit fünfzehn war er bereits wie ein erwachsener Gelehrter, und die Bediensteten nannten ihn voller Respekt »Shao Ye«, »Kleiner Herr«. Nach seinem Abschluß an der Mittelschule von Hangzhou erwarteten seine Eltern, daß er für ein paar Jahre in Peking auf die Universität gehen würde. Ein Studium in Übersee würde ihn schließlich gut auf eine Karriere im Staatsdienst oder eine Tätigkeit im väterlichen Banksektor vorbereiten, sobald er nach China zurückkäme.

Natürlich war ich sehr glücklich, diese Neuigkeiten über Hsü Chih-mo zu vernehmen. Ich glaubte, einen Mann zu heiraten, der wie meine Brüder progressiv und doch traditionsbewußt war und einen ausgeprägten Sinn für Werte hatte. Ich stellte mich darauf ein, daß er in Übersee studieren würde, um bei seiner Rückkehr eine Stelle im Ministerium anzunehmen und seiner Familie Ehre zu machen.

Eigentlich sollte meine Ankunft von einem Umzug begleitet werden, der so groß geplant war wie der für meine Mitgift, doch Sechster Bruder hielt dies für zu gefährlich. Die Dörfler hatten die Möbelstücke und das Porzellan beinahe zu Fall gebracht, so sehr drängelten sie sich darum, ein Eckchen zu berühren oder einen Blick zu erhaschen. Praktisch denkend wie immer, beschlossen Baba und Vierter Bruder, daß ich auf den zeremoniellen Empfang in Xiashi verzichten und statt dessen anonym dort eintreffen sollte. So bestieg ich drei Tage vor der

Hochzeit den Zug nach Xiashi, so als würde ich nur zu einem kleinen Ausflug aufbrechen.
Auf der Reise, die ich in Begleitung einer älteren, verheirateten Kusine antrat, trug ich meine Alltagskleidung. Dennoch war ich so aufgeregt wie jede Braut. Xiashi, der Name meiner neuen Heimat, bedeutete »felsige Schlucht«. Die Stadt lag zwischen den westlichen und den östlichen Hügeln der Provinz Zhejiang. Zhejiang war zwar die kleinste Provinz Chinas, aber auch die am dichtesten besiedelte und wohlhabendste und Heimat des berühmten »Dragon Well«-Tees aus Longjing. Angeblich erreichte das reine Wasser dieser berühmten Gebirgslandschaft den Siedepunkt einige Grade später als normales Wasser und brachte die Blätter des Tees, der in dieser Gegend angebaut wurde, zur Entfaltung ihres feinsten Aromas.
Ich starrte aus dem Zugfenster, um mir diesen besonderen Tag genau einzuprägen. Terrassenförmig angelegte Reisfelder voll von Arbeitern mit spitzen, breitkrempigen Hüten wichen Weizen- und Baumwollfeldern, die wogend in braunen und dunkelroten Farbschattierungen an mir vorbeizogen. Der Himmel sah zwischen den Blättern der Maulbeerbäume, die die Bahngleise säumten, gefleckt aus; geschmeidige junge Mädchen pflückten Blätter, um damit Seidenraupen zu füttern. Als ich meinen Kopf aus dem Zugfenster streckte, war ich erstaunt, daß sich an der Böschung des Bahndamms Bohnen und Klettermelonen emporrankten. Die Novemberluft schien frisch und sauber, und die Landschaft lag in blühender Schönheit vor mir.
Bei unserer Ankunft in Xiashi sahen wir eine große Menge von Dorfbewohnern, die sich vor den Toren des Bahnhofs drängten. Da die Hochzeit nun unmittelbar bevorstand, hatten sie begonnen, rund um die Uhr Wache zu halten, um mich nicht zu verpassen. Meine Kusine und ich stürzten auf die nächstbesten, grünen Sänften zu und flüsterten dem vor-

deren Träger unser Reiseziel zu – das Haus, das die Hsüs für die Familie der Braut gemietet hatten. Es war ganz eindeutig, wer wir waren. Nichtsdestotrotz machte er sich in flottem Tempo und ohne jeden Kommentar auf den Weg.

Die Dörfler hatten damit gerechnet, daß ich in einer sogenannten »Blumensänfte« eintreffen würde. Reserviert für die wichtigste Frau der Stadt, war diese Sänfte von roter Seide umhüllt und hatte dicke Vorhänge, die mit Schmetterlingen bestickt waren, welche als Symbol des Eheglücks galten, mit Mandarin-Enten als Sinnbild der ehelichen Treue und mit Fledermäusen, deren Schriftzeichen zugleich Wohlergehen bedeutete.

Doch als ich den kleinen Vorhang meiner unauffälligen grünen Sänfte zur Seite schob, sah ich, daß eine Gruppe von Dorfbewohnern neben den Trägern herlief.

»Sie ist es doch«, beharrten einige von ihnen.

»Aber es ist keine rote Sänfte«, erwiderten andere keuchend.

»Vielleicht versucht sie, uns an der Nase herumzuführen«, sagte wieder ein anderer, während die ganze Menge uns vom Bahnhof weiter verfolgte. So war die Gegend, in der ich nun leben sollte: Die Dörfler waren hier die Schweine, und die Familie meines Mannes die Kuh.

Meine Kusine und ich verbrachten die Nacht in dem Haus, das für die Familie der Braut reserviert war. Abgesehen von den Dienstboten der Familie Hsü waren wir alleine. Erst am darauffolgenden Nachmittag, zwei Tage vor der Hochzeit, traf meine Familie in Xiashi ein. Jetzt war das Haus ziemlich voll.

Die Tradition verlangte, daß die Familie der Braut den Bräutigam am Abend vor der Hochzeit zum Essen einlud. Die Mitglieder der Familie – nicht ich – würden dann ihre endgültige Zustimmung geben. Mutter und Baba blieben in den oberen Räumen, um sich auszuruhen, und betrauten die älteren Brüder mit der Aufgabe, sie bei diesem Essen zu vertreten. Da Zweiter Bruder zu dieser Zeit in Berlin studierte, oblag es Viertem und Sechstem Bruder, die Gastgeberrolle zu übernehmen und Hsü Chih-mo die Einladung zukommen zu lassen.

Als der Moment näher rückte, versteckte ich mich mit meiner Kusine oben hinter dem Treppengeländer, um einen ersten flüchtigen Blick auf Hsü Chih-mo zu werfen. Wir hatten bis dahin erst sein Bild gesehen und schon manches Gerücht über Familien gehört, die die Identität des Bräutigams verschleierten. Ich machte mich auf das Schlimmste gefaßt.

»Wenn er nur ein Auge und ein Bein hat«, sagte ich zu meiner Kusine, »dann heirate ich ihn nicht. Dann laufe ich weg.«

Als Hsü Chih-mo schließlich in der Eingangstür stand, beugte ich mich vor, um ihn mit dem zu vergleichen, was ich auf dem Bild gesehen hatte. Er wirkte dünner und kleiner und irgendwie sehr zerbrechlich.

»Na, was hältst du von ihm?« flüsterte meine Kusine. »Findest du, daß er gut aussieht?«

Ich wußte damals nicht einmal, was ich unter gutaussehend verstand. »Er hat zwei Augen und zwei Beine«, antwortete ich. »Also ist er nicht furchtbar häßlich.«

Mehr sahen wir von Hsü Chih-mo an diesem Abend nicht, denn er verschwand sofort im Speisezimmer. Nach dem Essen, das schon früh beendet wurde, da Hsü Chih-mo offenbar zu nervös war, um es in Ruhe zu genießen, traf ich jedoch meine Brüder wieder. Sie sagten, sie würden ihn mögen. Und ich merkte ihnen an, daß sie das wirklich taten. Vierter Bruder hatte endlich den Mann kennengelernt, der sich hinter dem Aufsatz verbarg, und schien sehr zufrieden und stolz auf seine Wahl zu sein.

Am Tag deiner Hochzeit wirst du Weiß tragen, weil dies im Westen die Farbe der Braut ist. Aber in China ist Weiß die

Farbe der Trauer; eine Braut trägt immer Rot. Ich trug bei meiner Hochzeit Rosa, eine Mischung aus Weiß und Rot, weil Hsü Chih-mo gesagt hatte, er wolle eine moderne Braut. Mein Gewand bestand eigentlich aus mehreren übereinandergeschichteten Seidenkleidern; das oberste Kleid war rosa und mit goldenen Drachen bestickt. Dazu trug ich einen Kopfschmuck, der von Juwelen bedeckt war. Schon während der Zeremonie lüftete Hsü Chih-mo, als wolle er sich einen Schritt von der Tradition entfernen, meinen Schleier, anstatt dies erst in der Intimität des Hochzeitszimmers zu tun.

Meine Kusine steckte mein Haar zu drei kleinen Knoten hoch, was man »Drei-Blumen«-Frisur nannte, und trug vorsichtig Puder und Rouge auf mein Gesicht auf. Ihre kühlen Hände auf meiner Haut fühlten sich beruhigend an. Ich hatte noch nie versucht, schön auszusehen, und ergab mich voller Neugierde all dem Schminken und Zupfen, Putzen und Schmücken. Erst nach einer Stunde erklärte meine Kusine, ich sei »wie eine Pflaumenblüte im Schnee«. Ich erkannte mich im Spiegel kaum wieder. Prüfend öffnete ich meine zinnoberrot geschminkten Lippen und zog die perfekt geschwungenen Augenbrauen hoch.

»Nein, nein«, ermahnte mich meine Kusine. »Du mußt zurückhaltend und ernst sein.« Sie wies mich an, meinen Blick stets abzuwenden. Ich durfte niemandem in die Augen schauen und während der gesamten Zeremonie nicht lächeln.

Meine Mutter und meine Kusine führten mich die Treppe hinunter, nachdem sie das letzte Detail meiner Hochzeitstracht, den kunstvollen Haarschmuck, auf meinem Kopf befestigt hatten. Die restliche Familie – Baba und meine Geschwister, in Seidengewänder gehüllt – wartete draußen. Mutter ließ meinen Schleier herab, kurz bevor ich in die Brautsänfte stieg, die mich bis zur Empfangshalle bringen würde. Sofort wurde es pechschwarz um mich herum. Unter dem Gewicht

des Kopfschmucks verlor ich beinahe das Gleichgewicht und schnappte ängstlich nach Luft.
»Pssst«, murmelte Mutter. »Du mußt heute gehen wie eine stolze Braut. Es wird immer jemand bei dir sein, der dich führt.« Starke Arme packten mich und halfen mir in die Sänfte hinein. Irgendwo hinter mir spielte eine kleine Kapelle. Ich hörte, wie meine weiblichen Verwandten in das bei Hochzeiten übliche, gekünstelte Schluchzen ausbrachen. Gerade als ich in die Sänfte gehoben wurde, explodierte ein Knallkörper und jagte mir einen großen Schrecken ein. Als ich mich auf dem Sitz niederließ, versuchte ich, mein Zittern zu unterdrücken.
Da ich den Schleier trug, konnte ich nichts sehen, aber ich stellte mir vor, wie unsere Prozession zur Empfangshalle aussah. Vier Männer – von denen zwei unser Banner und zwei das der Familie Hsü trugen – führten den Umzug an. Ihnen folgte meine Sänfte, flankiert von meinen Brüdern. Dann kamen die grünen Sänften, die die weiblichen Mitglieder meiner Familie transportierten. Und schließlich, ehe sich Hsü Chih-mos Prozession anschloß, kamen unter einem roten Schirm die Musikanten.
Die Sänfte hielt an, als wir die Empfangshalle erreichten. Mein Haarschmuck schaukelte so gefährlich auf meinem Kopf, daß ich beim Verlassen des Gefährts nur mit Hilfe meiner Brüder das Gleichgewicht halten konnte. Sie führten mich in die Hochzeitshalle. Beinahe wäre ich zurückgewichen, als ich das Lärmen der Menge hörte; ich wußte, daß unsere Familien mehr als dreihundert Gäste geladen hatten.
Nachdem meine Augen sich an die Dunkelheit unter dem Schleier gewöhnt hatten, konnte ich Schatten und Bewegungen erkennen. Eine Eskorte geleitete mich vorbei an den Gästereihen zum Ende des Saals. Dort stand ein niedriger Tisch, der hell erleuchtet war. Unbeholfen kniete ich davor nieder. Neben mir räusperte sich jemand nervös. Unter dem Gewicht

meines Schmucks konnte ich den Kopf nur mit großer Mühe wenden, aber ich wußte, daß dieses Geräusch von Hsü Chih-mo kam, der neben mir kniete.
Ich hatte am Abend zuvor einen kurzen Blick auf ihn erhascht, aber er hatte von mir bislang nur das Foto der Ehestifterin gesehen. Als er am Ende der Zeremonie nach meinem Brautschleier griff, zitterte ich vor Angst und Erwartung. Der schwere Schleier hatte mein Gesicht völlig verdeckt. Jetzt, da ich seinem Blick ausgesetzt war, konnte ich ihm nicht in die Augen sehen, obwohl ich vorgehabt hatte, meiner Kusine nicht zu gehorchen und ihn direkt anzuschauen. Ich hatte mich wie ein modernes Mädchen verhalten wollen, doch es gelang mir nicht. Statt dessen starrte ich auf sein langes, vorstehendes Kinn. Ich wollte, daß er lächelte, wenn er mich zum ersten Mal anschaute. Doch seine Miene blieb ernst.

Auf westlichen Hochzeiten sind die Braut und der Bräutigam diejenigen, denen man Ehre erweist. Sie stehen oder sitzen an einem Ort, während die Gäste ihnen nach und nach ihre Aufwartung machen. Bei einer chinesischen Hochzeit ist es genau umgekehrt. Die Gäste gelten als diejenigen, denen Ehre erwiesen wird, und das Brautpaar muß vor jedem von ihnen einen Kotau machen. Ein vollständiger Kotau sieht folgendermaßen aus: Man kniet nieder, legt die Arme vor sich auf den Boden, berührt diesen mit seinem Kopf und erhebt sich wieder.
Auf unserer Hochzeit standen Hsü Chih-mo und ich vor zwei roten Sesseln und machten vor jedem Paar, das von einer langen Liste aufgerufen und aufgefordert wurde, sich in den Sesseln niederzulassen, einen Kotau. Die Leute, vor denen wir niederknien mußten, waren so zahlreich, daß wir es alleine gar nicht schaffen konnten; hinter jedem von uns stand deshalb ein Mann, der uns half, indem er uns zu Boden drückte und wieder hochzog: auf den Boden und wieder hoch, auf den Bo-

den und wieder hoch, stundenlang. Irgendwann nahm ich die Gesichter vor mir nicht mehr wahr. Meine Beine schmerzten so sehr, daß ich die ganze nächste Woche kaum laufen konnte.

Im Jahre 1911 hatte sich unser Staat von einer Monarchie in eine Republik verwandelt, aber die Zentralregierung war so schwach, daß das Land in Wirklichkeit von den Militärmachthabern der einzelnen Provinzen beherrscht wurde. 1915, im Jahr unserer Hochzeit, waren bewaffnete Auseinandersetzungen zwischen solchen Kriegsherren an der Tagesordnung. Genau an unserem Hochzeitstag gab es kleinere Kämpfe in der Gegend von Xiashi, weshalb alle Züge nach Shanghai ausfielen. Niemand konnte zurück in die Stadt. Angesichts dieser Neuigkeit verließen viele der Männer nach dem Festmahl die Hochzeitshalle, um ihre Büros in Shanghai zu kontaktieren. Vierter Bruder, Hsü Chih-mos Vater und die meisten ihrer Freunde waren Bankiers. Diese Männer brachten die halbe Nacht damit zu, nach Shanghai zu telegrafieren, um ihre Assistenten darüber zu verständigen, daß sie am nächsten Tag nicht dasein würden. Die Hsüs mußten das gesamte Stadthotel buchen sowie zwei weitere Häuser mieten, um all die Gäste für eine Nacht unterzubringen. Derart aufwendige Maßnahmen hatte es in Xiashi noch nie gegeben.

Da nun die meisten Gäste die Nacht in Xiashi verbrachten, blieben sie lange auf dem Fest, und eine Gruppe von Männern drängte sich in das Hochzeitszimmer, als es daran ging, die Braut zu »necken«. Das ist ein sehr altmodischer Brauch: Die Braut sitzt mitten im Raum, während die Anwesenden gemeine Dinge zu ihr sagen, um zu prüfen, wie sie veranlagt ist. So mußte ich mitten im Zimmer sitzen und schweigen, während Hsü Chih-mos Verwandte und Freunde um mich herumspazierten und sich über mich lustig machten. Wenn ich geweint oder gelacht oder ihnen meine Meinung gesagt hätte, dann hätte man mich als übellaunigen Menschen betrachtet.

»Laß doch mal hören, wie du singst«, sagte einer.
»Lassen wir sie ein bißchen tanzen«, sagte ein anderer.
»Meine Güte, wie häßlich du bist«, sagte noch einer.
»Schauen wir uns doch mal diese riesigen Füße an«, sagte wieder ein anderer, während er meinen Rocksaum anhob, damit alle sie sehen und darüber lachen konnten. Ich sagte kein Wort dazu. Ich ließ es einfach geschehen. Einer von Hsü Chih-mos Freunden schlug sogar vor, einmal nachzusehen, welche Farbe meine Unterhosen hätten. Zum Glück hielten ihn meine Brüder, die das Ganze zu meinem Schutz überwachten, davon ab. Ich selbst hätte nichts dagegen unternehmen können. Diese Prozedur dauerte mehrere Stunden. Das meiste davon sah Hsü Chih-mo nicht, da er den Raum immer wieder verließ, um mit anderen Leuten zu scherzen. Ich glaube wirklich, daß sich bei meiner Hochzeit niemand weniger amüsiert hat als ich.
Gegen vier Uhr morgens verließen plötzlich alle Gäste das Hochzeitszimmer. Ich war so müde, daß ich einfach nur dasaß. Es vergingen kaum fünf Minuten, da kam Hsü Chih-mo, gefolgt von mehreren Bediensteten, herein. Ein Diener schlug die Bettdecke zurück und breitete mitten auf dem Bett ein Stück weißer Seide aus. Auf diesem Tuch würde ich am folgenden Morgen meine Jungfräulichkeit vorführen müssen, hatte mir meine Kusine erklärt. Die anderen Bediensteten halfen mir aus meinem Sessel und führten mich zum Toilettentisch, um mich für meine Hochzeitsnacht zurechtzumachen.
Im Nu war ich fertig. Mein offenes Haar, das leicht nach Sandelholz duftete, hing offen über meine Schultern und wurde nur durch zwei Jadekämme aus meinem Gesicht gehalten. Außer einem dünnen Kleid aus roter Seide, das mit Mandarin-Enten, dem Symbol ehelicher Treue, bestickt war, trug ich nichts. Als die Diener den Raum verlassen hatten, wandte ich mich zu Hsü Chih-mo um.

Auch er war bis auf eine hauchdünne Schicht von Seide völlig entkleidet und sah mich von der anderen Seite des Zimmers erwartungsvoll an. Jetzt, da ich zum ersten Mal alleine mit ihm war, hätte ich so gerne mit ihm gesprochen und mich offen zu meinem Schicksal bekannt. Ich wollte ihm sagen, daß ich nun der ehrbaren Familie Hsü angehörte und hoffte, ihr gut zu dienen. Doch da es sich eigentlich so gehörte, daß er mich als erster ansprach, wartete ich.
Ich war jung und verängstigt. Vielleicht hätte ein modernes Mädchen damals von sich aus etwas gesagt, und die Ehe hätte gleich einen guten Anfang genommen. Aber Hsü Chih-mo sprach mich nicht an, und so anwortete ich ihm nicht. In dieser Nacht begann unser Schweigen.

# Weder drei noch vier

Meine Mutter erklärte mir, in der Ehe ginge es vor allem darum, Kompromisse zu machen, und wenn ich einen Mann heiratete, dann würde ich auch seine Familie heiraten. Die Schwiegereltern meiner Mutter lebten in San Francisco, genau auf der anderen Seite von Amerika, aber sie waren sehr präsent in ihrem Leben. Regelmäßig schickte sie ihnen Geschenke und erinnerte meinen Vater daran, sie mindestens zweimal pro Woche anzurufen. Sobald mein Vater einmal ein schlechtes Wort über seine eigenen Eltern sagte, warf ihm meine Mutter dies vor oder schwieg, doch niemals schloß sie sich ihm an.

Um es meiner Familie recht zu machen, wollte ich zwar einen Chinesen heiraten, doch ich fürchtete, daß ich den Erwartungen an eine Schwiegertochter nicht gerecht werden würde.

Ich hatte Angst, daß es mir niemals gelingen würde, wie meine Mutter als erstes einen Sohn auf die Welt zu bringen. Mein Bruder war für beide Seiten der Familie der erste Enkelsohn gewesen, und alle besaßen mehr Fotos von ihm als von jedem anderen Enkel. Natürlich war er das erste Enkelkind überhaupt, aber vom zweiten Enkel, meiner Kusine, die bald nach meinem Bruder auf die Welt kam, gibt es im Vergleich auffallend wenige Fotos.

Außerdem hatte ich schon als kleines Mädchen zu spezielle Vorlieben. Oder zumindest speziellere Vorlieben als meine Mutter, der es immer völlig egal war, in welchem Restaurant wir essen gingen. Aber ich war immer wählerisch und mochte in einem Restaurant den Pizzabelag und dafür im anderen die

Kruste lieber, und meine Mutter sagte stets, daß ich für ein so kleines Mädchen recht ausgeprägte Wünsche und Abneigungen hätte. Sie machte sich Sorgen um mich, weil ich so wählerisch war.

Warum sich sorgen? dachte ich, denn ich glaubte, dank meiner Vorlieben hätte ich Charakter. Aber als ich mit einundzwanzig Hongkong besuchte, sagte mir meine schöne Kusine Pang Ru, die mit einem wohlhabenden chinesischen Zahnarzt verheiratet war, das gleiche.

»Wenn du mit einem Mann zusammen bist, solltest du ruhig dasitzen und nichts sagen«, meinte Pang Ru, als sie mich zum Tee ins beste Hotel, das Shangri-la, einlud, damit wir uns einmal ernsthaft unterhalten konnten. »Er soll dir zeigen, wie er ist. Laß ihn reden, und dann entscheidest du.«

Ich versuchte einmal, diesen Rat zu befolgen, als ich mit den Eltern von Adam, einem Chinesen, mit dem ich damals befreundet war, zu Abend aß. Seltsamerweise war es ein gutes Gefühl, die ruhige, liebenswürdige potentielle Schwiegertochter zu spielen. Es gefiel mir, daß Adams und meine Familie sich so gut verstanden. Beim Abendessen suchte ich die besten Hühnchen- und Fischstücke aus und servierte, indem ich höflich das hintere Ende meiner Stäbchen benutzte, zuerst Adams Eltern, dann Adam und zuletzt mir.

Dann sagte Adams Vater, der einen allgemeinen Kommentar über die Frau seines anderen Sohnes abgab: »Ich rede nie viel mit meiner Schwiegertochter. Der Schwiegervater sollte zu seiner Schwiegertochter kein allzu enges Verhältnis aufbauen.«

Als ich dies hörte, wäre ich fast an meinem Essen erstickt. Es war eine Sache für mich, die unterwürfige Schwiegertochter und zukünftige Ehefrau zu spielen, aber eine ganz andere, daß diese Rolle offenbar so strikt definiert war.

Ein anderes Mal, Jahre später, erzählte ich meinen Eltern eine, wie ich fand, lustige Geschichte über die Eigenheiten meiner zukünftigen Schwiegereltern. Danach sagte mein Vater: »Wenn du diesen Mann heiratest, dann darfst du niemals schlecht über deine Schwiegereltern reden, und erst recht nicht in meiner Gegenwart. Das sind sehr schlechte Manieren, und es sollte nie wieder vorkommen.«

幼儀

Ich weiß nicht, was deine Mutter dir über die Ehe erzählt hat, aber als ich heiratete, gab mir meine Mutter lediglich zwei Ratschläge.

Der erste lautete, daß ich, sobald ich im Haus der Familie Hsü leben würde, niemals nein und immer nur ja sagen dürfe.

Der zweite ging dahin, daß ich, was auch immer zwischen meinem Mann und mir geschehen würde, meine Schwiegereltern stets gleich behandeln müsse. Um ihnen meinen Respekt zu zeigen, solle ich täglich vor ihnen aufstehen und ihnen einen guten Morgen wünschen – dies sei im übrigen der einzige Moment, in dem ich etwas sagen dürfe, ehe man mich angesprochen habe –, und abends dürfe ich mich erst zurückziehen, wenn sie mir dies erlaubt hätten.

Mutter nannte dies »die obligatorischen Guten-Morgen- und Gute-Nacht-Grüße«. Ich müsse also früh aufstehen, mein Gesicht waschen, mich korrekt anziehen und meine Schwiegereltern jeden Tag zur rechten Zeit begrüßen. Den ganzen Tag über dürfe ich mich ihnen nur in der korrektesten Kleidung präsentieren und mein Haar niemals offen tragen, da dies als unordentlich gelte.

Das war alles, was Mutter mir auf den Weg gab. Damals sprach man nicht über Sex oder Beziehungen. Es war nicht so wie heute, da über alles gesprochen wird. Ihr jungen Menschen lernt so viel durch das Fernsehen und aus Zeitschriften. Das einzige, was ich zum Beispiel über die Menstruation wußte, hatte ich rein zufällig erfahren, weil wir in Baoshan eine geistig zurückgebliebene Dienerin hatten, die ihre Menstruationstücher im Hof herumliegen ließ, bis die Hühner und Hunde daran herumschnüffelten, oder selbst damit herumfuchtelte, so daß jeder sie sah. Es ist verrückt, aber auf diese Weise habe ich es erfahren; meine Mutter hat es mir nicht gesagt.

Dennoch erwies sich der Rat, den sie mir gab, als sehr vernünftig, und deshalb möchte ich jetzt, da du selbst ins heiratsfähige Alter kommst, mit dir darüber sprechen. In einer chinesischen Familie bestimmen die Eltern. Deshalb ist die Beziehung einer Frau zu ihren Schwiegereltern, besonders zu ihrer Schwiegermutter, häufig wichtiger als die Beziehung zu ihrem Ehemann. Da du Chinesin bist und einen Chinesen heiraten wirst, muß ich dich auf zwei schlechte Angewohnheiten von dir hinweisen. Wenn ich bei euch bin und du zu mir kommst, um mir eine gute Nacht zu wünschen, dann fällt mir manchmal auf, daß du dich schon abwendest, ehe ich dir erlaubt habe zu gehen. Das ist sehr schlecht, und du mußt es dir abgewöhnen, bevor du heiratest.

Eine andere Angewohnheit ist diese amerikanische Art, »Ich bin müde« zu sagen, wenn dich jemand fragt, wie es dir geht. Ich habe noch nie in meinem Leben jemandem gesagt, ich sei müde. Ich weiß noch, daß ich an meinem ersten Morgen im Haus der Hsüs kaum geschlafen hatte und von den Kotaus und der ganzen Anstrengung überall Schmerzen hatte, aber ich wäre nie auf die Idee gekommen, ich könnte im Bett bleiben, weil ich müde war, anstatt mich für meine Schwiegereltern fertigzumachen. Ich kannte meine Pflichten gegenüber meinem Schwiegervater, Lao Ye, und meiner Schwiegermutter, Lao Taitai.

Am Anfang war es natürlich schwierig zu wissen, wie ich es ihnen recht machen konnte. Die Chinesen sagen nicht einfach ja oder nein und lassen dich nicht rundheraus wissen, was ihnen genehm ist, weshalb ich manchmal raten mußte. Meine Schwiegermutter betrat zum Beispiel selten die Küche. Es gab jede Menge Angestellte, und mein Schwiegervater war, im Gegensatz zu Baba, nicht sehr eigen, was das Essen betraf. Als Lao Taitai einmal in die Küche kam, war ich deshalb so überrascht, daß ich einfach neben ihr stehenblieb, ohne irgend etwas zu tun. Eine der älteren Bediensteten, die seit Jahren für die Familie arbeitete und wußte, wie man sich Lao Taitai gegenüber verhielt, reichte mir schnell einen Fächer und sagte mit mitleidsvoller Stimme: »Sie könnten sich auch ein wenig nützlich machen und Ihrer Schwiegermutter Abkühlung verschaffen, während sie kocht.«

Später lernte ich diese kleinen Dinge. In jener Gegend gab es einen Brauch, daß man während der Neujahrs- und Mondfeste auf eine sehr ausgeklügelte, aber idiotische Weise Geschenke austauschte. Dieses System funktionierte folgendermaßen: Jemand schickte uns vier Geschenke, worauf wir antworteten: »Oh, vier Geschenke sind viel zu viel« und nur zwei Geschenke behielten, während wir die anderen zwei zurückschickten. Dann verschickten wir selbst vier Geschenke, worauf man uns zwei zurückschickte. Da Lao Taitai es haßte, Geld zu verschwenden, legten wir immer mehrere Geschenkpaare beiseite und warteten darauf, daß zwei weitere Geschenke eintrafen – entweder unsere eigenen, die man uns zurückschickte, oder die beiden, die wir von jemand anderem erhielten –, damit wir ein neues Viererpaket absenden konnten. Dieser Vorgang war überaus kompliziert, da wir darauf achten mußten, daß wir den entsprechenden Personen oder ihren Verwandten nicht die gleichen Geschenke zukommen ließen. So waren wir ununterbrochen damit beschäftigt, uns über unsere Geschenkgruppierungen den Kopf zu zerbrechen und sie zu verändern.

Als ich einmal zu Besuch bei meiner Familie war, beschloß ich aus einer Laune heraus, meine Schwiegermutter zu über-

raschen und alle Geschenke für die Verwandten und Dorfbewohner auf einmal zu kaufen. Da mir mein Schwiegervater jeden Monat zehn oder zwanzig Yuan in die Hand drückte, die ich niemals ausgab, nahm ich vierzig Yuan und verbrachte einen ganzen Nachmittag in Shanghai damit, Schinken und Enten und andere Leckerbissen zu kaufen.
Als ich nach meinem Familienbesuch nach Xiashi zurückkehrte, war ich beladen mit Geschenken. Lao Taitai fragte mich, wieviel all dies gekostet habe.
»Zwanzig Yuan«, log ich.
Lao Taitai lächelte. »Das ist nicht schlecht.«
»Gut«, sagte ich. »Dann laß uns gleich jeder Familie vier Geschenke schicken und alles sofort erledigen.«
Mit solchen kleinen Gesten versuchte ich, Lao Taitai zu gefallen.

Ich habe niemals gelernt, meinem Mann so zu gefallen wie meinen Schwiegereltern, obwohl wir im Bett, so merkwürdig es ist, auf eine sehr natürliche Weise Mann und Frau wurden. Und dies gleich beim ersten Mal in unserer Hochzeitsnacht. Ich glaube, es lag daran, daß wir beide so jung waren. Bis dahin hatte keiner von uns auch nur eine Ahnung gehabt, was den männlichen und den weiblichen Körper ausmacht. So mußten wir voneinander lernen. Aber fast sofort stand ich auch in der Pflicht, mich um die Schwiegereltern zu kümmern. Hinzu kam, daß die Frauen auf dem Land keinen Fuß vor die Haustür setzen durften. Wenn Hsü Chih-mo also morgens davonging, durfte ich ihn nicht begleiten. Einige Wochen nach unserer Hochzeit ging Hsü Chih-mo zunächst zum Studium an die Beiyang-Universität in Tianjin und dann an die Universität von Peking, der Hauptstadt. Du siehst, wie traurig all dies war: Von Anfang an hatte ich keine Gelegenheit, meinen Mann kennenzulernen.
Die Universität von Peking war damals die berühmteste

Hochschule Chinas und wurde vorwiegend von Männern geleitet, die im Westen studiert hatten und mit ihrem Wissen in ihre Heimat zurückgekehrt waren. In den Briefen an seine Eltern berichtete uns Hsü Chih-mo von seinem aufregenden Leben. An der Universität stellte Zweiter Bruder ihn dem berühmten Reformer Liang Qichao vor, der Hsü Chih-mo zu seinem Schüler machte.

Hsü Chih-mo lernte außerdem Hu Shi kennen, der mit einem Artikel in der Zeitschrift *Neue Jugend*, in dem er das Ende der alten Literatur in klassischem Chinesisch und eine neue, im Alltagschinesisch geschriebene Literatur forderte, von sich reden gemacht hatte. Als Hsü Chih-mo nach seinem Studium im Westen Dichter wurde, benutzte er diese Alltagssprache und gab ihr eine ganz neue Ausdruckskraft.

Wenn ich zuhörte, wie Lao Ye Hsü Chih-mos Briefe vorlas, beneidete ich meinen Mann um seine Freiheit. Zuerst hatte ich geglaubt, ich könnte zurück auf die Schule gehen. Ich schrieb einen Brief an das Teacher's College in Suzhou, in dem ich fragte, ob ich zurückkommen könne. Die Verantwortlichen erklärten mir, ich müsse das vergangene Jahr wiederholen, da ich bereits ein Trimester verpaßt hätte. Dies bedeutete, daß ich erst in zwei Jahren fertig sein würde. Ich glaubte, meine Schwiegereltern gleich zu Beginn meiner Ehe nicht für eine so lange Zeit verlassen zu können. Schließlich war ich Hsü Chih-mos Frau, die Schwiegertochter der reichsten Familie der Stadt. Und die Dorfbewohner fanden mich ohnehin schon zu modern. Sie lachten über meine großen Füße. Da ich aus Einsamkeit fast jeden Monat nach Shanghai zu meiner Familie fuhr, fragten sich die Leute im Dorf: »Warum geht diese Schwiegertochter so oft nach Shanghai? Vater Hsü hat Geschäfte in der Stadt, aber warum fährt die Schwiegertochter so oft dorthin? Ist sie vielleicht ein übellauniger Mensch? Versteht sie sich nicht mit Lao Taitai? Große Füße, großes Temperament«, kicherten sie.

Lao Ye, der mit allen Leuten Geschäfte machte, sagte, daß dieses Gerede schlecht sei und daß ich davon absehen solle, so häufig wegzufahren. Ich kam aus der Stadt und war es nicht gewöhnt, den ganzen Tag im Haus herumzusitzen und nicht alleine einkaufen oder Freunde und Verwandte besuchen zu dürfen. Doch ich gehorchte und begriff, daß die Schule nicht mehr in Frage kam. Aber trotzdem, stell dir einmal vor, mit fünfzehn zu heiraten und nie wieder zu studieren. Nie wieder irgend etwas zu lernen! Als ich später Vizepräsidentin der Shanghai Women's Savings Bank war, ließ ich mir einen Privatlehrer ins Büro kommen, weil ich glaubte, viel zu wenig zu wissen. Es ist schwer, schon im Alter von fünfzehn mit dem Lernen aufzuhören.

Ich hatte den ganzen Tag lang nichts anderes zu tun, als bei Lao Taitai im Haus zu bleiben. Stundenlang saßen wir in den Frauengemächern und nähten Schuhe für die Familie. Zu Hause in Baoshan hatten wir diese verrückte Dienerin, die alle Schuhe herstellte. Aber hier machten wir sie selbst, obwohl wir reich waren. Für Lao Taitai waren unsere Schuhe etwas Besonderes. Nachdem wir an einer dicken Sohle den groben schwarzen Stoff festgenäht hatten, der den Schuh bildete, fädelten wir reinen Seidenfaden in eine kleine Nadel ein, um die Spitze jedes Pantoffels mit feinen Stickereien zu schmücken. Da gab es das »Kumulusmuster«, dessen mehrschichtige Wolken bei jedem Schritt aufleuchteten, den Lao Taitai tat. Oder das Schriftzeichen für ein »langes Leben«, dem jede Bewegung Nachdruck zu verleihen schien. Lao Taitais winzige Pantoffeln bestickte ich mit zarten, kleinen Mustern; meine eigenen nähte ich achtlos und unordentlich zusammen, da es mir egal war, was ich trug. Ich durfte ja ohnehin niemals ausgehen. Die Grundstükke, die den Hsüs gehörten, sah ich erst, nachdem ich aus Europa zurückgekehrt war. Inzwischen hatten sich die Bräuche gelockert. Und ich hatte fünf Jahre lang im Westen gelebt und kümmerte mich nicht mehr darum, was die Leute redeten.

Die Diener sagten, Lao Ye sei überaus clever: Er wisse, wie man sein Geld zusammenhielt. Im Haus hatte er keine Konkubinen. Statt dessen hatte er Freundinnen in der Stadt, so viele, daß er sich kaum zwischen ihnen entscheiden konnte. Für jede Himmelsrichtung gab es eine: für Norden, Süden, Osten und Westen. Von diesen Dingen erfuhr ich an den vielen Abenden, an denen ich, oft bis zwei oder drei Uhr morgens, aufblieb, um auf Lao Ye zu warten. Wie Mutter mich angewiesen hatte, grüßte ich meine Schwiegereltern als erste in der Frühe und als letzte in der Nacht. Wie anstrengend dies für mich war! Denn Lao Taitai war Frühaufsteherin, und Lao Ye ging gerne spät ins Bett.

In den Teehäusern, in denen Lao Ye seine Nächte verbrachte, so erzählten sich die Bediensteten, tanzten Frauen mit winzigen Lilienfüßen auf Tischen und verlockten damit die Männer, die immer wieder einen Blick auf ihre von Bändern und zierlichen Seidenpantoffeln kaum verhüllten Spanne erhaschen durften. Der trippelnde Gang dieser Mädchen, die jene Gemächer niemals verlassen konnten, bezauberte die Männer, alte wie junge. Er, der alle im Trinkspiel schlug, schüttete sein letztes Getränk aus einem winzigen, bestickten Pantoffel herunter, dessen Besitzerin schon im obersten Geschoß des Teehauses lag und auf ihn wartete. In der Intimität ihrer Gemächer löste sie dann die Bandagen und enthüllte ihm ihre Füße. Im höchsten Moment der Leidenschaft hob er an einem solchen Abend ihre winzigen, nackten Füße an seine Schultern und stieß sie in seinen Mund, um daran zu saugen. Solche Geschichten über winzige Füße hörte ich von den Bediensteten, und sie hallten in meinen Ohren wider. Gebundene Füße waren der wertvollste Besitz einer Frau, waren Teil ihrer Mitgift und das Geschenk eines wohlhabenden Vaters an einen würdigen Mann. In der alten Zeit hatte einmal ein Mann, der eine Straße entlangging, kurz den gebundenen Fuß eines jungen Mädchens gestreichelt, das auf einem Pferd

an ihm vorbeiritt. Dadurch hatte sie beinahe ihren guten Ruf verloren.
Ich hörte mir so eingehend all diese Geschichten über kleine Füße an, daß meine eigenen großen Füße ihren einstigen Zauber für mich verloren. Ich hatte gedacht, sie würden mich modern machen, doch statt dessen wurden sie meine Feinde. Sie konnten nicht über die Dorfstraßen laufen, konnten mich nicht gebildet machen. Und sie konnten auch nicht dafür sorgen, daß meinem Mann etwas an mir lag.
Wenn Hsü Chih-mo in den Ferien nach Hause kam, ignorierte er mich vollständig, wenn man von den elementarsten ehelichen Pflichten einmal absieht. Und selbst hierbei folgte er nur dem Wunsch seiner Eltern nach einem Enkel. Ich verstand nicht, warum er sich so verhielt, zumal meine Brüder seine Freunde waren; er schien meine Familie ganz offensichtlich zu schätzen. Warum behandelte er mich dann so schlecht?
Manchmal saß ich bei ihm und nähte, während er ausgestreckt auf einem Sofa lag und las. »Hol mir dies«, sagte er dann zu einem der Diener, oder »Kratz mich hier« zu einem anderen. Aber mit mir sprach er nicht. Ich war zu jung, um zu wissen, wie ich darauf reagieren sollte. So schwieg ich ebenfalls. Wenn er nicht mit mir sprechen will, dachte ich, dann kann ich auch tagelang schweigen. Was hatte ich von der Ehe erwartet? Keine Liebe, zumindest nicht sofort. Und auch keine Romantik, aber auf jeden Fall mehr als das, was man mir nun entgegenbrachte: Gleichgültigkeit. Hsü Chih-mo sah mich nie an, sah immer nur durch mich hindurch, so als existierte ich nicht. Mein ganzes Leben lang hatte ich mit gebildeten Männern wie ihm – meinem Vater und meinen Brüdern – zusammengelebt, doch keiner hatte mich so behandelt. Nur mein Ehemann.
Manchmal, besonders wenn das Wetter gut war, verschwand Hsü Chih-mo morgens, ohne ein Wort zu sagen. Von einem

Dienstboten erfuhr ich dann, daß er eine Sänfte genommen hatte, um sich zum Haus der Familie oben auf den Östlichen Hügeln tragen zu lassen. Ich war nie dort gewesen, wußte aber, daß man vom Gipfel der Östlichen Hügel die steinerne Figur einer Frau sehen konnte. Einer Legende aus dieser Gegend zufolge kletterte einst eine Frau auf einen Hügel, um das Meer nach ihrem Mann abzusuchen, einem Händler, der nicht nach Hause gekommen war. Sie wartete so lange auf ihn, bis ihr schluchzender Körper sich in einen massiven Felsen verwandelte, den die Dorfbewohner Wangfushan nannten, den »Hügel, der nach dem Mann Ausschau hält.« Ich glaube, im Geiste war ich dort oben in den Bergen.

Jetzt begriff ich auch, was meine Amah damit gemeint hatte, ich sei »weder drei noch vier«. Eigentlich sollte ich mit meinen großen Füßen ein modernes Mädchen sein, doch Hsü Chih-mo behandelte mich so, als wären meine Füße gebunden. Er fand mich altmodisch und ungebildet und machte sich nichts aus mir. Doch für Lao Taitai war ich nicht traditionell genug. Mit ihren bandagierten Füßen war sie froh, jeden Tag in den Frauengemächern verbringen zu können; ich aber wollte die Straßen von Xiashi entdecken. Trotz aller Hoffnungen meiner Amah und meiner Mutter war ich weder eine Sonnenschwester, wie Mutter es sich erträumt hatte, noch eine Mondschwester, wie meine Amah mich gerne gesehen hätte.

In den Wochen nach Hsü Chih-mos Besuchen beobachtete mich Lao Taitai immer sehr genau. Als ich eines Tages beim Mittagessen keinen Appetit hatte, sah sie mich aufmerksam an und sagte dann voller Gewißheit: »Du erwartest ein Kind.«

Wie merkwürdig, daß sie es eher wußte als ich, aber wie sich herausstellte, hatte sie recht. In den ersten drei Monaten fühlte ich mich einigermaßen krank. Aber ab dem vierten Monat, als ich die Bewegungen des Kindes spüren konnte, begann ich zu hoffen, daß ich einen Jungen in mir trug.

Ich habe dir ja bereits gesagt, daß eine Frau in China ein Nichts ist. Jetzt will ich dir sagen, warum. Wenn die Menschen sterben, gehen sie von der Welt des Lichtes in die Schattenwelt über. Die Schattenwelt ist weiblich, sie ist Yin, das negative Element, der Mond und alle Dinge, die passiv und tief sind. Die Welt des Lichtes ist männlich, sie ist Yang, das positive Element, die Sonne und alle Dinge, die stark und hoch sind.

Du magst es unfair finden, aber nur die Männer – Söhne, Enkel, Urenkel und so weiter in endloser Folge – besitzen die besonderen Elemente der Welt des Lichtes, die ihnen gestatten, für die Vorfahren in der Schattenwelt zu sorgen. Es ist sehr wichtig, für die Vorfahren zu sorgen und das Gleichgewicht zwischen den beiden Welten aufrechtzuerhalten. Sonst wird der Tod die Schattenwelt verlassen und in Form von einsamen Geistern in die Welt des Lichtes eindringen. Wir Frauen können uns unseren Platz in beiden Welten, der des Lichtes und der des Schattens, nur sichern, indem wir den Familien unserer Ehemänner männliche Nachkommen schenken.

Deshalb haben die Chinesen gerne Jungen, besonders als erstes Kind. Ich erinnere mich, einmal von einer Konkubine auf dem Land gehört zu haben, die, nachdem sie ein Mädchen geboren hatte, eine solche Angst um ihre Position innerhalb der Familie hatte, daß sie die Hebamme schwören ließ, nichts zu verraten, und ihre Tochter fünfzehn Jahre lang wie einen Jungen kleidete, bis die Sache sich nicht länger verbergen ließ. Stell dir das einmal vor!

Auch ich wünschte mir einen Sohn, aber im Laufe der Schwangerschaft schwor ich mir, daß ich das Baby, sollte es eine Tochter sein, nicht so behandeln würde. Ich würde sie nicht auf den Feldern aussetzen, den *bazi* an ihre Decken geheftet, damit, wer auch immer sie fand, sie sofort als Kindsbraut vermählen konnte. Ich würde ihr nicht die Füße bandagieren und ihr nicht verbieten zu studieren.

Wie es damals für die Mutter der Braut üblich war, kam mich Mutter in den letzten Wochen der Schwangerschaft besuchen. Meine Mutter war seit der Hochzeit noch nicht nach Xiashi gekommen. Nur solche Gelegenheiten waren ein Anlaß für sie zu kommen. Als sie an mein Bettlager trat, hatte sie ein Bündel Säuglingskleider dabei. Mit schnellen Bewegungen schüttelte ich das Bündel über dem Bett, damit es sich von selbst öffnete und die Kleider herausflogen. Es öffnete sich nicht.

»Ah ja«, sagte Mutter und schüttelte den Kopf. »Deine Wehen werden lange dauern.«

Ich stöhnte. »Du hast es nicht richtig zusammengebunden. Laß mich mal sehen.«

»Hör auf zu diskutieren«, sagte Mutter. Dann gab sie der Bediensteten ein Zeichen, ein Tablett an mein Bett zu bringen. Auf dem Tablett stand eine Schüssel mit besonders präpariertem Reis. Verborgen unter dem Reis, auf dem Boden der Schüssel, hatte meine Mutter in einem Kreis abwechselnd Fleischbällchen und hartgekochte Eier angeordnet.

Ich nahm die Stäbchen, die Mutter mir reichte, und stocherte auf dem Schüsselboden herum. Dann zog ich mit meinen Stäbchen ein Fleischbällchen heraus.

Meine Mutter verzog das Gesicht. »Hmm, nur ein Mädchen, kein Junge.«

Ich sah zu ihr hoch. »Wenn du mir normale Bambusstäbchen gegeben hättest, wäre es vielleicht gutgegangen. Aber du hast mir die Elfenbeinstäbchen gegeben, und die sind von den Eiern abgerutscht.«

»Hör auf zu diskutieren«, sagte Mutter wieder, »und nimm dein Schicksal hin. Es wird ein Mädchen sein.«

»Ich diskutiere ja gar nicht«, beharrte ich. »Ich sage nur, daß Elfenbein zu glatt ist. Warten wir ab, ob es nicht doch ein Junge wird.«

Während der Wehen fiel ich in Ohnmacht, und niemand kam auf die Idee, mich aufzurütteln. Ich erwachte nur, weil ich einen Sohn geboren hatte und die Hebamme schrie: »Es ist ein Junge!« Damals taten die Leute auf dem Land so etwas normalerweise nicht. Die Götter sollten nicht wissen, daß ein Junge auf die Welt gekommen war; sonst hätten sie ihnen das Kind vielleicht weggenommen.

Meine Schwiegereltern waren außer sich vor Freude. Sie verteilten rotgefärbte Eier, um die Ankunft des neuen Hsü-Erben bekanntzugeben. Während ich im Bett lag und ihrem Jubel lauschte, war ich vollkommen erleichtert. Welch ein Segen, einen gesunden Sohn auf die Welt gebracht zu haben. Vom ersten Moment an war er mir lieb und teuer, und ich betete darum, daß er mir im Alter mit der Hingabe eines Sohnes zur Seite stehen würde.

Jetzt, da die Frage der Nachkommenschaft geklärt war, hatte Hsü Chih-mo die Freiheit, nach Übersee zu gehen. Im Sommer 1918, kurz nach der Geburt unseres Sohnes, reiste er ab, um an der Clark University in Worcester, Massachusetts, Bankwesen und Soziologie zu studieren. Wie die meisten jungen Väter schien er von einem fast ehrfürchtigen Stolz auf seinen Sohn erfüllt zu sein. Mir gegenüber blieb Hsü Chih-mo jedoch derselbe. Als ich ihm Lebewohl sagte, schien er schon fort zu sein. Vielleicht war er nie dagewesen.

## Wie es Euch beliebt

Ein Historiker berichtete, Hsü Chih-mo sei wie andere junge Männer seines gesellschaftlichen Standes gewesen, als er von China gen Westen aufbrach. Mit seinen zweiundzwanzig Jahren suchte er nach einem Weg, seinem Land zu helfen. Er hatte die Absicht, sich im Westen darauf vorzubereiten, bei seiner Rückkehr nach China das Familiengeschäft zu übernehmen oder in den Staatsdienst einzutreten. Dem gleichen Historiker zufolge erweckte die Reise in den Westen bei Hsü Chih-mo jedoch den Wunsch, seine Lebensweise zu ändern. Er übernahm das, was er als das Wesen des westlichen Denkens betrachtete, und verschrieb sich der Aufgabe, jene Tugenden und Eigenschaften zu verkörpern, die er im Westen am meisten bewunderte: Liebe, Leidenschaft und Ehrlichkeit.

Ich habe Yu-i oft gefragt: »Aber warst du denn nicht böse auf Hsü Chih-mo?«

Dabei wußte ich, daß ich selbst innerlich zerrisssen war. Ich verabscheute die Art und Weise, wie Hsü Chih-mo mit Yu-i umgegangen war, aber trotzdem und wider meinen Willen hegte ich eine ungeheure Bewunderung für ihn und seine Arbeit. Er gehörte einer Elite an, einer neuen Generation von Akademikern, die China verändert hatten. Als erstes Mitglied meiner Familie, das in den Staaten auf die Welt gekommen war, hoffte ich, wie er zu sein, genauso vertraut mit der westlichen wie mit der östlichen Kultur.

Ich nahm an, daß Yu-i ihre Emotionen niemals zugeben würde, weil eine anständige chinesische Frau keine feindseligen Gefühle empfinden darf.

Als Hsü Chih-mo in die Vereinigten Staaten ging, hatte er den Ehrgeiz, es im Finanzwesen zu etwas zu bringen und, wie er sich ausdrückte, ein chinesischer Alexander Hamilton zu werden. In dieser Zeit nahm er sogar den westlichen Namen Hamilton an. Sein selbstauferlegter Stundenplan an der Clark University verrät seinen Ehrgeiz und sein nationales Verantwortungsgefühl.

> *Um sechs aufstehen, um sieben morgendliche Besprechung [mit vier chinesischen Zimmergenossen] (um unser Gefühl der nationalen Schande zu stärken); abends Singen der Nationalhymne und um halb elf ins Bett. Tagsüber neben eifrigem Studieren Gymnastik, Laufen und Zeitunglesen.*

Hsü Chih-mos Wunsch, das Gefühl einer »nationalen Schande« zu stärken oder, anders ausgedrückt, sich und seine Kameraden zum gemeinsamen Handeln anzuspornen, interessierte mich sehr. Ich hatte in meinen Geschichtsbüchern über das in China verbreitete Gefühl einer nationalen Schande gelesen und die historische Erklärung für den Erfolg der Kommunisten in China gelernt: Dem Konfuzianismus war es nicht gelungen, die Nation gegen den westlichen Imperialismus zu schützen. Da ich als Chinesin in Amerika aufgewachsen und wegen meiner Rassenzugehörigkeit oft gehänselt worden war, wußte ich, was es hieß, sich zu schämen, aber ich fragte mich, was für ein Gefühl es gewesen wäre, so zu sein wie Hsü Chih-mo, so völlig aufzugehen in einem Volk, und träumte schon davon, eine führende Stimme meiner Generation zu sein.

Nachdem er das Examen an der Clark University mit Auszeichnung abgelegt hatte, wechselte Hsü Chih-mo 1919 an die Columbia University, um dort Politikwissenschaften zu studieren. Da er jedoch zunehmend merkte, daß Amerika mit seinem Temperament unvereinbar war, gab er sein Studium auf und ging 1920 unversehens nach England. »Es war eine Zeit«, schrieb er, »in der ich zutiefst deprimiert war und nach neuen Wegen suchte.« Bald darauf fand er zu seinem persönlichen Liebeskredo, das so schwere Folgen für Yu-i haben sollte.

幼儀

Die Hsüs liebten meinen Sohn, Hsü Chi-kai, von seiner Geburt an abgöttisch. Gehüllt in Windeln aus feinster Baumwolle, ließ man ihn nie länger als ein paar Augenblicke schreien, bis eine Dienerin oder Amme ihn wieder beruhigte, und sein erstes Spielzeug war ein kleines, geschnitztes Elfenbeinzepter, das man *ruyi* nannte, was sinngemäß bedeutete: »Wie es Euch beliebt«. Seine Großeltern erklärten ihren einzigen Enkelsohn für wertvoller als alle Reichtümer dieser Welt und gaben von den einhundert symbolischen Patengeschenken ein winziges Eisenschloß in Auftrag. Dieses »Schloß der Hundert Familien«, das an einer goldenen Kette um seinen Hals hing, sollte Hsü Chi-kai mit dem Segen von einhundert geliebten Menschen an das Leben »anschließen« und die große Freude ausdrücken, die er der Familie bereitete.
Wir nannten ihn Chi-kai, was »edles Eisen« bedeutet, da dieses Metall Stärke, Integrität, Entschlossenheit und Gerechtigkeit symbolisiert. Sein neugieriges Wesen erfreute alle Hausbewohner, und schon bald erhielt er den Spitznamen A-huan: »Glück«. Großmutter Hsü bestand darauf, daß wir sie oft mit ihm besuchten, und Lao Taitai verbrachte ihre Tage nicht mehr damit, Schuhe zu nähen, sondern Säuglingskleider.
Obwohl ich nach der Geburt recht schwach gewesen war, erholte ich mich schnell und freute mich darauf, mich um meinen Sohn zu kümmern. Doch bald mußte ich feststellen, daß – wie alle meine gesellschaftlichen Aktivitäten im Hause Hsü – auch meine Mutterrolle strengen Regeln unterworfen war.

A-huan gehörte zur Familie Hsü: Großmutter Hsü, Lao Ye und Lao Taitai würden seine Erziehung überwachen. Mir war es nur gelegentlich gestattet, mich um meinen Sohn zu kümmern. Wenn ich ihn im Arm hielt, korrigierten mich die Schwiegereltern; wenn ich ihn badete, schlich das Kindermädchen um mich herum. Nachts schlief eine Amme auf dem Boden neben seiner Wiege.

»Sag niemals nein, immer nur ja«, hatte Mutter mir auf den Weg gegeben. So protestierte ich nicht gegen die Gepflogenheiten meiner Schwiegereltern. Doch heute erkenne ich, auf wie viele Dinge ich damals verzichtet habe, um es ihnen recht zu machen: auf jegliche Spaziergänge außerhalb des Hauses, auf meine Ausbildung und sogar auf mein Kind. Ich kann mich glücklich schätzen, daß mein Sohn und meine Schwiegertochter heute ganz in meiner Nähe leben und wir uns häufig sehen können. Es ist mir nicht gelungen, mich so um A-huan zu kümmern, wie eine Mutter sich in den ersten sieben Jahren seines Lebens um ihren Sohn kümmern sollte.

Am hundertsten Tag nach A-huans Geburt stellte ein Bediensteter ein Tablett vor meinen Sohn, auf dem das Lineal eines Schneiders, ein kleiner Abakus, einer von Hsü Chih-mos Kalligraphiepinseln und einige Münzen lagen. Wir hatten uns alle um A-huan versammelt, um zu sehen, nach welchem Gegenstand er als erstes greifen und damit andeuten würde, in welche Richtung seine Zukunft wies. Zuerst blickte A-huan verwundert auf das ganze Tablett und konnte die verschiedenen Dinge darauf kaum voneinander unterscheiden. Doch dann begann er abwechselnd auf den Abakus, das Werkzeug der Händler, und das Lineal, das Werkzeug der Handwerker, zu starren. Schließlich heftete er seinen Blick jedoch auf einen Gegenstand in der Mitte des Tabletts, nach dem er dann in offenkundiger Faszination die Hand ausstreckte: Hsü Chihmos Kalligraphiepinsel.

Welch ein intelligenter Junge! Ich war so stolz auf ihn. Es bedeutete, daß mein Sohn ein Gelehrter zu werden versprach wie Hsü Chih-mo und meine Brüder.
Lao Ye hob A-huan in plötzlichem Überschwang hoch in die Luft. »Noch ein Gelehrter! Unser Enkelsohn wird die Eisenfeder benutzen!« prahlte er vor Lao Taitai, womit er auf jenen Ausspruch anspielte, der in wichtigen Regierungserklärungen häufig zitiert wurde: »Die Eisenfeder ändert sich nicht.« Lao Ye drückte damit seine Hoffnung aus, daß A-huan, dessen offizieller Name »Eisen« bedeutete, eines Tages Regierungserlasse verfassen würde.
Ein paar Monate später, im Herbst 1918, hatten wir einen erneuten Grund zu feiern, weil der 1. Weltkrieg ein Ende fand. Zweiter Bruder, der seit seiner Rückkehr aus Deutschland in Shanghai eine unabhängige Zeitung geleitet hatte, beabsichtigte, mit Liang Qichao und anderen eine inoffizielle Delegation zu bilden und 1919 an der Friedenskonferenz teilzunehmen. Ich sah Zweiten Bruder kurz vor seiner Abreise, als er meinen Eltern einen Besuch abstattete.
»Wann wirst du Hsü Chih-mo in den Westen folgen?« wollte Zweiter Bruder wissen.
Ich sah ihn überrascht an. Hsü Chih-mo war schon seit einem halben Jahr in Amerika, doch ich hatte niemals daran gedacht, ihm zu folgen, weil ich es als meine Pflicht betrachtete, bei meinen Schwiegereltern zu bleiben.
»Du hast deine Pflichten gegenüber der Familie Hsü erfüllt«, sagte Zweiter Bruder, als hätte er meine Gedanken gelesen. »Jetzt solltest du bei deinem Mann sein. Du könntest im Westen sogar studieren.«
Im Westen studieren wie eine moderne Frau? Eine fremde Sprache lernen wie Hsü Chih-mo und meine Brüder? Die Idee schien verlockend. Doch dann erinnerte ich mich an meine Schwiegereltern. Würden die Hsüs mich nach Amerika gehen lassen? Würden sie meine Ausbildung bezahlen?

Ich erklärte Zweitem Bruder, daß die Hsüs mich wahrscheinlich nur gehen lassen würden, wenn Hsü Chih-mo ausdrücklich nach mir schickte; sie mochten ihrem Sohn nichts abschlagen.

»Hsü Chih-mo wird nach dir schicken«, versicherte mir Zweiter Bruder. »Er wird sich wünschen, daß du den Westen verstehst.«

Da mein Bruder und Hsü Chih-mo gute Freunde waren, glaubte ich ihm und kehrte, erregt über diese neue Aussicht, nach Xiashi zurück. In den fast vier Jahren, die ich nun schon bei den Hsüs lebte, hatte ich Hsü Chih-mo insgesamt vielleicht vier Monate gesehen, wenn er in den Ferien nach Hause gekommen war. Ich sehnte mich danach, so offen mit ihm zu sprechen, wie ich es mit meinen Brüdern tat. Ich wollte ihm helfen, wollte etwas zu seinem Erfolg und seinem Ansehen beitragen. In meinen Tagträumen stellte ich mir vor, wir seien Gefährten und würden in einem einfachen Haus leben, wo Hsü Chih-mo studierte, während ich unsere Mahlzeiten zubereitete. Oder ich sah mich in westlicher Kleidung mit Büchern unter dem Arm neben Hsü Chih-mo zum Unterricht gehen, wie in meiner Schulzeit mit Erster Schwester am Teacher's College.

Jedesmal, wenn Hsü Chih-mos Briefe vorgelesen wurden, wartete ich nun darauf, daß er von mir sprach. Hsü Chih-mo richtete seine Briefe immer an seine Eltern und erkundigte sich erst am Ende nach A-huan und mir. Dies galt als überaus respektvoll: Ein Ehepaar hatte vor den Schwiegereltern Distanz zu bewahren. Einmal bat mich Hsü Chih-mo, A-huan den ganzen Tag nicht von der Seite zu weichen und alles aufzuschreiben, was er sagte oder tat. Ein anderes Mal bat er mich, nach A-huans Zeichnungen und ersten kalligraphischen Versuchen zu sehen. Aber er ließ uns immer noch nicht nachkommen.

Im Frühjahr 1919 erfuhr China die Bedingungen des Friedensvertrages, der in Paris ausgehandelt worden war: Als Teil einer geheimen Abmachung zwischen den Alliierten würde Japan die Provinz Shandong erhalten, den Geburtsort Konfuzius'. Der seit Jahren gehegte, heftige Groll gegen die imperialistischen ausländischen Mächte kam durch diesen offenkundigen Verrat seitens der Alliierten voll zum Ausbruch. Am 4. Mai 1919 veranstalteten etwa dreitausend Studenten eine Massendemonstration auf dem Tiananmen-Platz in Peking mit der Forderung, die Regierung müsse die Bedingungen des Vertrages ablehnen. »Nieder mit dem Imperialismus! Gebt uns Shandong zurück!«, »Boykottiert japanische Waren!« schrien sie.

Am folgenden Tag wurde ein Generalstreik organisiert, und in zahlreichen Städten im ganzen Land demonstrierten Studenten. China wurde von einer Welle des Patriotismus erfaßt. Tausende von Arbeitern versammelten sich, um über den Boykott japanischer Produkte zu diskutieren. Am 5. Juni riefen etwa 20.000 Arbeiter in Shanghai einen Streik aus, von dem viele Unternehmen und darunter auch Baumwollspinnereien in japanischer Hand betroffen waren.

Lao Ye machte zeitweilig einige seiner Geschäfte in Shanghai zu und blieb zu Hause in Xiashi, um die Zeitungsberichte zu verfolgen. Die Regierung setzte die verhafteten Studenten schließlich auf freien Fuß, und China weigerte sich, den Friedensvertrag zu akzeptieren. Die Studenten und Arbeiter hatten gesiegt.

Begeistert vom Ergebnis der Demonstrationen kehrte Zweiter Bruder aus Europa zurück. Er fragte mich: »Hat Hsü Chih-mo inzwischen nach dir geschickt?«

Ich schüttelte den Kopf.

»Irgend etwas stimmt da nicht, wenn er dich so lange nicht nachkommen läßt«, sagte er.

Dieser Kommentar meines Bruders erinnerte mich plötzlich

an etwas, das Hsü Chih-mo etwa ein Jahr vor meiner Schwangerschaft zu mir gesagt hatte. Er sagte, daß China von einem Wandel erfaßt sei, der in die Freiheit führen und die sklavische Abhängigkeit von alten Sitten und Bräuchen hinwegfegen würde. Während er wie ein Tier in seinem Käfig den Raum durchmaß, sagte er, daß er es mit diesen Traditionen, die ihn daran hinderten, nach seinen wahren Gefühlen zu leben, aufnehmen werde: Er werde als erster Mann in China eine Scheidung durchsetzen.

Ich erinnere mich, daß mich seine Bemerkung überraschte, aber weder beunruhigte noch in Aufregung versetzte. Die einzigen Scheidungen, von denen ich als Kind gehört hatte, waren eingetreten, wenn eine Frau untreu oder eifersüchtig war oder der Familie nicht gut diente. So etwas hatte ich natürlich nicht getan. Ich hatte außerdem gehört, daß eine Scheidung eine solche Schande über die Frau brachte, daß ihre Familie sie nicht zurückhaben wollte, weshalb ihr nur drei Lösungen blieben: Prostitution, Kloster oder Selbstmord. Ich konnte nicht glauben, daß Hsü Chih-mo mir eine derartige Situation aufzwingen würde. Schließlich wußte ich, wie Hsü Chih-mo erzogen worden war, und kannte seine Familie.

So hörte ich nicht genau hin und nahm Hsü Chih-mos Äußerungen über eine Scheidung nicht weiter ernst. Ich glaubte, er bereite sich nur auf seine Reise in den Westen vor und wolle ein wenig den Abendländer spielen.

Aber die Bemerkung meines Bruders rief mir Hsü Chih-mos Worte plötzlich in Erinnerung. Die Studentendemonstrationen hatten mir gezeigt, daß er recht hatte: Das Land wurde von einer Bewegung erfaßt. Ich glaubte, einer der Gründe, warum Hsü Chih-mo mich nicht nachkommen ließ, sei seine Vorstellung, ich wolle gar nicht in den Westen gehen; er meinte vielleicht, das dumme Bauerntrampel nicht in die Fremde holen zu können.

Ich hatte mich nie getraut, meine Schwiegereltern zu fragen, ob ich nach Übersee reisen dürfe. Zweiter Bruder versprach mir, Lao Ye an meiner Stelle zu fragen. Zweiter Bruder und Lao Ye trafen sich oft zum Tee, wenn mein Schwiegervater aus geschäftlichen Gründen in Shanghai war. Bei der nächsten Gelegenheit sagte Zweiter Bruder: »Hsü Chih-mo und Yu-i werden sich auseinanderentwickeln, wenn Hsü Chih-mo weiter im Ausland studiert und Yu-i in Xiashi bleibt.«
»Sie leistet Lao Taitai Gesellschaft. Und sie muß für das Kind sorgen«, erwiderte Lao Ye.
Die Hsüs waren sehr altmodisch und wollten nicht, daß ich nach Übersee ging. Sie glaubten, mein Platz sei im Haus. Sie glaubten an die alte Redensart, derzufolge die Unwissenheit eines Mädchens seine Tugend ist. Natürlich hatten sie Grund, so zu denken. Ein Mädchen, das nichts weiß und nichts wissen will, ist weitaus fügsamer als eins, das ständig lernt und immer mehr wissen will. Aber das ist ein veraltetes Denken. Die Familie begriff nicht, daß es besser für ihren Enkelsohn gewesen wäre, wenn ich über Bildung verfügt hätte. Was ich gelernt hätte, hätte ich an meinen Sohn weitergeben und ihm eine bessere Mutter sein können.

Während die Familie sich darüber beriet, ob ich in den Westen gehen sollte oder nicht, bat ich Lao Ye, einen Privatlehrer für mich anzustellen. Lao Yes Bruder hatte mehrere unverheiratete Töchter, die ebenfalls bereit waren, Stunden zu nehmen. Mit diesen jüngeren Mädchen erhielt ich nun Unterricht. Bis die Familie endlich beschlossen hatte, daß ich Hsü Chih-mo folgen dürfte, war ich bereits seit einem Jahr unterrichtet worden, doch die Entscheidung, mich gehen zu lassen, hatte nichts damit zu tun, meine Ausbildung weiter zu fördern. Ich glaube, daß die Schwiegereltern beschlossen, mich zu Hsü Chih-mo zu schicken, weil sie argwöhnten, daß etwas mit ihm nicht stimmte. Er hatte alle mit seinem Ent-

schluß überrascht, seine Promotion an der Columbia University abzubrechen und sich nach Europa aufzumachen. Aus seinen Briefen sprachen Unruhe und Niedergeschlagenheit. Seine Eltern machten sich Sorgen um ihn.
Ich war glücklich, meinen Willen zu bekommen, obwohl es beschlossene Sache war, daß ich meinen zweijährigen Sohn bei meinen Schwiegereltern zurücklassen würde. Außerdem wollten die Hsüs mich nur zusammen mit einer Familie reisen lassen. Einen Mann alleine reisen zu lassen, wäre nicht richtig, aber eine Frau alleine auf Reisen zu schicken, wäre gefährlich gewesen. Glücklicherweise wollte eine chinesische Familie, die die Hsüs kannten – Vater, Mutter und zwei Kinder –, nach Marseille fahren. So traten wir die Überfahrt auf dem Dampfer gemeinsam an. Ich kümmerte mich überhaupt nicht um die Kinder, sondern saß die ganze Zeit in meiner Kajüte. Nachts lag ich auf dem Schiff im Bett und überlegte mir, wie ich Hsü Chih-mo entgegentreten würde. Als ich mich an die langen Momente des Schweigens zwischen uns erinnerte – und daran, daß er mich von Anfang an als Bauerntrampel bezeichnet hatte –, wurde mir das Herz schwer. Ich hatte nun fünf Jahre mit der Familie meines Mannes zusammengelebt, doch meinen Mann selbst kannte ich nicht. Ich versuchte mir einzureden, daß wir uns bestimmt gar nicht so sehr voneinander entfernt hätten. Und ich dachte daran, wie hart ich mit dem Privatlehrer gearbeitet hatte, und hoffte, Hsü Chih-mo würde erkennen, wieviel gebildeter ich nun war. Ich wollte im Westen fleißig studieren und Englisch lernen.
Als die anderen Passagiere des Dampfschiffes erfuhren, daß ich ins Ausland reiste, um meinen Mann wiederzusehen, sagten sie, daß ich bestimmt sehr glücklich sei und wie wunderbar es von meinem Mann sei, mich nachkommen zu lassen. Ich antwortete nicht, da ich wußte, daß Hsü Chih-mo nicht nach mir geschickt hatte; ich wurde zu ihm geschickt. Ich glaube, meine Schwiegereltern hatten zugestimmt, mich ge-

hen zu lassen, um Hsü Chih-mo an seine Pflichten gegenüber seiner Familie in China zu erinnern.

Als das Schiff drei Wochen später schließlich auf den Pier von Marseille zusteuerte, stand ich auf dem Deck an der Reling und wartete ungeduldig auf die Ankunft. Dann erkannte ich Hsü Chih-mo unter den Wartenden, und in der gleichen Sekunde setzte mein Herz aus. Er trug einen langen, schmalgeschnittenen, schwarzen Wollmantel und einen weißen Seidenschal um den Hals. Obwohl ich ihn noch nie in westlicher Kleidung gesehen hatte, wußte ich sofort, daß er es war. Seine unverwechselbare Haltung hob ihn eindeutig von der wartenden Menge ab: Er war der einzige, der so aussah, als wollte er nicht dort sein. Unser letztes Zusammensein war so lange her, daß ich schon fast vergessen hatte, wie er immer durch mich hindurch sah, einfach über mich hinweg, so als existierte ich nicht.
Nach drei Wochen auf See schwankte der Boden unter meinen Füßen, aber sonst hatte sich nichts verändert. Als ich schließlich vor Hsü Chih-mo stand, waren all der Eifer, das Glück und die Hoffnung, die in meinem Gesicht gestanden hatten, auf einen Schlag verflogen. In diesem Moment haßte ich Hsü Chih-mo dafür, daß er mir seine Härte und Gleichgültigkeit aufzwang. Er war schon immer so zu mir gewesen. Wie hatte ich glauben können, daß wir uns etwas zu sagen hätten, daß er versuchen würde, mir das Gefühl zu vermitteln, Teil seiner Welt zu sein?

Da er Paris sehen wollte, fuhren wir vom Hafen direkt zum Bahnhof. Selbst während der Zugfahrt sprachen wir kaum miteinander, tauschten vielleicht ein paar Worte über meine Reise und die Familie aus. Eins der ersten Geschäfte, die wir nach unserer Ankunft in Paris besuchten, war ein Kaufhaus, wo er und die Verkäuferin einige ausländische Kleider für mich aussuchten. Alles, was ich bei den Händlern von Xiashi erworben und am Abend zuvor sorgfältig in meiner Kabine ausgebreitet hatte, um es am nächsten Tag zu tragen, war verkehrt.

Ich weiß nicht, in welcher Sprache Hsü Chih-mo sich ausdrückte – es muß Französisch gewesen sein, obwohl ich nicht geglaubt hatte, daß er es sprach –, jedenfalls plauderte er munter mit der Verkäuferin, während die beiden Kleider für mich auswählten. Nein, sagte er kopfschüttelnd und sah mich mit kaltem Blick von oben bis unten an, dieses Kleid nicht. Wie wär's mit dem hier? Und er hielt es an mich, wobei er mich seit meiner Ankunft zum ersten Mal berührte. Als ich mich mit dem langen, schmalen Kleid im Spiegel betrachtete und die Strümpfe an meinen Beinen und die schweren, engen Lederschuhe an meinen Füßen spürte, war ich mir selbst fremd. Wir kauften auch einen zu dem Ensemble passenden Hut, und an diesem ersten Tag ließen wir, ich in meinen neuen Kleidern, Bilder von uns machen. Wir schickten sie an Lao Ye und Lao Taitai, um ihnen zu zeigen, daß wir beide nun zusammen waren und es uns in diesem fremden Land gutgehen ließen.

Von Paris aus flogen wir in einem Flugzeug nach London, das so klein war, daß wir kaum Platz für unsere Beine hatten. Ich hatte noch nie zuvor in einem Flugzeug gesessen und übergab mich in eine Papiertüte. Ich hatte keine Angst; doch die Luft war schlecht und der Flug unruhig. Während ich würgte, wandte sich Hsü Chih-mo von mir ab und schüttelte angewidert den Kopf. »Was für ein Bauerntrampel du bist«, sagte er. Kurz darauf mußte jedoch auch er sich in eine Tüte übergeben. Ganz ruhig, weil es eine Gehässigkeit war, die für sich selbst sprach, sagte ich: »Oh, wie ich sehe, bist du auch ein Bauerntrampel.«

Zwei von Hsü Chih-mos Freunden erwarteten uns am Londoner Flughafen. Offenbar gab es die täglichen Flugverbindungen zwischen Paris und London erst seit einem Jahr, und seine Freunde fragten uns gespannt, wie der Flug gewesen sei. Hsü Chih-mo wurde plötzlich lebhaft und fing an, auf englisch daherzuplaudern. Da die Freunde Chinesen waren, hätten wir alle Chinesisch sprechen können. Doch das wollte Hsü Chih-mo nicht, und so bildeten sie einfach ihr Trio, von dem ich ausgeschlossen blieb. Einer der Freunde zog ununterbrochen seine Hose hoch, während der andere in einem nervösen Zucken ständig die eine Gesichtshälfte in Falten legte.

»Das sind also deine Freunde«, sagte ich zu Hsü Chih-mo, als wir alleine waren. Doch er sah mich wieder nur mit leerem Blick an und wandte sich ab.

In London wohnten wir in einem Klub, in dem scheinbar alle Chinesen der Stadt zusammenkamen. Es gab damals viele Chinesen in London. Jeder kannte jeden, und alle waren aus diesem oder jenem Grund dort, um zu studieren. Diejenigen, die Hsü Chih-mo kannten, zogen, wenn sie mich sahen, sichtlich erstaunt die Augenbrauen hoch. Hsü Chih-mo lebte schon seit einem Jahr alleine in London, wo er an Seminaren der London School of Economics teilnahm.

Wir sprachen Chinesisch miteinander und aßen chinesische Speisen, und selbst Hsü Chih-mo schien dann seinen ausländischen Lebensstil abzulegen. Er schlürfte Tee und zog manchmal eine lange Mandschurobe an, wenn wir nach unten gingen, um dort mit den anderen Chinesen zu Abend zu essen. Vielleicht trug er lieber chinesische Kleidung, wenn er chinesisch aß, ich weiß es nicht.

Neben dem Speisezimmer gab es einen Gesellschaftsraum. Nach dem Abendessen saßen dort alle zusammen, um über Regierung und Politik, über Dichtung und Literatur zu sprechen. Auch einige Frauen waren dort. Ich sagte nicht viel, sondern saß nur dabei und hörte zu. Einige Leute kannten und bewunderten meine beiden Brüder, Zweiten und Vierten Bruder, und sagten mir das.

Ein Mann fragte mich, woher ich käme, und als ich ihm sagte, ich sei gerade aus Xiashi gekommen, fragte er mich nach meiner Familie. Ich sagte ihm, es sei die Familie Hsü.
»Oh«, sagte er, »es gibt da einen Mann namens Hsü Shen-ju.«
»Ja«, antwortete ich. »Das ist mein Schwiegervater.«
»Oh«, sagte er wieder. »Das ist eine sehr reiche Familie, eine der reichsten der ganzen Provinz.«
Es war merkwürdig, daß er so etwas äußerte, denn in China galt es als sehr ungehörig, über Geld zu reden. Ich wußte nicht, was ich ihm antworten sollte.
»Das kann schon sein«, sagte ich schließlich nach einer langen Pause. »Aber wir jungen Leute mischen uns in geschäftliche Dinge nicht ein.«

Ich weiß, daß ich mich im Westen von Anfang an anders hätte verhalten können. Ich hätte durch die Straßen spazieren und versuchen können, die Dinge auf eigene Faust zu entdecken. Aber das tat ich nicht. Bis heute weiß ich nicht, warum ich damals nichts anderes tat, als auf Hsü Chih-mo zu warten. Es kam mir nicht einmal in den Sinn, daß ich unabhängig hätte sein können.
Die ganze Zeit ging er seinen Geschäften nach, so als wäre ich gar nicht da. Er ging ein und aus, traf Verabredungen. Er hatte vor, als *special student* am King's College der Cambridge University Literatur zu studieren, und plante deshalb den Umzug nach Cambridge. Es galt nun, dort eine Wohnung zu finden und die Reisevorbereitungen zu treffen. Hsü Chih-mo sagte mir, ich solle einfach auf dem Zimmer bleiben und ihn in Ruhe lassen. So saß ich im chinesischen Klub mitten in London und fühlte mich völlig verloren, weil alle anderen Chinesen, selbst die Frauen, irgendwelche Dinge erledigen oder studieren mußten. Ich hatte nichts zu tun. Hsü Chih-mo kehrte in Abständen in unser Zimmer zurück, um es gleich wieder zu verlassen, und schien jedesmal erstaunt, mich im-

mer noch dort vorzufinden. Wo hätte ich denn hingehen sollen, erwiderte ich ihm im Geiste, aber vielleicht glaubte er jedesmal, wenn er mich in dem Raum zurückließ, mich durch bloße Willenskraft verschwinden lassen zu können.
Zuerst dachte ich, meine Hilflosigkeit sei das, was Hsü Chihmo abstieß. Doch es war mehr als das. Hsü Chih-mo war mittlerweile genauso ausländisch wie die gestärkten, spitzkragigen Hemden und die Strickjacken mit drei Knöpfen, die er jetzt jeden Morgen anlegte. Er war mir fremd. Seinen Worten verlieh er mit einer glühenden Zigarette Nachdruck anstatt mit einem zugeklappten Fächer, und seinen Tee trank er süß mit Zucker und Milch.
Er lebte tatsächlich in einer anderen Welt; einmal brachte er einen Ausländer namens Goldsworthy Lowes Dickinson mit auf unser Zimmer, mit dem er angeregt auf englisch plauderte. Hsü Chih-mo nannte Dickinson »Goldie«, und ich begriff, daß er derjenige war, der Hsü Chih-mos Studium an der Cambridge University arrangiert hatte. Hsü Chih-mo wirkte immer glücklich, wenn er mit seinen Freunden zusammen war, aber als ich die beiden an jenem Tag zusammen erlebte, erkannte ich sofort, daß Hsü Chih-mo Dickinson besonders gern mochte. Ich beobachtete seine lebhaften Bewegungen und hörte den Respekt in seiner Stimme. Als er in unser Zimmer zurückkehrte, nachdem er Dickinson auf den Heimweg geleitet hatte, stand ihm seine gnadenlose Verachtung für mich ins Gesicht geschrieben.
Hsü Chih-mo fand mich regelrecht abstoßend. Er war nie beleidigend, doch abends wirkte er fast immer unglücklich darüber, daß ich da war. Wenn die Sonne schien und er nicht viel Zeit mit mir verbringen mußte, verhielt er sich neutral und manchmal sogar freundlich zu mir. Doch mit einbrechender Dämmerung schien ihn unweigerlich eine gewisse Melancholie zu überkommen, und am Ende des Abends, wenn er seinen Freunden eine gute Nacht wünschte, war es so, als würde ihm

unser gemeinsames Schicksal schmerzlich bewußt. Seit meiner Ankunft waren wir völlig mechanisch, ohne jedes Gefühl Mann und Frau gewesen. Einmal, nachdem er seine ehelichen Pflichten erfüllt hatte, wurde sein Atem, anstatt sich wieder zu beruhigen, vor Frustration und Niedergeschlagenheit immer schwerer – Niedergeschlagenheit angesichts der Präsenz meines Körpers, da er sich doch nichts in der Welt mehr wünschte, als mich loszuwerden, und Frustration über unser Zusammensein.

Schon in London vermutete ich, daß Hsü Chih-mo eine Freundin hatte. Als wir einmal einen Bus nahmen – ich glaube, wir fuhren nach Southampton, um jemanden zu besuchen –, saß ich alleine im hinteren Teil des Busses, während Hsü Chih-mo und ein Freund vorne in der Nähe des Fahrers saßen. Im großen Rückspiegel des Busfahrers konnte ich sehen, daß Hsü Chih-mo und sein Freund in ein intensives Gespräch vertieft waren. Plötzlich, und mir war bis dahin gar nicht bewußt gewesen, daß ich die beiden beobachtete, gab Hsü Chih-mo seinem Freund ein Zeichen zu schweigen, während er auf mich hinten im Bus deutete. Was hätte Hsü Chih-mo sonst vor mir verbergen sollen?
Doch gleichzeitig fragte ich mich, warum er sich überhaupt die Mühe machen würde, es vor mir zu verheimlichen. Vielleicht ging er damit so um wie die Leute im Westen. In China war *na qie*, das heißt, sich eine Konkubine zu nehmen, völlig normal für einen Mann. Seine Familie wählte die *Da Taitai*, die Hauptfrau aus, doch seine *Xiao Taitai*, seine Konkubine oder Konkubinen, je nachdem, wie reich er war, wählte der Mann selbst. Dagegen konnte die Hauptfrau nichts einwenden. Man betrachtete es sogar als ihre Pflicht, eine Konkubine in ihrem Haus willkommen zu heißen. Eifersucht war einer der *Qi Chu*, einer der sieben Gründe, aus denen ein Mann sich von einer Frau scheiden lassen konnte.

Ein Mann nahm sich aus zwei Gründen eine Konkubine. Ein wichtiger Grund konnte sein, daß die Hauptfrau nicht in der Lage war, einen Sohn zu gebären. Man denke zum Beispiel an die Hauptfrau von Liang Qichao, Hsü Chih-mos Mentor. Mit Ende Dreißig, als sie und Liang Qichao in Japan lebten, hatte sie nur eine Tochter, aber immer noch keinen Sohn auf die Welt gebracht. Unfähig, ihre Pflichten gegenüber der Familie Liang zu erfüllen, fuhr die Frau nach China, wählte eine Konkubine aus und brachte diese zweite Frau mit nach Japan zurück. Diese Hauptfrau hatte eine korrekte Erziehung genossen und kannte ihre Verantwortung gegenüber der Familie Liang.

Der zweite Grund, warum ein Mann sich eine Konkubine nahm, war, daß er sie einfach begehrte. Wie die Bediensteten immer sagten, wollte Lao Ye viele Frauen haben – jeweils eine für den Norden, den Süden, den Osten und den Westen. Er hätte eine der Frauen ohne weiteres einladen können, mit in unserem Haus zu leben. Es wäre Lao Taitais Pflicht gewesen, sie zu akzeptieren.

An jenem Tag im Bus stieg eine furchtbare Enttäuschung in mir hoch. Ich versuchte, mich nur noch auf die Landschaft draußen vor dem Fenster zu konzentrieren. Schon in China hätte ich ahnen können, daß Hsü Chih-mo eine Freundin gefunden hatte. Warum sonst hatte er mich in den ganzen zwei Jahren, die er schon im Westen verbracht hatte, nicht nachkommen lassen?

## Gebundene Füße – westliche Kleider

In meiner College-Zeit frühstückten mein damaliger Freund und ich einmal mit einem jungen Nachwuchswissenschaftler aus China. Ich erinnere mich nicht mehr an den Namen dieses Mannes, sondern weiß nur noch, daß er zu einem eintägigen Besuch gekommen war und daß mein Freund David, der als weißer Amerikaner Chinesisch studierte und sich für alles Chinesische interessierte (einschließlich meiner Person), angeboten hatte, ihn für die Nacht unterzubringen.

Es war ein kühler, typischer Neuenglandmorgen, und wir drei saßen beim Frühstück zusammen in dem noch fast leeren Speisesaal. Für mich war es ein ganz normales, entspanntes Frühstück, bei dem ich Zeitung las, mir über meine bevorstehenden Kurse Gedanken machte und weder mit David noch mit dem Gaststudenten besonders viel redete. Schließlich hatte ich, abgesehen von diesem Frühstück, nichts mit ihm zu tun und empfand, anders als David, einen Menschen aus China als nichts Ungewöhnliches.

Als ich aufstand, um uns neuen Kaffee zu holen, sagte der Mann auf chinesisch zu David: »*Ta yijing bushi zhongguo ren le.*« Sie ist schon keine Chinesin mehr.

Als mir David dies hinterher erzählte, wurde ich fuchsteufelswild. Welches Recht nahm sich dieser Mann heraus, so etwas zu sagen? Woher wollte er wissen, was chinesisch war und was nicht? War ich weniger chinesisch, bloß weil ich im Westen und nicht in China aufgewachsen war?

Ich habe viel über die Bemerkung dieses Mannes nachgedacht, als ich von den Erfahrungen las, die Hsü Chih-mo bei seinem Studium im Westen gemacht hatte. Hsü Chih-mo war 1918 nach Amerika gekommen und hatte ein Jahr später an der Clark University sein Examen absolviert. An der Columbia University machte er einen Magister, um dann dort mit der Promotion zu beginnen. Im Oktober 1920 gab er aus einem plötzlichen Impuls heraus dieses Studium auf und ging nach England. Eigentlich wollte er dort bei Bertrand Russell weiterstudieren, mußte jedoch feststellen, daß Russell zu jener Zeit gar nicht in England war und obendrein wegen seiner pazifistischen Einstellung während des Krieges seine Stelle in Cambridge verloren hatte. Enttäuscht schrieb sich Hsüh Chih-mo in der London School of Economics ein, wo er Goldsworthy Lowes Dickinson kennenlernte, der den Studienplatz am King's College in Cambridge für ihn arrangierte.

Als ich im Sommer 1989 zwischen den würdevollen Rasenflächen und mittelalterlichen Monumenten der Cambridge University herschlenderte, stellte ich mir vor, welches Aufsehen Hsü Chih-mo 1921 und 1922 hier erregt haben mußte. Den Berichten zufolge lud der Literaturkritiker I.A. Richards Hsü Chih-mo ein, sich dem Heretics' Club anzuschließen, einem literarischen Zirkel, der sich mit Verslehre und Übersetzungen beschäftigte. E.M. Forster beschrieb die Begegnung mit Hsü Chih-mo später als eines der aufregendsten Ereignisse in seinem Leben. Und Dickinson trug ständig die chinesische Kappe, die Hsü Chih-mo ihm als Ausdruck seiner Bewunderung geschenkt hatte.

Wie exotisch, wie phantastisch Hsü Chih-mo seinen weißen Freunden damals erschienen sein muß: ein intelligenter, überschwenglich romantischer Chinese, der im Westen Gleichgesinnte fand. Hsü Chih-mo hatte das Beste aus beiden Welten, wie ich fand. Ich beneidete ihn um seine Fähigkeit, so problemlos in der westlichen Welt zu verkehren – problemloser als ich, obwohl ich dort aufgewachsen war. Wie hatte er es geschafft, sich mit diesen Menschen aus dem Westen anzufreunden, ohne daß sie ihn »Schlitzauge« nannten oder ihn sonstwie beschimpften? Er schien alles gehabt zu haben: die Bewunderung der Chinesen und der Abendländer.

Oder lag es daran, daß er die Engländer vorbehaltslos akzeptierte, eine Haltung, die er seinen Landsleuten niemals entgegengebracht hätte, und schon gar nicht seiner eigenen Frau? Auch ich war vor allem mit Nichtchinesen befreundet. Bedeutete dies, daß ich wie Hsü Chih-mo war und eine Schwäche für Weiße hatte?

Auf dem College beneidete ich jene Chinesen, die vor allem unter sich blieben, chinesisch miteinander sprachen und immer als große Gruppe auftraten. Sie schienen sich wohl zu fühlen. Ich dagegen fühlte mich, wenn ich mit anderen Chinesen zusammen war, wider meinen Willen befangen und überlegte mir, während wir gemeinsam über den Campus gingen, ob die anderen uns für Ausländer, für Außenseiter hielten.

Doch auf der anderen Seite konnte ich auch nicht mit meinen amerikanischen Freunden zusammensein und an einer Gruppe von Chinesen vorbeigehen, ohne mich zu fragen, wie sie wohl über mich dachten. Glaubten sie vielleicht, daß ich meine Herkunft verachtete? Ich hatte mit allen Schwierigkeiten. Wenn ich zum Beispiel in ein chinesisches Restaurant ging und der Kellner mich sofort auf chinesisch ansprach, war ich beleidigt.

Ich wollte mit chinesischen Männern ausgehen, aber auch mit Weißen, jedoch nur unter der Bedingung, daß sie etwas über China wußten. Doch weiße Amerikaner, die hauptsächlich mit Chinesinnen befreundet waren, machten mich wiederum argwöhnisch. Hielten solche Männer uns Chinesinnen für unterwürfiger oder exotischer als unsere amerikanischen Geschlechtsgenossinnen? Noch weniger mochte ich Amerikaner, die eine solche Affinität zu China für sich beanspruchten, daß sie glaubten, uns Chinesen besser zu kennen als wir selbst. Und am allermeisten haßte ich alle Menschen, ob Mann oder Frau, die es wagten, mir meine eigene Person zu erklären!

幼儀

Wir zogen in eine Stadt namens Sawston, die etwa sechs Meilen von der Cambridge University entfernt war. Wir mieteten ein kleines Cottage mit zwei Schlafzimmern und einem Wohnzimmer, dessen Erkerfenster auf eine unbefestigte Straße zeigte. Es gab nur drei Häuser in unserer Straße; um uns herum erstreckten sich Wiesen mit weidenden Schafen. Die Hinterseite des Häuschens öffnete sich zu einer erhöhten Veranda. Weiter hinten gab es, wie in unseren Häusern in China, einen kleinen Teich, der von Gräsern und Sträuchern überwuchert war.

Am Anfang hoffte ich noch, weiterlernen zu können. Hsü Chih-mo engagierte eine Hauslehrerin für mich, die mir Englisch beibringen sollte. Als wir das Alphabet durchgegangen waren und ich in der Lage war, »guten Morgen« zu sagen und ein kleines Gespräch zu führen, hörte der Unterricht jedoch auf, weil sich die Frau über den weiten Fußweg beschwerte. Später habe ich mich gefragt, warum ich ihr oder Hsü Chih-mo gegenüber nicht darauf beharrt habe, den Unterricht weiterzuführen. Doch ich hatte so viele andere Dinge zu tun: einkaufen, saubermachen und das Essen zubereiten.

So war ich also nach England gekommen, um mit meinem Mann zusammenzusein und die westliche Lebensweise kennenzulernen, und alles, was ich jetzt tat, war putzen, Wäsche waschen, einkaufen und kochen. Als ich Jahre später mit meinem zweiten Mann, Dr. Su, nach Sawston zurückkehrte, war ich erstaunt über all die Dinge, die ich in dem Cottage Tag für Tag geleistet hatte. Ich war wie eine chinesische Bedienstete gewesen, die mit dem Bus zum Markt fuhr, um Lebensmittel nach Hause zu schleppen. Manchmal bekamen wir Pakete von den Hsüs – chinesische Lebensmittel und Gewürze –, aber meistens war ich auf mich alleine gestellt. Ich weiß nicht, wie ich es geschafft habe. Ich hatte keinerlei Wissen, und unser Geld war immer knapp. Hsü Chih-mo gab mir kaum so viel, daß ich die Haushaltsausgaben damit hätte decken können. Selbst zum Markt war es ein weiter Weg. Meistens verließ ich mich deshalb auf einen Gemüsehändler, der mit seinem Lastwagen vor dem Haus anhielt und mir frisches Gemüse verkaufte. Wie wenig ich damals wußte! Ich erinnere mich noch, daß im Wandschrank des Wohnzimmers so eine merkwürdige Maschine stand. Ich wußte nicht, daß es ein Staubsauger war. So benutzte ich weiter den Besen.

Hatte ich geglaubt, daß mein Mann mich anders behandeln würde, wenn wir im Westen leben würden? In China erwartete man von zwei Ehepartnern, daß sie einander, als Ausdruck des Respekts, Distanz entgegenbrachten, besonders in Gegenwart der Schwiegereltern. Doch hier im Westen waren wir alleine, so daß Hsü Chih-mo und ich hätten tun können, was wir wollten. Das tat jedoch nur Hsü Chih-mo, der kam und ging, so als existierte ich nicht. Zu den Mahlzeiten, sowohl mittags als auch abends, kam er allerdings immer nach Hause, vielleicht weil wir so arm waren. Wenn das Essen gut war, sagte er nichts. Wenn es schlecht war, sagte er auch nichts. Er dachte an andere Dinge, an Bücher und Literatur, an den Osten und den Westen.

Ihr jungen Leute von heute wißt, wie man über Dinge diskutiert. Du hättest vielleicht versucht, dich mit deinem Mann auszusprechen, aber ich hatte das Gefühl, Hsü Chih-mo meine Gedanken nicht vermitteln zu können. Ich spürte, daß mir die Sprache, die Worte fehlten, um ihm zu sagen, daß mir meine altmodische Denkart bewußt sei und ich versuchen würde, mich zu ändern. Schließlich war ich jetzt im Westen; ich konnte studieren und versuchen, mich zu bilden. Aber Hsü Chih-mo sah einfach nicht, wer ich war. Er sprach nicht mit mir. Mit meinen Brüdern, die genauso gebildet waren wie Hsü Chih-mo, konnte ich reden, aber bei meinem eigenen Mann hieß es, ganz egal, worum es ging, immer nur »Was weißt du denn schon? Was kannst du dazu sagen?« Er fuhr mit dem Fahrrad zum Bahnhof von Sawston, um von dort aus den Zug nach Cambridge zu nehmen, und manchmal nahm er auch den Bus zum Campus. Jeden Morgen, selbst wenn er nicht nach Cambridge fuhr, hastete er davon, um sich die Haare schneiden zu lassen. Ich verstand diese Angewohnheit nicht ganz. Meiner Meinung nach hätte er sich die Haare genausogut zu Hause schneiden lassen und das Geld sparen können; schließlich warteten wir ständig auf unsere Schecks von Lao Ye. Doch Hsü Chih-mo tat viele Dinge, auf die ich keinen Einfluß hatte.

Ich denke da zum Beispiel an die Sache mit Herrn Guo. Sein Name war Guo Yusheng. Ich habe keine Ahnung, warum dieser Mann einfach irgendwann auftauchte und bei uns einzog. Vermutlich brauchte Hsü Chih-mo die Miete, die Herr Guo ihm zahlte. Ich kann mir vorstellen, daß Herr Guo alleine lebte und Hsü Chih-mo ihm erzählte, wieviel netter es wäre, in einem Haus zu leben, wo ihm jemand Shanghai-Küche servieren würde. Vielleicht wollte Hsü Chih-mo auch nicht mit mir alleine sein. Jedensfalls nahm Herr Guo das andere Schlafzimmer, das Hsü Chih-mo bislang als Arbeitszimmer genutzt hatte. Im Gegensatz zu Hsü Chih-mo ging Herr Guo nicht sehr oft nach Cambridge, sondern studierte den ganzen Tag zu Hause. So begleitete er mich manchmal auf den Markt oder kaufte im Lebensmittelgeschäft des Ortes ein paar Dinge für mich ein, wenn er einen Spaziergang machte. Ich war dankbar für seine Gesellschaft. Er unterhielt sich wenigstens mit mir.

Tagsüber sah ich Hsü Chih-mo kaum. Er war immer an der Universität. Einmal nahm er mich jedoch mit nach Cambridge, um eine Regatta zu sehen, und ein anderes Mal, um in einen Film mit Rudolph Valentino zu gehen. Wir mußten tagsüber ins Kino gehen, weil es abends keine öffentlichen Transportmittel mehr gab. Eigentlich hatten wir in einen Charlie-Chaplin-Film gehen wollen, aber auf dem Weg zum Kino trafen wir einen Freund von Hsü Chih-mo, der uns sagte, seiner Meinung nach sei der Valentino-Film besser. Gut, sagte Hsü Chih-mo, und so drehten wir uns auf dem Absatz um und schlugen die entgegengesetzte Richtung ein. So war Hsü Chih-mo: fröhlich und gutmütig. Er war ein Künstler, ein Träumer. Ich bin das komplette Gegenteil. Es störte mich, daß wir aufgebrochen waren, um einen Film mit Charlie Chaplin zu sehen, und schließlich etwas anderes taten. Hsü Chih-mo und sein Freund fielen in den Beifall des Publikums ein, als Valentino auf dem Bildschirm erschien, doch ich saß, die Hände im Schoß, still in der Dunkelheit.

Wir führten ein tristes Leben in Sawston. Wenn ich heute etwas über Cambridge lese, dann denke ich an all die herrlichen Dinge, die ich hätte tun können. Ich hätte über alte Brücken spazieren und die Architektur der Gebäude bewundern können. Ich hätte auf Bänken an den Ufern des Cam sitzen und mich einfach an der Natur erfreuen können. In Xiashi hatte ich mich danach gesehnt, aus dem Haus zu gehen, herumzulaufen und Dinge zu entdecken. Aber man hatte mich nicht alleine auf die Straße gelassen. Hier in Sawston hätte ich die Gelegenheit dazu gehabt, doch ich nutzte sie nicht.

Mit beginnender Sommerhitze regten sich Zeichen neuen Lebens in meinem Körper. Von meiner ersten Schwangerschaft waren mir die Übelkeit und Schwäche, die mich morgens überkamen, noch gut bekannt. In Xiashi hatte ich ein Kind haben wollen, haben müssen. Doch hier hatte ich keine

Ahnung, was ich tun sollte. Wie sollte ich mich um das Haus kümmern, wenn ich schwanger war? Konnte ich hier ein Kind großziehen? Würde man mich zwingen, nach Xiashi zurückzukehren? Ich überlegte tagelang, wie ich Hsü Chih-mo die Neuigkeit mitteilen sollte. Eines Nachmittags, als Herr Guo gerade nicht da war, sagte ich es ihm einfach.

Hsü Chih-mo antwortete sofort: »Treib es ab.«

Nie im Leben hätte ich mit dieser Reaktion gerechnet. Soweit ich wußte, war eine Abtreibung etwas Gefährliches, Lebensbedrohendes. Nur eine Frau in einer hoffnungslosen Situation – sie hatte eine Affäre, oder die Familie nagte so sehr am Hungertuch, daß sie keinen weiteren Menschen durchbringen konnte – ging das Risiko einer Abtreibung ein.

»Ich habe gehört, daß man von einer Abtreibung sterben kann«, sagte ich.

»Man kann auch bei einem Zugunglück sterben«, antwortete Hsü Chih-mo kaltblütig. »Hast du schon einmal jemanden gesehen, der deshalb nicht mehr Zug fährt?« Er wandte sich ungeduldig von mir ab.

»Aber wo könnte ich denn überhaupt abtreiben?« fragte ich.

Er schüttelte den Kopf. »Du wirst schon etwas finden«, sagte er. »Hier im Westen ist das sehr verbreitet.«

In China ist die Geburt eines Kindes, besonders eines Sohnes, ein glückliches Ereignis. Man braucht Kinder, um den Ahnen zu huldigen und für das Fortbestehen der Familie zu sorgen. Sowohl meine Eltern als auch meine Schwiegereltern wären begeistert gewesen. Doch Hsü Chih-mo dachte nicht an diese Dinge. Wieder übernahm er einen westlichen Brauch und wollte, daß ich das Kind abtrieb, so als wäre seine Geburt eine Schande. Was würden unsere Eltern sagen, wenn sie wüßten, daß er ihnen ein weiteres Enkelkind vorenthielt?

Im Nachbarcottage lebte ein chinesisches Ehepaar, die Hes. Sie studierten beide in Cambridge und waren auf Hsü Chihmos Vorschlag hin nach Sawston gezogen. Da ihr Häuschen etwas weiter von der Straße ab lag als unseres, nahmen sie auf dem Weg zur Universität oft die Abkürzung durch unseren Hinterhof. Am Tag nach meinem Gespräch mit Hsü Chih-mo hängte ich auf der Veranda gerade Wäsche auf, als ich Mrs. He sah. Ich winkte ihr zu.

Ein paar Minuten später kam sie die Stufen zur Veranda hoch. »Sie sind wie immer beschäftigt«, begrüßte sie mich. »Ich habe mir gedacht, ich schaue auf dem Weg in die Stadt einfach mal bei Ihnen vorbei.«

Den ganzen Morgen hatte ich über Abtreibungen nachgedacht und beschloß, Mrs. He zu fragen, was sie darüber wußte. Für den Fall, daß Hsü Chih-mo mich wieder danach fragen sollte, wollte ich so schnell wie möglich informiert sein.

»Na ja«, sagte Mrs. He, die sich zwanglos an das Verandageländer lehnte, so als würde sie täglich über Abtreibungen sprechen, »in London ist dieses Jahr die erste Klinik zur Geburtenkontrolle eingerichtet worden. Wahrscheinlich können Sie es dort machen lassen.«

»Aber ist es auch ungefährlich?« fragte ich. Ich kratzte an einem imaginären Flecken auf der Tischdecke herum, um den fragenden Blicken meiner Nachbarin auszuweichen.

»Ich weiß es nicht«, antwortete sie. Sie machte eine Pause, so als versuche sie, sich an etwas zu erinnern. »Ich habe gehört, daß Abtreibungen in Frankreich sicherer sind als in England.«

»Wenn ich Sie wäre«, fuhr sie mit Nachdruck fort, »dann würde ich nach Frankreich gehen, um es machen zu lassen.«

Sie stieg die Verandastufen wieder hinab, um ihren Weg fortzusetzen, und ich dankte ihr. Eine Abtreibung schien eine recht einfache Entscheidung für sie zu sein. Woher hatte sie all diese Informationen? fragte ich mich. Hatte sie selbst schon einmal abgetrieben? War es das, was alle Chinesinnen taten, wenn sie erst einmal im Westen waren?

Ich verstand es nicht. Unser Kind war ein Geschenk der Götter an die Familie Hsü. Wie konnte irgend jemand es zerstören wollen? Wie konnte Hsü Chih-mo, der Vater des Kindes, so herzlos sein? Wenn er sich Sorgen machte, daß ich nicht in der Lage sein könnte, im Westen ein Kind großzuziehen, warum schickte er mich dann nicht einfach nach Xiashi zurück, damit ich es dort bekam?

Während unserer gesamten Ehe hatten Hsü Chih-mo und ich nicht ein einziges intensives Gespräch geführt. Aber da mein Bruder ihn für mich ausgesucht hatte und ich seine Erziehung und seinen familiären Hintergrund kannte, vertraute ich Hsü Chih-mo. Ich hielt ihn für einen ehrenhaften Mann voller Loyalität gegenüber seiner Familie und seinem Clan. Ich war darauf eingestellt, ihm für den Rest meines Lebens zu gehorchen. Ehe mir Hsü Chih-mo befohlen hatte abzutreiben, war mir nicht ein zweifelnder Gedanke in den Sinn gekommen.

Doch während nun die Tage verstrichen, merkte ich, wie ich an diesem Mann, dessen Kind ich in mir trug, zu zweifeln begann. Hatte ich mich in ihm getäuscht, da ich in Hsü Chih-mo immer nur den rechtschaffenen Ehemann sah, dessen Gelehrsamkeit seiner Familie zur Ehre gereichte und der seinen Eltern den gebotenen Respekt entgegenbrachte? Wenn dem so war, dann hatten sich auch Vierter Bruder, Lao Ye und Lai Taitai in ihm getäuscht. Und das konnte ich nicht glauben.

Doch wenn Hsü Chih-mos Worte tatsächlich seine Gedanken verrieten, dann war er nicht der Mann, den ich geheiratet hatte, der Mann, der seinen Eltern pflichterfüllte Briefe schrieb und ihrem Wunsch gehorchte, mich so zu behandeln, wie es einer Ehefrau gebührte. Er war ein völlig anderer Mensch geworden, ein Abendländer, nicht nur in seiner Kleidung, sondern auch in seiner Einstellung. Diese Veränderung in ihm verwirrte mich. Wie konnte das geschehen? Lag es an seinen Freunden, an Goldie und anderen, von denen ich nichts wußte, über die ich Hsü Chih-mo aber mit Herrn Guo sprechen hörte? Lag es an seinem Studium und an seinen Lektüren? War es das, was Hsü Chih-mo verändert hatte? Zweiter Bruder hatte länger im Westen gelebt als Hsü Chih-mo und sich nicht so stark in seiner Haltung geändert. Vielleicht war es nicht eine Frage der Zeit, sondern der jeweiligen Person; vielleicht war man offen dafür, oder man war es nicht. Seit ich klein war, hatte ich Zweiten Bruder sagen hören, ich sei in eine Zeit der Veränderungen hineingeboren. Wenn das stimmte, dann war jetzt vielleicht einer jener Momente gekommen, in denen ich mich bei mir selbst um eine Veränderung bemühen mußte. Wenn ich verhindern wollte, daß Hsü Chih-mo und ich uns noch weiter voneinander entfernten, mußte ich vielleicht genau dies tun: mich überwinden und das Kind abtreiben. Und so beschloß ich, daß ich es tun würde, nicht um Hsü Chih-mo zu gehorchen, sondern um ihn zu verstehen. Ich würde für diese Abtreibung das Äußerste wagen und sogar mein Leben aufs Spiel setzen.

Ich war nach wie vor schwanger, als Anfang September zusammen mit einer Sendung Warzenmelonen und anderen chinesischen Gemüsen der monatliche Scheck von Lao Ye und Lao Taitai eintraf. Abtreibungen waren teuer, man begann es mir anzusehen, und ich dachte, Hsü Chih-mo würde nun die Vorbereitungen treffen. Während ich mich inzwischen darauf eingestellt hatte, die Abtreibung hinter mich zu bringen, brachte Hsü Chih-mo das Thema nicht wieder zur Sprache. Ich wußte nicht, was dies bedeutete. Ich hoffte, er habe es sich anders überlegt, doch statt dessen rückte eine andere Sache, die seit meiner Ankunft in den Hintergrund getreten war, erneut ins Blickfeld.

»Wir haben heute abend einen Gast«, kündigte mir Hsü Chih-mo eines Morgens an. »Sie ist eine Freundin von der Universität in Edinburgh. Ich werde ihr Cambridge zeigen und sie dann mit nach Hause bringen, um mit ihr zu Abend zu essen.«

Da wir niemals Gäste hatten, war ich sehr überrascht. Doch ich nickte Hsü Chih-mo lediglich zu und fragte, um wieviel Uhr er zu Abend essen wolle.
Er sagte: »Früh«, worauf ich ihm antwortete, das Abendessen sei um fünf Uhr fertig.
»Gut«, sagte er und eilte davon, um sich die Haare schneiden zu lassen.
Den ganzen Tag verbrachte ich mit Putzen, Einkaufen und Vorbereitungen für das Abendessen. Und weißt du, was ich dachte? Ich stellte mir vor, daß ich Hsü Chih-mos Freundin kennenlernen würde, die Frau, die er zu seiner Nebenfrau, seiner Konkubine machen würde.
Vom ersten Moment meiner Ankunft im Westen, als ich Hsü Chih-mo mit seinem Freund im Bus sprechen sah, wußte ich, daß er ein Geheimnis hatte. Auch als er später in Sawston jeden Morgen nach dem Frühstück zum Haareschneiden aus dem Haus stürzte und stets so darauf bedacht war, es mich wissen zu lassen, vermutete ich, daß seine morgendliche Eile etwas mit der Freundin zu tun hatte, auch wenn ich nicht wußte, inwiefern.
Ein paar Jahre später erfuhr ich von Herrn Guo, daß es Hsü Chih-mo jeden Morgen so eilig hatte, weil er tatsächlich mit seiner Freundin, die in London lebte, korrespondierte. Sie benutzten das Lebensmittelgeschäft, das nur ein paar Schritte vom Friseur entfernt war, als Adresse. Die Post zwischen London und Sawston funktionierte damals so gut, daß Hsü Chih-mo und seine Freundin sich mindestens einmal pro Tag Briefe zukommen lassen konnten. Sie schrieben sich in Englisch, für den Fall, daß ich die Briefe zufällig einmal entdecken sollte, was ich jedoch nie tat.
Doch damals wußte ich nichts von all dem, wußte nur, daß Hsü Chih-mo eine junge Frau zum Abendessen mit nach Hause bringen würde. Ich argwöhnte lediglich, daß er eine Freundin hatte, und wunderte mich darüber, daß er womög-

lich versuchte, es vor mir zu verbergen. Er hätte es mir einfach mitteilen können, und ich hätte es akzeptieren müssen: So hätte man es in China gemacht. Selbst wenn ich ihm Söhne geboren hätte, wäre er berechtigt gewesen, andere Frauen zu haben, entweder, um wie Lao Ye mit ihnen zu schäkern, oder um sie zu Konkubinen zu machen.

Die Tatsache, daß Hsü Chih-mo eine Begegnung zwischen ihr und mir wollte, signalisierte mir, daß diese Frau mehr sein würde als eine bloße Geliebte. Höchstwahrscheinlich würde sie seine zweite Frau werden. In diesem fremden Land würden wir alle unter einem Dach leben. Auch Liang Qichaos Konkubine hatte sich seiner Familie angeschlossen, als er in Japan studierte. Anscheinend wollte Hsü Chih-mo es genauso machen.

Den ganzen Tag stand mir die Gefahr von Hsü Chih-mos Freundin vor Augen. Sie studierte an einer englischen Universität; sie war also weitaus gebildeter als ich. Wie ich mir vorstellte, sprach sie gut Englisch und interessierte sich wahrscheinlich genauso für Literatur wie Hsü Chih-mo. Aus welcher Familie stammte sie? Woher kam diese Familie? Wer kannte sie? Wer waren ihre Brüder?

Einmal kam mir während des Tages in den Sinn, daß Hsü Chih-mos Freundin vielleicht eine Ausländerin war. Er kannte so viele Ausländer. Vielleicht zogen ihn ihre freien Umgangsformen an, die Art, wie sie den Kopf in den Nacken warfen, wenn sie lachten, oder daß sie Röcke trugen, die ihre Knöchel nicht verdeckten. Aber ich tat den Gedanken schnell ab. Nein, das konnte nicht sein. Eine Ausländerin hätte niemals akzeptiert, sich als zweite Frau in eine Familie zu integrieren.

Ich schwor mir, daß ich diesen letzten demütigenden Angriff, den Hsü Chih-mo gegen meine Person vorhatte, würdevoll und mit Fassung überstehen würde. Ich würde dieser neuen Frau bestimmt, aber entgegenkommend gegenübertreten, weder eifersüchtig noch aggressiv. Den ganzen Tag über versuchte ich mir einzureden, daß sich meine Position in der Familie Hsü nicht ändern würde. Ich hatte einen Sohn geboren. Ich hatte seinen Eltern gedient. Ich würde immer die Hauptfrau bleiben.

Merkwürdigerweise erinnere ich mich nicht an den Namen der Frau, die uns an diesem Abend besuchte; ich werde sie einfach Fräulein Ming nennen. Das einzige, woran ich mich wirklich erinnere, ist ihr Aussehen. Sie versuchte mit aller Kraft, westlich zu sein. Ihr Haar war kurzgeschnitten, und sie trug dunkelroten Lippenstift, eine marineblaue Wolljacke und einen dazu passenden Rock. Als ich an ihren bestrumpften Beinen herabsah, nahm mir der Anblick ihrer Füße – zwei kleine Stümpfe, die in bestickten chinesischen Pantoffeln steckten – fast den Atem. Dieses moderne Mädchen hatte gebundene Füße! Ich mußte fast lachen.

Sie war überhaupt nicht so, wie ich erwartet hatte. Ich hatte geglaubt, sie wäre vollkommen modern. Wie sich erst später herausstellte, hatte ich richtig vermutet. Hsü Chih-mos Freundin war eine ganz andere Frau: kultivierter, schöner und mit völlig unbehinderten Füßen. Dieses Fräulein Ming war überhaupt nicht Hsü Chih-mos Freundin. Doch das wußte ich damals nicht.

Zu viert – Herr Guo war ebenfalls da – setzten wir uns zum Essen an den Tisch. Fräulein Ming war wie ich in der Gegend von Shanghai aufgewachsen und erwähnte einige Familien, die ich kannte, und andere, die ich nicht kannte. Ihr Vater saß im Außenministerium, doch ich hatte noch nie von ihm gehört. Ich fragte mich nur, warum ihre Familie, wenn sie schon so modern war, Fräulein Ming alleine im Ausland studieren zu lassen, ihr trotzdem die Füße gebunden hatte.

Hsü Chih-mo, Fräulein Ming und Herr Guo begannen, über englische Literatur zu sprechen und dabei ihr Chinesisch derart mit englischen Worten zu spicken, daß ich ihrem Gespräch kaum folgen konnte. Mir fiel auf, daß Hsü Chih-mo ständig auf den Boden sah und verstohlene Blicke auf Fräulein Mings Füße warf, während er sprach. Ich konnte nicht anders, als meine eigenen, großen Füße ungeduldig unter den Tisch zu stellen und dabei Hsü Chih-mo beinahe zu treten. Warum behandelte er dieses Mädchen als ebenbürtig? Sie sah so eigentümlich aus mit ihrer Jacke und ihrem kurzen Rock, der in krassem Mißverhältnis zu ihren winzigen Füßen stand. Was hielten wohl ihre Eltern davon, daß sie aller Welt so ihre Füße zeigte?

Hsü Chih-mo verwirrte mich. War das die Frau, mit der er sich traf, seit er vor zwei Jahren nach London gekommen war? Warum gerade sie? Er hatte mich immer als »Bauerntrampel« bezeichnet, und jetzt brachte er eine Frau nach Hause, die allein von ihren Füßen her rückständiger zu sein schien als ich. Sie war allerdings sehr belesen. Wenn Hsü Chih-mo eine solche Frau akzeptieren konnte, warum redete er mir dann nicht zu, mich weiterzubilden? Warum erlaubte er mir nicht, Englisch zu lernen? Warum half er mir nicht, so modern zu sein, wie eine Frau mit großen Füßen es hätte sein können?

Und warum mußte Hsü Chih-mo überhaupt mit dieser Frau ankommen? Er ging ohnehin wenig sorgsam mit dem Geld um, und jetzt würden wir einen weiteren Menschen ernähren müssen. Plötzlich schoß mir ein Gedanke durch den Kopf. Hatte Hsü Chih-mo die Abtreibung von mir verlangt, damit wir anstelle von einem Kind diese Frau bei uns aufnehmen konnten? Ich hätte am liebsten aufgeschrien. Was würde diese Frau unserer Familie mehr als unser Kind geben? Sie war *busan, busi*, weder drei noch vier. Mit ihren gebundenen Füßen würde sie mir nur noch mehr Arbeit machen. Ich würde weiter alle Einkäufe erledigen, putzen und sie bedienen müssen wie Lao Taitai.

Nach dem Abendessen brachte Hsü Chih-mo Fräulein Ming

zum Bahnhof. Herr Guo zog sich in sein Zimmer zurück. Durch all die Ereignisse war ich derart abgelenkt, daß ich schwerfällig und langsam den Tisch abräumte. Als Hsü Chih-mo nach Hause kam, war ich immer noch in der Küche beim Spülen. Er wirkte unruhig und ging zögernd hinter meinem Rücken auf und ab. Als ich mit dem Abwasch fertig war, folgte mir Hsü Chih-mo ins Wohnzimmer. Er fragte mich, was ich von Fräulein Ming hielt.

Mir schossen so viele Gedanken durch den Kopf, daß ich, obwohl ich mir geschworen hatte, liebenswürdig und entgegenkommend zu sein, das Erstbeste sagte, was mir in den Sinn kam. »Naja, sie scheint in Ordnung zu sein«, erwiderte ich, weil ich wußte, daß ich die Konkubine seiner Wahl zu akzeptieren hatte, »aber gebundene Füße und westliche Kleider passen nicht zusammen.«

Hsü Chih-mo, der bis dahin im Zimmer umhergegangen war, blieb stehen. Er wirbelte auf dem Absatz herum, so als hätte meine Bemerkung all seine Ungeduld und Frustration zum Ausbruch gebracht. »Das weiß ich selbst«, brüllte er plötzlich. »Und darum will ich auch die Scheidung!«

Es war das erste Mal, daß Hsü Chih-mo mich anschrie. Verwirrt, überrascht und verängstigt flüchtete ich durch die Verandatür nach draußen. Ich mußte nachdenken; ich mußte alleine sein. Die kühle Abendluft strömte in meine Lungen.

Plötzlich stand Hsü Chih-mo atemlos neben mir auf der Veranda. »Ich hatte Angst, du würdest dich umbringen«, sagte er. Hsü Chih-mo hielt mich für so altmodisch, daß er tatsächlich fürchtete, ich würde mich über das Verandageländer stürzen. Ich starrte in die Dunkelheit der Nacht und sah dann wieder in Hsü Chih-mos gequältes Gesicht, das vom Licht des Wohnzimmers erhellt wurde. Für den Bruchteil einer Sekunde schien alles auf eine absurde Weise an seinem Platz zu sein, der Schmerz, das Mißverständnis und der Abgrund zwischen uns.

Als ich an diesem Abend zu Bett ging, saß Hsü Chih-mo noch im Wohnzimmer und las. Sehr spät kam er jedoch ins Zimmer geschlichen, und ich spürte, wie er an den Laken zog, während er sich aufs Bett sinken ließ. Als er sich dann von mir abwandte, um zu schlafen, berührten sich unsere Körper flüchtig; ich weiß, daß es bloßer Zufall war, doch ich empfand es als einen letzten Kontakt, als letzte Geste unserer traurigen Intimität.

Mehrere Tage lang sprachen wir nicht miteinander. Das war eigentlich nichts Neues, doch jetzt war dieses Schweigen für mich fast unerträglich, da das Echo seiner Stimme an jenem Abend darin widerhallte. Er hatte bis dahin noch nie derart die Beherrschung verloren, noch nie so deutlich das Ausmaß seiner Unzufriedenheit zum Ausdruck gebracht; mit seiner Forderung, sich scheiden zu lassen, hatte er in wenigen Sekunden das Gleichmaß unseres Zusammenlebens aus dem Lot gebracht. Jetzt konnte ich mir seiner nicht mehr sicher sein. Wenn er sprach, fürchtete ich, daß er seine Stimme wieder erheben könnte. Und wenn er nicht sprach, fragte ich mich, wie lange wohl noch. Ich beobachtete sein Gesicht und jede seiner Bewegungen. Er wirkte nervös und angespannt, aber entschlossen, wenn er sich vom Tisch erhob und mit großen Schritten durch die Türe verschwand. Eines Morgens weigerte er sich zum ersten Mal zu frühstücken. Durch das große Erkerfenster sah ich zu, wie er auf seinem Fahrrad die Straße hinunterfuhr, und fragte mich, was als nächstes geschehen würde.
Warum sich scheiden lassen? Fand er, daß ich ihm oder seiner Familie schlecht gedient hatte? Dachte er, daß ich eine Konkubine nicht akzeptieren würde? Ich glaubte nicht, daß es Sinn machte, mit Hsü Chih-mo über die Scheidung zu sprechen. Man redete über Geld und darüber, was es zum Abendessen geben sollte. Aber man sprach nicht über eine Scheidung.

Wenn Hsü Chih-mo die Scheidung von mir gefordert hatte, dann bedeutete dies, daß es bereits zu spät war.

Etwa eine Woche verging, bis Hsü Chih-mo genauso plötzlich, wie er die Scheidung gefordert hatte, einfach verschwand. Als er nach einem, dann nach zwei und schließlich sogar nach drei Abenden nicht nach Hause kam, glaubte ich, er sei vielleicht nach London gefahren, um Freunde zu besuchen. Herr Guo, mein Begleiter bei meinen Einkäufen, war nach wie vor da, doch selbst er wußte nicht, wo Hsü Chih-mo sich befand. Offenbar war mein Mann einfach verschwunden, ohne irgend jemandem Bescheid zu sagen. Seine gesamten Kleider und Toilettensachen hatte er zurückgelassen. Seine Bücher lagen geöffnet auf seinem Schreibtisch, so wie er sie beim letzten Mal liegen gelassen hatte; ich wußte, daß Hsü Chih-mo sich zumindest an seine Bücher erinnert hätte, wenn er sein Weggehen geplant hätte.

Doch nach einer Woche war er immer noch nicht ausfindig zu machen. Herr Guo schien ein Problem zu vermuten und kam eines Tages am frühen Morgen mit seinem Koffer die Treppe herunter, um mir zu sagen, daß auch er gehen müsse. Einfach so.

Meine Schwangerschaft und die Last meines Körpers versetzten mich jetzt in fürchterliche Angst. Was sollte ich tun? Wo war Hsü Chih-mo? Ich konnte in dem großen Bett, das wir einst geteilt hatten, nicht mehr schlafen; ich konnte nicht durch die Räume des Cottages gehen, ohne das Gefühl zu haben, jeden Moment aufschreien zu müssen. Ich war vollkommen allein.

Jene Tage in dem Haus waren schrecklich. Als ich einmal aus dem Fenster schaute, sah ich, wie die Nachbarn die Weide überquerten. Bei ihrem Anblick schreckte ich auf; ich hatte seit Tagen keinen Menschen gesehen und mit niemandem ge-

sprochen. Aber ich wollte nicht hinübergehen, um mit ihnen zu reden, weil ich fand, daß es sie nichts anging.
Früher in Xiashi holten wir unsere Kleider aus leichter Seide und Gaze hervor, sobald die Tage wärmer wurden und sich die ersten Boote auf dem nahegelegenen Westsee zeigten, und eine Dienerin brachte die Sammlung von Fächern herbei, die die Familie im Sommer benutzte, um sich kühle Luft zuzufächeln. Auf dem Tablett lagen dann Klappfächer aus Horn, Elfenbein, Perlen und Sandelholz und Fächer mit neun, sechzehn, zwanzig oder vierundzwanzig Stäbchen, die allein den Herren vorbehalten waren, da Frauen niemals Fächer mit weniger als dreißig Stäbchen benutzten. Es gab Fächer, die mit berühmten Versen beschriftet oder mit Vögeln, Bäumen, schönen Frauen und anderen Dingen bemalt waren.
Den ganzen Sommer über ließen wir unsere Fächer durch die Luft flattern. Doch dann wurden die Tage wieder kühler, und wir legten die Fächer beiseite. In diesem Zusammenhang gab es einen chinesischen Ausdruck, der umschrieb, wie Hsü Chih-mo mich in Sawston im Stich gelassen hatte. Ich war ein »Herbstfächer«, eine verlassene Frau.
In jenen Tagen dachte ich tatsächlich darüber nach, mir und meinem Kind das Leben zu nehmen. Es wäre so leicht gewesen, einfach zu verschwinden und all dem Kummer ein Ende zu bereiten. Ich hätte mich von der Veranda stürzen oder mich im Teich ertränken können. Ich hätte alle Fenster im Haus schließen und das Gas andrehen können. Hatte Hsü Chih-mo nicht genau dies befürchtet, daß ich mich umbringen könnte? Ich hörte erst auf, diesen düsteren Gedanken nachzuhängen, als ich mich an die erste Kardinaltugend kindlichen Respekts aus meinem *Xiao jing* erinnerte: »Dein Körper mit deinem Haar und deiner Haut ist ein Geschenk deiner Eltern. Aus Respekt gegenüber deinen Eltern mußt du dieses Geschenk in Ehren halten.« Solche Lehrsätze schienen aus einem Leben zu stammen, das Ewigkeiten zurücklag.

In dieser furchtbaren Zeit schreckte ich eines Morgens hoch, als es an der Tür klopfte. Es war ein Mann namens Wang Zimei, der mir sagte, er wisse, daß ich alleine sei, und käme mit einer Nachricht von Hsü Chih-mo aus London. Ich bat Herrn Wang herein, servierte ihm Tee und nahm voll angespannter Erwartung ihm gegenüber Platz.
»Hsü Chih-mo möchte wissen …«, fing Herr Wang an, unterbrach sich dann und runzelte leicht die Stirn, so als versuchte er, sich an die exakten Worte meines Mannes zu erinneren. »Ich bin gekommen, um Sie zu fragen, ob Sie die Schwiegertochter der Familie Hsü sein wollen, aber nicht mehr Hsü Chih-mos Frau.«
Ich antwortete nicht sofort, da seine Worte für mich keinen Sinn ergaben. »Was soll das heißen?« sagte ich schließlich. »Ich verstehe Sie nicht.«
»Wenn Sie dazu bereit sind, dann ist alles ganz einfach«, fuhr Herr Wang fort, so als hätte er mich nicht gehört. Er holte wohlüberlegt Luft. »Hsü Chih-mo will Sie nicht.«
Bei diesen Worten erstarrte ich, versuchte jedoch, es zu verbergen, und wiederholte statt dessen meine Frage. »Was soll das heißen?« fragte ich. »Wenn Hsü Chih-mo die Scheidung will, wie kann ich dann die Schwiegertochter der Familie Hsü sein?«
Herr Wang nippte an seinem Tee und sah mich aufmerksam an, so als registrierte er mein Haar, mein Gesicht und meine Kleidung. Ich wußte, daß er Hsü Chih-mo Bericht erstatten würde, und der Gedanke machte mich wütend. Trotzig fragte ich ihn: »War Hsü Chih-mo zu beschäftigt, um selbst herzukommen und mit mir zu sprechen? Haben Sie die ganze Reise gemacht, nur um mir diese dumme Frage zu stellen?«
Ich begleitete ihn zur Tür, die ich fest hinter ihm zuzog, und wußte, daß Hsü Chih-mo nicht zurückkehren würde.

Lange bevor Hsü Chih-mo jemals von Scheidung gesprochen hatte, besuchte uns Zweiter Bruder einmal in unserem Cottage. Ich bereitete im hinteren Teil des Hauses das Mittagessen zu und hatte gerade den Herd angezündet, als ich plötzlich etwas spürte.

»Da kommt jemand«, sagte ich zu Hsü Chih-mo, drehte das Gas ab und rannte aus der Küche zum Wohnzimmerfenster. Es war Zweiter Bruder; allein an seinem Gang erkannte ich, daß er es war. Dabei dauerte es noch ganze fünf Minuten, bis er endlich die Straße hochkam, und ich stand die ganze Zeit wartend in der Tür. Er hatte China kurz nach mir verlassen und lebte damals in Paris, wo er studierte. Er hatte seinen Besuch nicht angekündigt, aber bei Zweitem Bruder spürte ich solche Dinge. So nah waren wir uns.

Deshalb wandte ich mich, als Herr Wang gegangen war, schließlich an Zweiten Bruder. Ich setzte mich an den Küchentisch und schrieb einen Brief, in dem ich alles erklärte. Ich sei im dritten Monat schwanger, schrieb ich, und Hsü Chih-mo verlange von mir, das Kind abzutreiben. Er sage, wir beide paßten genauso wenig zueinander wie gebundene Füße und westliche Kleidung, und wolle sich scheiden lassen. Zur Zeit sei er unauffindbar, habe jedoch einen Freund zu mir geschickt, der mich gefragt habe, ob ich »die Schwiegertochter der Hsüs, aber nicht seine Frau« sein wolle. Ich fragte Zweiten Bruder, was ich tun sollte.

Als ich mit dem Schreiben fertig war, ging ich hoch ins Schlafzimmer und zog ein kleines Paket Briefe aus meiner obersten Schreibtischschublade hervor. Es waren Briefe, die Zweiter Bruder nur an mich adressiert hatte und die ich getrennt von den Briefen aufbewahrte, die er mir und Hsü Chih-mo gemeinsam geschrieben hatte. Während ich auf die Worte starrte, die auf den Rückseiten der Umschläge standen, ging ich wieder hinunter und schrieb gewissenhaft die Adresse meines Bruders ab. Nur weil ich eine kurze Zeit bei einer Privatlehrerin Unterricht gehabt hatte, war ich überhaupt in der Lage, die englischen Buchstaben zu kopieren, wenn auch krumm und schief. Dabei war ich in dem Glauben nach Europa gekommen, mich dort weiterzubilden.

Ich warf mir einen Pullover über und ging zu dem kleinen Lebensmittelgeschäft, um den Brief aufzugeben. Als ich zurückkehrte, wurde es schon dunkel, und ich kochte mir ein einfaches Abendessen mit Reis und Gemüse. An diesem Abend saß ich alleine in dem kleinen Haus, hatte alle Lichter ausgemacht und weinte zum ersten Mal, seit mich Hsü Chih-mo verlassen hatte.

Als ein paar Tage später der Brief von Zweitem Bruder eintraf, riß ich ihn hastig auf. »Hsü Chih-mo für unsere Familie zu verlieren ist so traurig für mich wie der Tod unserer Eltern«, fing Zweiter Bruder an, um mit einem alten chinesischen Sprichwort seinen Kummer über die Scheidung auszudrücken. So sehr liebte er Hsü Chih-mo – wie seine eigenen Eltern.

»Treib das Kind nicht ab. Ich werde es zu mir nehmen«, wies mich Zweiter Bruder an. »Laß alles zurück, und komm nach Paris.«

So verließ ich an einem Herbstmorgen den Ort, indem ich einfach die Tür hinter mir zuzog und soviel ich tragen konnte zum Bahnhof von Sawston schleppte. Ich verließ das Haus genauso, wie Hsü Chih-mo es verlassen hatte. Und das einzige, was ich mit einem gewissen Bedauern zurückließ, waren, soweit ich mich erinnere, die Warzenmelonen, die Lao Ye und Lao Taitai mir aus dem fernen China geschickt hatten.

# Eine bessere Ehefrau

In den ganzen fünf Jahren, in denen ich Yu-i nach ihrer Lebensgeschichte ausgefragt habe, hat sie während unserer Gespräche nur ein einziges Mal geweint: als sie den Kummer ihres zweiten Bruders über die Scheidung beschrieb. Ich konnte nicht glauben, daß die Familie Chang Hsü Chih-mo derart geliebt hatte.

Es tat mir weh, zu hören, wie Yu-i immer versucht hatte, alles richtig zu machen, und am Ende doch verletzt worden war. Warum hatte es ihr eigentlich so viel ausgemacht, ihre Brüder und ihre Familie mit der Scheidung zu enttäuschen?

Als mich meine Mutter in dem Sommer, in dem ich meinen College-Abschluß machte, einmal fragte, was ich aus meinem Leben machen wolle, wußte ich keine Antwort. Während die meisten meiner Kommilitonen zweijährige Bankpraktika angefangen hatten, kehrte ich ohne Pläne und ohne Arbeit ins Elternhaus zurück. Ich wollte nur eins: weiter an Yu-is Geschichte arbeiten und mich weiter mit ihr über ihr Leben unterhalten.

»Und was kommt nach dem Buch?« fragte meine Mutter.

»Das weiß ich nicht«, antwortete ich. »Das kann ich jetzt noch nicht sagen.«

»Es ist schon in Ordnung, wenn du nicht weißt, was du machen willst«, sagte meine Mutter, die jedoch offenbar immer noch besorgt war. Sie wartete einen Moment und sagte dann: »Wenn du einfach nur heiraten willst, dann ist das auch okay«, worauf ich sie verständnislos ansah, weil ich noch nie auch nur annähernd an diese Möglichkeit gedacht hatte.

Mit einundzwanzig war ich damals genauso alt wie Yu-i, als Hsü Chih-mo sie in Sawston verließ, und genauso alt wie meine Mutter, als sie meinen Vater heiratete. Ich rechnete zwar damit, daß ich mein Leben irgendwann mit einem anderen Menschen teilen würde, aber der Gedanke an eine Heirat war zu dieser Zeit völlig indiskutabel für mich. So vieles in mir war noch unfertig, mußte erst noch zur Entfaltung kommen. Ich fühlte mich noch nicht reif genug, die gleichen Entscheidungen zu treffen und die gleiche Verantwortung zu übernehmen wie meine Mutter, die kurz nach ihrer Hochzeit Kinder bekommen und ihre Promotion ein Jahr vor Beendigung abgebrochen hatte, als mein Vater nach New Haven versetzt wurde.

Als ich Yu-i nach meiner Abschlußfeier traf, fragte ausgerechnet sie mich, wann ich heiraten würde.

Um sie zu beschwichtigen, antwortete ich: »Mit achtundzwanzig«, so als hätte ich einen Plan.

»Nein, nein. Zu spät«, sagte Yu-i und fügte hinzu: »Fünfundzwanzig ist ein gutes Alter«, so als wolle sie sich auf einen Kompromiß mit mir einigen.

Ich hatte keine klaren Vorstellungen über die Ehe. Aber ich wußte genau, daß ich, wenn mir so etwas passieren würde wie Yu-i, am Boden zerstört wäre. Ich war an Yu-is Stelle wütend und eifersüchtig, als sie mir erzählte, daß Hsü Chih-mo sich in Lin Huiyin verliebt hatte, die schöne, gebildete siebzehnjährige Tochter von Lin Changmin, dem Leiter der Chinesischen Völkerbund-Gesellschaft. Hsü Chih-mo lernte Lin Huiyin und ihren Vater im Sommer 1920 über seinen Mentor Liang Qichao kennen. Anfangs waren Hsü Chih-mo und Lin Changmin befreundet gewesen. Die beiden pflegten literarische Spiele zu spielen wie etwa das Austauschen von Liebesbriefen, bei denen Hsü Chih-mo die Rolle des älteren Mannes übernahm und Lin Huiyins Vater die der jungen Frau. Schließlich verliebten sich Lin Huiyin und Hsü Chih-mo ineinander.

Wenn ich Yu-is Leben und das meiner Mutter betrachtete, bekam ich eine fürchterliche Angst vor der Ehe. Ich wollte keine Ehefrau sein; ich wollte sein wie Lin Huiyin, die für Hsü Chih-mo einerseits Gegenstand seiner Liebe war, die ihm andererseits aber auch intellektuell gewachsen war. Was hatte die Ehe an sich, daß sie eine eigenständig denkende Frau in eine Frau verwandelte, die nur noch ihrem Ehemann folgte? Warum heiraten, wenn es einen daran hinderte, der Mensch zu werden, der man hätte werden können? Natürlich hatte Yu-i mehr als nur überlebt; meine Mutter beendete ihre Promotion, nachdem sie erfolgreich die Ausbildung ihrer drei Kinder, die alle einen Harvard-Abschluß machten, beaufsichtigt hatte; und Lin Huiyin wurde nach ihrer Hochzeit eine erfolgreiche Architektin. Woran lag es also, daß ich so blokkiert und verwirrt war?

幼儀

Der lange Weg vom Cottage zum Bahnhof von Sawston und die Fahrt über den Kanal schienen, auch als ich schon in Paris angekommen war und mit Zweitem Bruder in seiner Wohnung saß, in einem Nebel zu verschwimmen. Mein Englisch war damals so schlecht, daß ich wirklich nur das Wort »Paris« erkennen konnte, das Zweiter Bruder in seinem Brief für mich buchstabiert hatte. Während der gesamten Reise hatte ich stets nach diesem einzigen Wort Ausschau gehalten, das ich von den anderen unterscheiden konnte.

Während der Überfahrt über den Kanal beschloß ich, Hsü Chih-mo zum ersten Mal in meinem Leben nicht zu gehorchen und mein Kind zu behalten. Während mich Hsü Chih-mo im vergangenen Jahr kaltherzig behandelt, mich ignoriert oder mir sogar befohlen hatte abzutreiben, war ich stets dabei geblieben, meinen Mann zu respektieren und ihm zu gehor-

chen. Doch als er mich schließlich einfach in Sawston sitzenließ, ohne meine häusliche oder familiäre Situation zu regeln – und damit seine Pflichten mir und seinem ungeborenen Kind gegenüber vernachlässigte –, glaubte ich nicht länger, daß er ein guter Ehemann sei. Wenn er mich auf eine derartige Weise verlassen konnte, warum sollte ich dann eine gute Ehefrau sein und seiner Aufforderung abzutreiben nachkommen? Ich würde mich nicht so unversehens von meinem Kind trennen, wie er mich in Sawston hatte sitzenlassen.
Als ich in Paris eintraf, sagte mir Zweiter Bruder, daß er mein Kind adoptieren würde. Zuerst hielt ich dies für die vernünftigste Lösung. Was sollte ich im Falle einer Scheidung alleine mit einem Kind anfangen? Doch im Laufe der Woche, die ich bei ihm verbrachte, wurde mir klar, daß er, so gut er es auch meinte, nicht in der Lage sein würde, alleine für mein Kind zu sorgen. Da Zweiter Bruder noch nicht verheiratet war, kümmerte ich mich um den Haushalt, während er in seine philosophischen Studien vertieft war. Er nahm jeden Tag Französischunterricht an der Universität von Paris, um die Werke französischer Denker lesen zu können, und hatte vor, in ein paar Monaten nach Deutschland zu gehen, um dort an der Universität von Jena bei Rudolf Euken zu studieren.
Ich dachte auch über Lao Ye und Lao Taitai im fernen Xiashi nach. Was auch immer zwischen mir und Hsü Chih-mo geschah, ich war A-huans Mutter. Ich wollte, daß er einen Bruder oder eine Schwester bekam; ich selbst hatte das Glück, so viele Geschwister zu haben. Deswegen überlegte ich mir, daß ich, falls es zu einer Scheidung kommen sollte, das Kind nach China schicken und die Hsüs bitten würde, es zu adoptieren.
Es machte mich nervös, über eine eventuelle Rückkehr nach China zu sprechen. Ich wußte, daß die meisten Leute im Fall einer Scheidung mir die Schuld geben würden. Sie würden denken, daß ich im Unrecht sei, weil sich seit Urzeiten in der Regel der Mann von einer Frau scheiden ließ. Er unterzeich-

nete eine Scheidungsermächtigung, in der einer oder mehrere der sieben Gründe für eine Scheidung genannt wurden. Diese traditionellen Gründe waren die *Qi Chu*, die »Sieben Tabus« für eine Frau:

*Eins, ihren Eltern nicht zu gehorchen.*
*Zwei, keine Söhne zu gebären.*
*Drei, Ehebruch zu begehen.*
*Vier, Eifersucht zu zeigen und nicht bereit zu sein,*
*eine Konkubine aufzunehmen.*
*Fünf, abstoßend krank zu sein.*
*Sechs, zuviel zu reden.*
*Sieben, Diebstahl zu begehen.*

Wenn es zu einer Scheidung käme, würden die Leute vielleicht denken, ich hätte Lao Ye und Lao Taitai schlecht behandelt, Hsü Chih-mos Freundin nicht akzeptiert oder vielleicht sogar eine Affäre mit Herrn Guo gehabt. Und wenn sie glaubten, ich hätte eins der Sieben Tabus gebrochen, dann würden sie über mich klatschen und mich ächten.

Zweiter Bruder sagte mir, ich solle mir keine Sorgen machen. Er sagte, es sei klar, daß ich keine dieser sieben Missetaten begangen hätte. Außerdem erklärte er mir, daß ich in meiner Denkweise altmodisch sei. Soweit er das Gesetz kenne, sei es inzwischen möglich, sich scheiden zu lassen, wenn Mann und Frau sich einig seien. Doch da man als Kind seinen Eltern traditionsgemäß Respekt zollte, mußten außerdem beide Familien zustimmen, falls der Mann unter dreißig war – Hsü Chih-mo war sechsundzwanzig – und die Frau unter fünfundzwanzig – ich war damals einundzwanzig.

Ich fragte mich, was die Familie Hsü tun würde, wenn Hsü Chih-mo ihnen ankündigte, daß er sich von mir scheiden lassen wolle. Würden seine Eltern ihre Zustimmung geben? Lao Ye und Lao Taitai mochten mich sehr und waren außerdem ziemlich altmodisch. Sie würden wahrscheinlich darauf beharren, daß Hsü Chih-mo bei mir blieb. Es gab ein altes Sprichwort, das lautete: »Wenn ein Mann seine Frau mag, sie seinen Eltern jedoch mißfällt, dann sollte er sich von ihr scheiden lassen. Aber wenn ein Mann seine Frau nicht mag und seine Eltern sagen, sie ist uns eine gute Dienerin, dann sollte er sich mit allem Respekt wie ein Ehemann zu ihr verhalten.« Vielleicht hatte Hsü Chih-mo vorgeschlagen, daß ich »Schwiegertochter der Familie Hsü, aber nicht die Frau von Hsü Chih-mo« bleiben sollte, weil er fürchtete, daß seine Eltern nicht zustimmen würden.

Und wie stand es mit meinen eigenen Eltern? Mir schauderte bei dem Gedanken, es ihnen und Viertem Bruder zu sagen. Sie hatten Hsü Chih-mo extra für mich ausgesucht und würden sich sehr grämen, wenn sie von seinem Scheidungswunsch erführen. Ich hatte gehört, daß die Eltern geschiedener Frauen sich manchmal so sehr schämten, daß sie sich weigerten, ihre Tochter wieder bei sich aufzunehmen. Aber ich hatte nichts Unkeusches oder Unschickliches getan. Ich war sicher, daß meine Eltern mich wieder in ihrem Haus willkommen heißen würden, wenn ich bei ihnen leben müßte. Außerdem glaubte ich, daß sie mir ihre Erlaubnis für eine Scheidung bestimmt geben würden, falls es notwendig wäre.

Was mich selbst betraf, so fragte ich mich, wozu ich überhaupt versuchen sollte, weiter mit Hsü Chih-mo zusammenzuleben, wenn er sein Leben nicht mit mir teilen wollte. Was blieb mir anderes übrig als zuzustimmen?

Aber ich fragte mich, wie ich im Laufe der Schwangerschaft für meinen Lebensunterhalt sorgen sollte. Was Hsü Chih-mo mir in Sawston zum Einkaufen gegeben hatte und das bißchen Geld, das ich im Cottage gefunden hatte, war alles, was ich besaß. Deshalb beschloß ich, den Hsüs zu schreiben und sie über meinen Zustand zu informieren. Ich sagte ihnen nicht, daß Hsü Chih-mo die Scheidung von mir verlangt hatte. Ich sagte ihnen nur, daß wir getrennt voneinander lebten: Ich sei zu meiner Weiterbildung bei Zweitem Bruder in Frankreich, wo im übrigen auch das Gesundheitswesen einen besseren Ruf habe als in England. Hsü Chih-mo erwähnte ich überhaupt nicht. Ich sagte nur, daß ich Geld für meine Ausbildung und für das Kind bräuchte.

Ein paar Wochen später erhielt ich von den Hsüs unter der Adresse von Zweitem Bruder einen Scheck über zweihundert Dollar. Lao Ye, der mir meine unvollständige Geschichte offenbar glaubte, schrieb, daß er mir jeden Monat einen Scheck schicken würde und froh sei, daß ich auf mich und mein Kind achtgebe.

Ich war inzwischen fast im vierten Monat schwanger und litt fast täglich unter Übelkeit. Armer Zweiter Bruder. Er wußte nicht, wie man für eine Frau in meinem Zustand sorgte. Er sagte, wenn ich das Kind austragen wollte, dann wäre es besser für mich, bei einer Frau zu leben. Ich stimmte ihm zu. Ich wollte meinen Bruder nicht verlassen, aber wenn ich bei ihm blieb, dann würde ich auch für ihn kochen und saubermachen und mich dabei zu sehr anstrengen.

Zweiter Bruder kannte ein Ehepaar, die Lius, die wie er beide an der Universität von Paris studierten. Sie lebten auf dem Land, um weniger Miete zu zahlen, erklärten sich aber einverstanden, mich eine Weile kostenlos bei ihnen wohnen zu lassen.

»Ich habe ihnen erzählt, daß es dir nicht gutgeht und daß du lieber an einem festen Ort bleiben willst, während Hsü Chih-mo auf Reisen ist«, sagte Zweiter Bruder.

Da keiner von uns zu diesem Zeitpunkt wußte, wo sich Hsü Chih-mo aufhielt, klang die Geschichte meines Bruders glaubwürdig. Wir fuhren von Paris aus eine Stunde mit dem Zug und gingen dann vom Bahnhof noch etwa eine halbe Stunde zu Fuß bis zum Haus der Lius. Ich weiß nicht einmal mehr, wie das Dorf hieß, aber es erinnerte mich sofort an

Sawston, so klein und ruhig lag es mit seinen wenigen Häuschen abseits der Straße. Während ich mit Zweitem Bruder die unbefestigte Straße entlanglief, hoffte ich, daß ich dort nicht so unglücklich sein würde, wie ich es in Sawston gewesen war.
Herr Liu, dessen vollständiger Name Liu Wendau lautete, war mit Liang Qichao und Zweitem Bruder Mitglied der inoffiziellen Delegation gewesen, die an der Pariser Friedenskonferenz teilnahm. Später, in den dreißiger Jahren, wurde er chinesischer Botschafter in Italien. Als ich ihn kennenlernte, war er um die Dreißig und schien ein sehr höflicher und gebildeter Mann zu sein. Seine Frau studierte ebenfalls an der Universität. Beide sahen mich freundlich an, als wir einander vorgestellt wurden.
Frau Liu ergriff als erste das Wort. »Ich hoffe, Sie werden sich bei uns wohl fühlen.«
»Es ist mir sehr peinlich, mich Ihnen aufzudrängen«, erwiderte ich.
»Nein, nein, das ist doch nicht der Rede wert, wirklich«, schaltete sich Herr Liu ein. »Wir respektieren Ihren Bruder und Hsü Chih-mo sehr und freuen uns, Ihnen helfen zu können.«
Hsü Chih-mo wurde von seinen Freunden respektiert, weil er einen wachen, regen Geist hatte; wußten sie auch, wie er mit seiner Familie umging? Ich lächelte und tat vor den Lius so, als wüßte Hsü Chih-mo Bescheid und als wäre er ihnen sehr dankbar für ihre Hilfe.
Während Herr Liu und Zweiter Bruder sich ins Wohnzimmer setzten, um sich zu unterhalten, führte mich Frau Liu durch ihr Haus. Selbst das Haus ähnelte dem in Sawston, es war nur fröhlicher, mit einer hellblau geblümten anstatt einer gelben Tapete und einem Kamin, der mit Kacheln und nicht mit Ziegelsteinen eingefaßt war. Mein Zimmer, das sich im zweiten Stock gegenüber ihrem Zimmer befand, zeigte auf die Straße. In einer Ecke des Raumes standen ein Waschbek-

ken und ein Toilettentischchen, ein kleiner Schreibtisch und ein Stuhl, und im anderen Teil des Zimmers ein Einzelbett und eine Chaiselongue. Neben dem Fenster befand sich ein Schaukelstuhl, dessen gerüschte Kissen zum Stil der weißen Vorhänge paßten.

Frau Liu sagte, daß sie und Herr Liu fast den ganzen Tag an der Universität verbrächten, jedoch zum Abendessen immer nach Hause kämen. Sie schlug mir vor, zunächst einmal anzufangen, die Sprache zu lernen, und gab mir den Namen eines Privatlehrers. Was für eine gute Idee. In Sawston hatte ich Englisch lernen wollen, aber nicht damit weitergemacht. Französisch war meine zweite Chance. Ich sagte Frau Liu, wie beeindruckend ich es fände, daß sie und Herr Liu beide an der Universität studierten.

Frau Liu lachte. »Wenn Sie wüßten, wie schwer es für mich war, meine Schwiegereltern dazu zu überreden, mich hierherkommen zu lassen.«

Sie sagte, sie habe schon immer im Ausland studieren wollen, und als ihr Mann die Möglichkeit dazu bekam, habe sie ihre Schwiegereltern gebeten, sie mit ihm gehen zu lassen. Sie hatte der Familie bereits einen Sohn geschenkt, aber es widerstrebte ihnen, sie nach Europa gehen zu lassen. Erst nach leidenschaftlichen Appellen sowohl von ihrer als auch von Herrn Lius Seite ließen sich seine Eltern dazu überreden, der Sache zuzustimmen.

Da ich mich an meine eigenen Kämpfe mit meinen Schwiegereltern erinnerte, konnte ich Frau Lius Schilderung nur allzu gut nachvollziehen. Welch ein Glück für sie, daß Herr Liu ebenfalls für ihre Reise in den Westen gekämpft hatte; für meine Sache war nur Zweiter Bruder, nicht aber Hsü Chihmo eingetreten. Als ich ein paar Jahre später erfuhr, daß sowohl Herr Liu als auch Frau Liu die Doktorwürde der Universität von Paris verliehen bekommen hatten, freute ich mich sehr.

Frau Liu und ich gingen wieder hinunter zu Herrn Liu und Zweitem Bruder. Wir nahmen ein leichtes Mittagessen ein, und am späten Nachmittag brach Zweiter Bruder wieder nach Paris auf. Obwohl ich wußte, daß ich mich bei den Lius wohl fühlen würde, war ich sehr traurig, ihn gehen zu sehen.

Die Chinesen bezeichnen den allmählichen Fluß der Zeit über die Jahrhunderte hinweg als »die Verwandlung von Ozeanen in Maulbeerhaine«, und ich glaube, daß eine derartige Veränderung in dem Herbst, den ich in Frankreich auf dem Land verbrachte, in mir vorging. Als ich dort eintraf, war ich mir noch unsicher, was die Scheidung anging. Doch als ich die Lius wieder verließ, hatte ich mich dazu entschlossen, daß ich auf Hsü Chih-mos Scheidungswunsch eingehen würde. Ich würde mir selbst etwas aufbauen, würde ein eigenständiger Mensch werden.

Meine persönliche Entwicklung verlief parallel zum Wachstum des Kindes, das ich in mir trug und von dem ich überzeugt war, daß es ein Mädchen würde. Als ich zu den Lius kam, war ich im vierten Monat schwanger. Als ich ging, war ich fast im achten Monat, und der Unterschied, den ich in mir spürte, war gewaltig. Ich wußte genau, wann das Kind sein Bein in Richtung Hand bewegte; ich konnte fühlen, wie es mich mit seinen Fingern berührte.

Hsü Chih-mos Behauptung, wir beide paßten genausowenig zusammen wie gebundene Füße und westliche Kleidung, hatte mich anfangs irritiert, da meine Füße schließlich nicht gebunden waren. Aber in den Monaten, die ich in Frankreich bei den Lius verbrachte, wurde mir klar, daß ich mich in vielerlei Hinsicht so verhalten hatte, als seien mir die Füße gebunden. In Xiashi hätte ich es niemals gewagt, den Erwartungen, die meine Schwiegereltern an mich stellten, nicht zu entsprechen. Ich hatte die alten Sitten und Traditionen Chinas niemals in Frage gestellt.

Ich war in einer gebildeten, fortschrittlichen Familie groß geworden, die ihre Söhne zum Studium ins Ausland schickte. Doch bei meiner Erziehung war man den alten Denkweisen treu geglieben. Von nun an würde ich in meinem Denken und Tun großen Mut aufbringen müssen. Ich war die erste Frau meiner Familie, der man die Füße nicht gebunden hatte, und daraus mußte ich das Beste machen.

Ich hätte zurück nach China gehen und bei den Hsüs leben können. Ich hätte ihnen von der Scheidung erzählen und sie zwingen können, Partei zu ergreifen. Aber das hätte bedeutet, daß ich reumütig nach China zurückkehrte und entweder die Hsüs oder meine Familie darum bitten mußte, mich bei sich aufzunehmen. Mir fiel wieder ein, was ich in meiner Kindheit über die *zhiqi*, die Würde, gelernt hatte. Und so beschloß ich, in Europa zu bleiben und zu versuchen, mein Kind alleine großzuziehen. Bis ich selbst für meinen Lebensunterhalt aufkommen könnte, würde ich die monatlichen zweihundert Dollar der Hsüs weiter annehmen, um damit für die Tochter zu sorgen, die ich in mir trug.

Die furchtbare Zeit in Sawston hatte mir gezeigt, daß ich auch alleine existieren konnte; ich konnte entscheiden, nicht zu den Hsüs zurückzukehren und nicht wie ein junges Mädchen weiter in Xiashi zu leben. Was auch immer geschehen mochte, ich würde mich nie mehr auf einen anderen Menschen verlassen. Ich würde von nun an auf eigenen Füßen stehen. Als kleines Mädchen hatte ich miterlebt, wie die Familie Chang alles verlor außer ihrem Namen und trotz dieser Schande weiterkämpfte. Ich wußte, daß ich jetzt mit meiner Schmach genauso umgehen mußte.

Wenn ich Frau Liu abends studieren sah, erinnerte ich mich, wie ich selbst am Teachers' College in Suzhou und mit dem Privatlehrer im Hause Hsü gelernt hatte. Auch ich wollte mich damals unbedingt weiterbilden. An meiner Ausbildung hatte mir so viel gelegen. Ich beschloß, daß ich, falls Hsü

Chih-mo und ich uns scheiden ließen, Lehrerin werden würde. Auf diese Weise könnte ich mir nach meiner Rückkehr nach China meinen Lebensunterhalt selbst verdienen und meine Kinder so großziehen, wie ich es für richtig hielt.

Als ich eines Abends in meinem Zimmer im zweiten Stock des Hauses saß, hörte ich unten auf der Straße das Geräusch eines Einspänners. Ich bekam Besuch. Ich lief zum Fenster und sah eine Kutsche, aus der ein Mann stieg: Es war Siebter Bruder! Während er den Kutscher bezahlte, öffnete ich das Fenster und rief ihm zu: »Heh, ich bin hier oben! Komm rauf!«

Siebter Bruder weinte, als er mich sah, aber er mußte ohnehin ständig weinen. In der Familie sagten alle, er sei wie eine Frau; alle männlichen Eigenschaften, die in meiner Mutter waren, hatte ich mitgenommen, als ich auf die Welt kam, und Siebtem Bruder nur noch die weiblichen Eigenschaften gelassen. Seine weiche, helle Stimme, seine Bewegungen und selbst seine Art zu denken ließen ihn wie eine Frau wirken. Er wollte genau wissen, was ich jeden Tag aß, was ich von der französischen Küche hielt und wie ich mich fühlte. Er sagte, ich sehe gar nicht gut aus, aber da er extra aus Paris gekommen war, um mich zu besuchen, konnte ich ihm nicht böse sein. Er selbst sah blendend aus, auch als er seine Tränen trocknete und sagte, er hätte niemals damit gerechnet, mich alleine und schwanger »in einem solchen Zustand« vorzufinden.

Er hatte China vor einem Monat verlassen und erzählte mir, daß niemand zu Hause über Hsü Chih-mo und mich Bescheid wisse. Weder Mutter und Baba noch Lao Taitai und Lao Ye. Ich schrieb beiden Familien regelmäßig Briefe aus Frankreich, und Lao Ye schickte mir jeden Monat zweihundert Dollar, aber die ganze Wahrheit hatte ich ihnen noch nicht erzählt. Siebter Bruder hatte sich sogar vor seiner Abreise in Shanghai mit Lao Ye und Lao Taitai getroffen, weil Lao Taitai

ihm für Hsü Chih-mo ein Paket mit seinen geliebten kandierten Früchten mitgeben wollte.
»Wo ist Hsü Chih-mo?« fragte Siebter Bruder.
Seit mich Hsü Chih-mo in Sawston verlassen hatte, wußte ich nicht, wo er war. Ich spielte an dem Paket herum und versuchte, gleichgültig zu klingen. »Ich weiß es nicht. Hast du etwas gehört?«
Doch Siebter Bruder hatte selbst erst am Tag zuvor von meiner Lage erfahren, als er Zweiten Bruder in Deutschland anrief. Zweiter Bruder hatte Paris verlassen und besuchte jetzt die Universität von Jena. Siebter Bruder erklärte mir, daß er selbst auch nach Deutschland gehen würde, nicht um Philosophie zu studieren, sondern um dort billig zu leben; da die Mark immer weiter fiel, war das Leben in Deutschland jetzt sehr günstig. Obwohl er ein Hotelzimmer in Paris reserviert hatte, schob Siebter Bruder die Chaiselongue neben mein Bett und verbrachte die Nacht Seite an Seite mit mir.
Am nächsten Morgen reiste er wieder ab. Ich spülte in der Küche die Teetassen, die wir beim Frühstück benutzt hatten, als mir plötzlich klar wurde, daß ich mit ihm nach Deutschland gehen mußte. Ich mußte mit jemandem aus meiner Familie zusammensein, sonst würde ich hier auf dem Land still und leise verkümmern. Die Lius waren gut zu mir, aber sie kümmerten sich nicht so um mich, wie ich es mir von Siebtem Bruder erhoffte. Er war wie eine Frau. Er könnte kochen, saubermachen und mir in den letzten Schwangerschaftswochen fürsorglich zur Seite stehen. Ich könnte bei ihm in Deutschland leben und dort mein Kind zur Welt bringen. Wenn Frau Liu recht hatte, waren die Krankenhäuser in Deutschland außerdem noch sicherer als in Frankreich.
Ich rief im Hotel meines Bruders in Paris an. Da er noch nicht eingetroffen war, hinterließ ich ihm am Empfang die Nachricht, er möge dort auf mich warten: Ich würde mit ihm gehen.

Den Lius erklärte ich noch am selben Abend, daß ich meinem Bruder nach Deutschland folgen würde. Ich dankte ihnen für ihre Großzügigkeit und packte meine wenigen Sachen. Ich glaube, daß ich die Lius fast genauso überstürzt verließ, wie ich Sawston verlassen hatte.

Die letzten Wochen meiner Schwangerschaft verbrachte ich mit Siebtem Bruder in Berlin. Am 24. Februar 1922 brachte ich meinen zweiten Sohn zur Welt. Ich wünschte mir, meine Mutter wäre dagewesen wie bei A-huan, doch ich war in meinem Krankenhauszimmer ganz allein. Nicht einmal Siebter Bruder kam mich besuchen, weil er fand, daß ein Mann im Zimmer einer jungen Mutter nichts verloren habe.

Während der gesamten Entbindung gab ich kein Wort von mir, und danach sagte mir der deutsche Arzt auf französisch (ich mußte mich auf französisch mit ihm verständigen), ich sei die tapferste Patientin, die er jemals gesehen habe. Als er mir den Jungen zeigte, brach ich beinahe in Tränen aus, weil ich ein Mädchen gewollt hatte, das mir und nicht Hsü Chih-mo ähneln sollte.

Ich blieb etwa eine Woche im Krankenhaus, da ich starke Blutungen hatte. Als es Zeit für mich wurde, in die kleine Wohnung zurückzukehren, die ich mir mit Siebtem Bruder teilte, geschah etwas, das ich nicht erklären kann. Ich hatte plötzlich fürchterliche Angst, das Baby mit nach Hause zu nehmen. Ich hatte nicht die leiseste Ahnung, wie man in Berlin für einen Säugling sorgte. Wo würde ich die Decken, die Fläschchen und die Wiege kaufen? Ich hatte nichts vorbereitet; wahrscheinlich hatte ich gedacht, das Kind ignorieren zu können, bis es erst einmal da wäre. Die Vorstellung, es alleine großzuziehen, war mir plötzlich zuviel.

Als der Arzt am nächsten Tag seine Visite machte, fragte ich ihn, ob ich meinen Sohn vielleicht für eine Weile im Krankenhaus lassen könnte.

Er runzelte die Stirn und erklärte mir, das Baby sei völlig gesund. Es gebe keinen Grund, ihn dazubehalten.
»Ja, ich weiß«, erwiderte ich. »Aber ich kann mich nicht um ihn kümmern.« Er sah sich meinen Krankenbericht am Fußende des Bettes an und lächelte beruhigend. »Es geht Ihnen gut, Madame. Machen Sie sich keine Sorgen. Sie sind stark genug.«
»Nein, bitte«, sagte ich. »Erlauben Sie mir, ihn nur für eine kleine Weile im Krankenhaus zu lassen. Ich weiß nicht, was ich tun soll, wo ich hin soll.«

Vom Krankenhaus aus rief ich Siebten Bruder an, er solle mich abholen. Während meiner ganzen Schwangerschaft hatte ich nichts von Hsü Chih-mo gehört. Doch als ich jetzt aufgedunsen und schwach und ohne meinen Sohn aus dem Krankenhaus kam, erwartete mich eine Nachricht von ihm. Es war ein Umschlag mit seiner Handschrift, der offenbar nicht mit der Post geschickt, sondern vorbeigebracht worden war.
Siebter Bruder sagte, daß John Wu den Brief in der Wohnung abgegeben habe. John Wu war ein Freund von uns, der an der Universität von Michigan Jura studiert hatte und jetzt mit einem weiteren Stipendium in Berlin war. Von allen chinesischen Studenten im Ausland war John einer der klügsten. Später wurde er Präsident des Obersten Gerichtshofes in Shanghai und übersetzte die Psalmen und das Neue Testament ins Chinesische.
Als Siebter Bruder meine Sachen in mein Zimmer brachte, fragte ich ihn nach Johns Telefonnummer. John war selbst am Apparat und räusperte sich nervös, als ich mich ihm zu erkennen gab.
»Nun ja, Hsü Chih-mo hat mich gebeten, Ihnen diesen Brief zu geben«, erklärte er.
»Das heißt, daß er in der Stadt ist«, sagte ich. »Wo ist er? Ist

er bei Ihnen?« Ich merkte, wie mir meine Stimme außer Kontrolle geriet.
»Das ist doch unwichtig«, sagte John, der sich darüber zu ärgern schien, daß er mir einen Hinweis auf Hsü Chih-mos Aufenthaltsort gegeben hatte. »Lesen Sie einfach den Brief.«
Normalerweise verbrachte Siebter Bruder den Nachmittag mit mir in der Wohnung, doch heute kam er mit Büchern unter dem Arm aus seinem Zimmer.
»Ich muß arbeiten«, rief er mir über die Schulter zu. »Ich bin heute abend wieder da.«
Ich machte es Siebtem Bruder nicht zum Vorwurf, daß er ging. Warum sollte er sich in all meine Probleme hineinziehen lassen? Ich nahm den Brief und hielt ihn minutenlang in der Hand, während ich mir überlegte, was wohl darin stehen würde. Hsü Chih-mo hatte so lange damit gewartet, Kontakt zu mir aufzunehmen. Ich hatte monatelang auf dem Land in Frankreich auf Kosten anderer gelebt und gerade sein Kind zur Welt gebracht, ohne zu wissen, wo er war; so viel hatte ich alleine durchgemacht. Und jetzt dieser Brief. Was würde er darin schreiben? Würde er mir erklären, daß ich Schwiegertochter der Familie Hsü, aber nicht mehr Hsü Chih-mos Frau sein könne? Würde sein Brief irgend etwas an meinen Gefühlen ändern? Nachdem ich ein halbes Jahr getrennt von ihm und seiner Familie gelebt hatte, wußte ich, daß ich auf eigenen Füßen stehen konnte, wie schwach ich mich auch momentan fühlte und was der Brief mir auch sagen würde.
Ich riß den Umschlag mit einem Finger auf und faltete den Brief vorsichtig auseinander. Er war in Hsü Chih-mos flüssiger, schöner Handschrift geschrieben und teilte mir mit, daß eine Ehe, die sich nicht auf Liebe gründe, unerträglich sei. Mein Mann wollte die Scheidung von mir und schrieb:

*Wirkliches Leben muß durch Kampf gewonnen werden; wirkliches Glück muß durch Kampf gewonnen werden; wirkliche Liebe muß durch Kampf gewonnen werden! Unser beider Zukunft ist unbegrenzt; unser beider Denken drängt auf Gesellschaftsreform; unser beider Denken drängt darauf, das Wohlergehen der Menschheit zu erreichen. All dies hängt von unserem beispielhaften Leben ab. Mit Mut und Entschlossenheit und dem notwendigen Respekt vor unseren Persönlichkeiten müssen wir einer Scheidung aus freien Stücken zustimmen, um auf diese Weise den Schmerz zu beenden und das Glück einzuleiten.*

Er erwähnte weder unseren Sohn noch sein plötzliches Verschwinden oder die Verbindung, die unsere Eltern sich für uns gewünscht hatten. Ich spürte, daß Hsü Chih-mo weniger zu mir sprach als zu einer Menschenmenge oder zu einer Gruppe von Geschichtsschreibern. Was meinte er mit unserer »grenzenlosen Zukunft« und unserem Streben »nach dem Wohl der Menschheit«? Wann hatte ich jemals solche Neigungen an den Tag gelegt? Sein Brief erinnerte mich an den Abend in Xiashi, an dem er in unserem Schlafzimmer auf und ab gegangen war und gesagt hatte, daß er als erster Mann in China eine Scheidung durchsetzen würde.

Ich rief John Wu noch einmal an und sagte ihm, daß ich mit Hsü Chih-mo sprechen wolle. Ich nahm an, daß Hsü Chih-mo bei ihm wohnte. John erwiderte, daß er mir nicht sagen würde, wo sich Hsü Chih-mo befände. Ich antwortete, das sei mir egal, dann solle er Hsü Chih-mo ausrichten, daß ich ihn morgen früh bei John Wu treffen wolle.

»Ich will Hsü Chih-mo persönlich sprechen«, sagte ich zu John. Schließlich hatte Hsü Chih-mo in seinem Brief die Scheidung von mir verlangt! Nicht einmal um mir das zu sagen, hatte er mich aufgesucht.

Nachdem ich mit John Wu gesprochen hatte, lief ich ins Badezimmer, weil ich seit der Geburt immer noch Blutungen hatte. Den restlichen Tag verbrachte ich im Bett und ruhte mich aus. Ich wollte am nächsten Tag, wenn ich Hsü Chih-mo treffen würde, so stark wie möglich sein. Seit sechs Monaten hatte ich ihn nicht gesehen, und ich wollte ihm zeigen, daß es mir alleine, nachdem er mich in Sawston sitzengelassen hatte, gut ergangen war.

Als Siebter Bruder an diesem Abend nach Hause kam, kochte er eine einfache Mahlzeit für uns, und wir aßen schweigend. Er war zu diskret, um mich zu fragen, was geschehen war, und so sagte auch ich nichts. Ich wußte es ja selbst noch nicht.

Am nächsten Tag mietete ich einen Einspänner, um zu John Wu zu fahren. Er lebte weitab vom Zentrum mit anderen Studenten in einem Haus, und es war ein langer Weg. John begrüßte mich verlegen und führte mich in ein großes Wohnzimmer mit Erkerfenstern, die auf einen kleinen Garten zeigten. Im Raum verteilt lagen auf Notenständern aufgeschlagene Bücher; das war anscheinend Johns Art zu lernen.

Dann sah ich Hsü Chih-mo. Er sah größer und stärker aus, als ich ihn in unserem dunklen Cottage in Sawston in Erinnerung behalten hatte. Ich spürte sofort seine Entschlossenheit, aber auch seine Sorge. Vier seiner Freunde waren ebenfalls da und schlichen um ihn herum, als wollten sie ihm Mut machen. Ich kannte nur zwei von ihnen, John Wu und Jin Yuelin. Jin hatte in den Staaten Philosophie studiert und verbrachte jetzt einige Zeit in Deutschland. Ich sprach Hsü Chih-mo als erste an, weil ich ihm zeigen wollte, daß ich die Dinge unter Kontrolle hatte.

»Du willst also die Scheidung – das ist sehr einfach«, fing ich an.

»Ich habe es schon meinen Eltern gesagt, und sie sind einverstanden«, sagte er.

Ich konnte nicht verhindern, daß mir die Tränen in die Augen traten, als er Lao Ye und Lao Taitai erwähnte. Wie hatten die beiden die Neuigkeit wohl aufgefaßt?

Dann dachte ich an meine eigenen Eltern. Ich antwortete Hsü Chih-mo: »Du hast Eltern, aber ich habe auch Eltern.

Laß mich, wenn es möglich ist, auf die Erlaubnis meiner Eltern warten.«
Er schüttelte ungeduldig den Kopf. »Nein, nein, dafür bleibt keine Zeit. Du mußt jetzt unterschreiben. Lin Huiyin –« Er unterbrach sich kurz und sprach dann weiter: »Lin Huiyin geht zurück nach China. Ich brauche die Scheidung sofort.«
Als Hsü Chih-mo Lin Huiyins Namen erwähnte, fragte ich mich, warum er mir in seinem Brief von Mut und Idealen vorgeschwärmt hatte. Er wollte mit seiner Freundin zusammensein; darum war er so in Eile. Wenn Leute mich heute fragen, ob ich glaube, daß Hsü Chih-mo im Hinblick auf unsere Scheidung ein Revolutionär war, dann antworte ich mit einem klaren Nein. Er hatte eine Freundin, und das war ihm das Wichtigste. Wenn er sich gleich am Anfang von mir hätte scheiden lassen, damals als er mir verkündete, er wolle der erste Mann sein, der in China eine Scheidung durchsetzte, dann hätte ich geglaubt, daß starke Überzeugungen hinter seinem Tun stünden. Dann würde ich heute sagen, daß Hsü Chih-mo allerhand Courage brauchte, um sich von mir scheiden zu lassen.
Nur weil Hsü Chih-mo es eilig hatte, Lin Huiyin zu bekommen, ließ er mir keine Zeit, die Erlaubnis meiner Eltern einzuholen. Ich war dazu erzogen worden, die Älteren zu respektieren, und jetzt würde ich die Verbindung, die meine Eltern sich für mich gewünscht hatten, auflösen, ohne sie um Erlaubnis zu bitten.
In dem Schweigen, das meine Gedanken begleitete, trat Hsü Chih-mo, den meine Bitte völlig kalt zu lassen schien, auf mich zu, die Scheidungsunterlagen in der Hand.
»Na gut«, sagte ich langsam und atmete tief durch. Mein Körper schmerzte noch von den Qualen der Entbindung, und ich fühlte mich wie erschlagen. Der einzige Grund, warum ich zustimmte, war meine in Frankreich getroffene Entscheidung, mein Tun nicht länger nur nach den Werten der Ver-

gangenheit zu richten. Obwohl es mir weh tat, so respektlos zu handeln, willigte ich ein, die Papiere zu unterschreiben, ohne zuvor die Erlaubnis meiner Eltern einzuholen.

»Wenn du denkst, daß diese Scheidung richtig ist, dann werde ich es tun«, sagte ich, und erst später wurde mir klar, daß meine Worte unterwürfig und nicht modern klangen.

Er schien sehr erfreut und lächelte, während er mir die Papiere entgegenhielt. »Wunderbar, wunderbar. Weißt du, all das ist so dringend notwendig. China muß sich von seinen alten Traditionen befreien.«

Er legte die Dokumente auf den Tisch und zeigte mir, wo ich unterschreiben mußte. Die Papiere waren in Chinesisch verfaßt und besagten, daß beide Personen aus freien Stücken beschlossen hatten, ihre Ehe zu beenden. Ich sollte als Unterhaltszahlung fünftausend Yuan erhalten. Das Geld bekam ich nie. Hsü Chih-mo hatte bereits unterzeichnet, genauso wie die vier Zeugen; nur noch meine Unterschrift fehlte.

»Hier«, sagte ich leise, das Schweigen brechend, nachdem ich viermal meinen Namen geschrieben hatte. Ich sah Hsü Chih-mo so direkt in die Augen, wie es mir an unserem Hochzeitstag nicht gelungen war. »Jetzt such dir eine bessere Frau.«

Hsü Chih-mo war überglücklich. Seine Freunde umringten uns, um ihm zu gratulieren. Alle wollten ihm die Hand schütteln. Er strahlte, außer sich vor Freude.

Er bedankte sich sogar bei mir; mit einer dramatischen Geste hielt er plötzlich inne und richtete sich an mich und all seine Freunde und höchstwahrscheinlich, so dachte ich, an die ganze Welt. »Du, Chang Yu-i, wolltest es nicht tun, doch du mußtest. Du mußtest, weil wir anderen ein Vorbild sein mußten. Wir mußten die erste Scheidung durchsetzen.«

Ich nickte, obwohl mir von dem, was ich gerade getan hatte, beinahe übel war. Diese Männer hätten auch an meiner Hochzeit teilgenommen. Wie merkwürdig, daß sie nun bei meiner Scheidung um mich herumstanden.

Kaum hatte ich die Scheidungspapiere unterzeichnet, wollte Hsü Chih-mo unser Kind sehen. »Warum hast du ihn im Krankenhaus gelassen?« wollte er wissen, und ich dachte für mich: Was geht dich das noch an?
Wir gingen ins Krankenhaus und stellten uns vor das Fenster der Entbindungsstation, um das Kind in seinem Bettchen anzuschauen. Ich fühlte mich merkwürdig, wie losgelöst von Hsü Chih-mo, von unserem Kind und selbst von den Schmerzen, unter denen ich seit der Geburt litt. Hsü Chih-mo preßte verzückt sein Gesicht gegen die Scheibe. Er sah unseren Sohn voll grenzenloser Liebe an, aber er fragte mich nicht ein einziges Mal, wie ich ihn ernähren und wie er leben würde. Hsü Chih-mo schien mich als Mutter des Kindes kaum zur Kenntnis zu nehmen. Während er unseren Sohn bewunderte, drehte er sich nicht ein einziges Mal zu mir um. Eine der Krankenschwestern, die sich um mich gekümmert hatte, kam vorbei, sah mich mit Hsü Chih-mo und lächelte. Da ist der Vater ja endlich gekommen, schien sie zu sagen, und ich fragte mich, ob wir aussahen wie die anderen Paare im Krankenhaus, junge Mütter und Väter, die lächelten und glücklich mit sich und ihren Babys davongingen.

## Oh Dichter!

Der Wendepunkt in ihrem Leben, an dem Yu-i in Frankreich angelangt war, erinnerte mich an die Theorie der »entscheidenden Momente«, von der mein Vater immer sprach, als wir klein waren. Yu-i hatte sich in einer wichtigen Phase ihres Lebens aus eigener Kraft von ihrer Verzweiflung losgesagt. Sie hätte den Selbstmord wählen können, doch statt dessen beschloß sie durchzuhalten. Ich war sehr stolz auf sie.

Auch Hsü Chih-mo war in gewisser Weise zu sich gekommen. Es war so, als hätten ihn die Trennung von Yu-i und später die Scheidung von etwas befreit. In einem Essay mit dem Titel »Das Cambridge, das ich kannte«, der 1924 veröffentlicht wurde, berichtet er, wie wenig er Cambridge kennenlernte, als er zunächst mit seiner Frau dorthin zog. Doch im Herbst 1921 kehrte er für ein volles Studienjahr alleine nach Cambridge zurück.

»In dieser Zeit hatte ich endlich Gelegenheit, mich dem wirklichen Leben in Cambridge zu nähern und diese Stadt zu entdecken! Nie zuvor hatte ich ein so intensives Glücksgefühl erlebt«, schrieb er.

Den Cam bewundernd, räkelte er sich auf den Rasenflächen hinter den Colleges der Stadt. Und er verbrachte viel Zeit mit seinen Freunden Goldsworthy Lowes Dickinson, E.M. Forster und dem Literaturkritiker I.A. Richards, mit denen er sogar eine offizielle Englisch-Chinesische Gesellschaft gründete. In einem seiner frühesten, uns erhaltenen Gedichte, einem Entwurf, der vom 23. November 1921 datiert ist, schrieb Hsü Chih-mo:

*Oh Dichter! Warum weigert sich der Frühling, der doch schon*
*andere Menschen berührt hat,*
*Immer noch, freizusetzen deine*
*Quellen schöpferischer Energie?*

*Lache, lache laut!*
*Die Gebirgsketten im Norden und im Süden haben noch nicht*
*alle ihre Juwelen ausgespieen,*
*Und auch die Ozeane im Osten und im Westen haben noch nicht*
*alle ihre Perlen verstreut.*

*Weich, weich die Klänge der Flöten, der Saiten,*
*Trinke tief vom Licht der Sterne, der Sonne und des Mondes!*

*Oh Dichter! Wieso weigert sich der Frühling, der doch schon*
*andere Menschen berührt hat,*
*Immer noch, freizusetzen deine*
*Quellen schöpferischer Energie?*

Wie konnte Hsü Chih-mo diese entrückten, vergeistigten Verse dichten, nachdem er allen, die ihn liebten, solches Leid zugefügt hatte? Während ihm diese dichterische Offenbarung zuteil wurde, hatte seine schwangere Frau nicht die geringste Ahnung, wo er sich aufhielt.

Wieder fragte ich Yu-i, ob sie nicht wütend auf Hsü Chih-mo sei, und immer erwiderte sie: »So ist das nun einmal« oder »So sind eben die Künstler«.

Ich hatte den Eindruck, als sei Yu-is Vorstellung von einem Künstler – einem Menschen, der jenseits der Pflichten des realen Lebens steht – nicht allzu weit von dem entfernt, wie Hsü Chih-mo sich selbst als Dichter sah. Er schrieb: »Die eigentliche Betätigung eines Dichters besteht darin zu träumen. Der wahre Poet ist jemand, der, versunken in seinen Träumen, im Geiste weit über den lichten Wolken schwebt und nach Lust und Laune und voller Willkür Fragmente und Zeilen ersinnt.«

Hsü Chih-mo erklärte Yu-i an jenem Nachmittag in Berlin, daß er die Scheidung sofort brauche, da Lin Huiyin nach China zurückkehre. Als ich mehr über Lin Huiyin las, erfuhr ich, daß sie und ihr Vater zum Zeitpunkt der Scheidung bereits in China waren; sie hatten England schon fünf Monate zuvor verlassen. Was hatte Hsü Chih-mo meiner Großtante da erzählt? Hatte er sie angelogen? Oder wollte er zu diesem Zeitpunkt wirklich sofort nach China zurückkehren, um Lin Huiyin zu folgen? Tatsächlich fuhr er erst im Oktober 1922 nach China zurück, sieben Monate nach der Scheidung. Zunächst ging er wieder nach Cambridge, um dort endlich Dichter zu werden.

Da sie von Lin Huiyin wußte, hatte Yu-i behauptet, daß Hsü Chih-mo ihrer Meinung nach keinen besonderen Mut brauchte, um sich von ihr scheiden zu lassen. Ich war stolz auf Yu-i. Es zeigte, daß sie wirklich verstanden hatte, was diese Trennung tatsächlich bedeutete.

Ich selbst war empört über ihre Scheidung. Während ich über Yu-is Leben schrieb, hatte ich mich dermaßen in ihre Geschichte hineinvertieft, daß ich begann, mir andere Möglichkeiten und Entwicklungen vorzustellen, die sich von dem, was wirklich passiert war, unterschieden. In meiner Phantasie nahm ihr Leben langsam eine fiktive Realität an. Warum mußte sie sich eigentlich scheiden lassen? Und was wäre geschehen, wenn Yu-i genauso gebildet gewesen wäre wie Lin Huiyin? Hätte sich Hsü Chih-mo dann statt dessen in Yu-i verliebt?

Was ich in meinen Recherchen über den Umgang mit Scheidungen im damaligen China herausfand, bestätigte die Äußerungen von Zweitem Bruder. Höchstwahrscheinlich fiel die Scheidung von Hsü Chih-mo und Yu-i unter einen neuen Entwurf des Zivilrechts, demzufolge die Ehepartner, sofern sie keine harmonische Beziehung führten, beschließen konnten, die Ehe zu beenden. Da Hsü Chih-mo jedoch unter drei-

ßig und Yu-i unter fünfundzwanzig war, mußte die Erlaubnis der Eltern eingeholt werden.
War die Scheidung eigentlich, obwohl Yu-i nicht die Erlaubnis ihrer Eltern hatte, legal? Ich konnte die Originaldokumente nicht finden, kam aber zu der Überzeugung, daß offenbar die Art und Weise, wie die Beteiligten mit der Scheidung umgingen, wichtiger war als ihre Legalität auf dem Papier. Nachdem Yu-i und Hsü Chih-mo die Dokumente unterzeichnet hatten, betrachteten sich beide als geschiedene Leute. Daß Yu-i die fünftausend Yuan Unterhaltszahlung niemals erhielt, störte sie nicht. Sie sagte voller Stolz, daß sie »für die Scheidung niemals auch nur einen Pfennig von den Hsüs bekommen« habe, obwohl sie es hätte fordern können. Yu-i stand von nun an wirklich auf eigenen Füßen.

幼儀

Wenn ich an mein Leben denke, dann gibt es immer ein »vor Deutschland« und ein »nach Deutschland«. Vor Deutschland machte mir alles angst. Nach Deutschland hatte ich vor nichts mehr Angst. Nach meiner Scheidung blieb ich drei Jahre in Deutschland und lernte einen Beruf: Ich wurde Kindergärtnerin. Abgesehen von ein paar Monaten in Hamburg lebte ich die ganze Zeit mit meinem Sohn und einer deutschen Freundin namens Dora Berger in Berlin. Als ich im Frühjahr 1925 nach China zurückkehrte, war ich ein viel stärkerer Mensch, der sich vor nichts mehr fürchtete. Ich verdanke meiner Zeit in Deutschland sehr viel. Unmittelbar nach der Scheidung, als das Baby noch so klein war, machte mich der Gedanke, ganz alleine zu leben, furchtbar nervös. Ich dachte sogar daran, nach Xiashi zurückzukehren, um dort mit meinem jüngsten Sohn zu leben. Doch ich hatte mir geschworen, daß ich versuchen würde, mich alleine durchzuschlagen, und der beste Ort, um dies zu lernen, war nun einmal Europa. Da ich mich außerdem ohne die Erlaubnis meiner Eltern hatte scheiden lassen, wäre es sehr dreist von mir gewesen, sofort nach Hause zurückzukehren, so als wäre nichts geschehen. Ich hatte meinen Eltern erzählt, daß Hsü Chih-mo und ich getrennt lebten, da wir eine unterschiedliche Ausbildung machten. In ein paar Jahren, so überlegte ich mir, hätten sich meine Eltern daran gewöhnt, daß ich alleine, ohne Hsü Chih-mo, in Europa lebte. Dann würde ich nach Hause zurückkehren und ihnen die Wahrheit sagen.

Wie sich herausstellte, war es ein großes Glück für mich, daß ich zuerst eine Weile allein in Deutschland blieb, denn als ich nach China zurückkam, wurde immer noch über die Scheidung geredet. Und da waren schon drei Jahre vergangen. Kannst du dir das vorstellen? Wenn ich in Deutschland keine eigene Persönlichkeit entwickelt hätte, dann hätte ich diesen Aufruhr nicht ertragen können. Ich hätte mich dafür geschämt, in irgendeiner Weise doch die Verantwortung für diese Scheidung zu tragen, anstatt stolz darauf zu sein, daß ich sie überstanden hatte. Ich hätte mich sehr darüber aufgeregt, daß die Leute über mich redeten. Das Schlimmste, was ich jemals ertragen mußte, war eine Zugfahrt, bei der mir im Abteil zwei Frauen gegenübersaßen, die meinen Fall diskutierten.

»Chang Yu-i muß sehr häßlich und altmodisch sein«, sagte eine von ihnen.

Die andere stimmte ihr zu. »Warum hätte Hsü Chih-mo sie sonst verlassen?«

Diese Frauen wußten nicht, daß ausgerechnet ich ihnen gegenübersaß. Sonst wäre es ihnen äußerst peinlich gewesen! Doch nach meiner Erfahrung in Deutschland wußte ich, daß ihre Kommentare nur ein Teil der Wahrheit waren.

1922 ließ ich mich in Berlin nieder. Erst zwei Jahre zuvor war durch die Vereinigung von acht umliegenden Städten, etwa fünfzig ländlichen Gemeinden und an die dreißig Dörfern das sogenannte Groß-Berlin entstanden. Berlin war jetzt die größte Industriemetropole des Kontinents und das größte Handels- und Bankzentrum, der wichtigste Börsenplatz, der bedeutendste Verkehrsknotenpunkt und der zweitgrößte Binnenhafen der deutschen Republik. Im Jahr meiner Ankunft hatte man gerade eine achtzehn Kilometer lange Autobahn, die Avus, gebaut, und überall schossen Hotels, Cafés, Kaufhäuser und Restaurants aus dem Boden.

Erst vier Jahre zuvor war Deutschland mit schweren Verlusten aus dem Ersten Weltkrieg hervorgegangen und hatte sich vom Kaiserreich in eine Republik verwandelt. Der Niedergang der Weimarer Republik hatte eine massive Abwertung der Mark zur Folge. Wenn man morgens einen Pelzmantel kaufte, konnte man abends für das gleiche Geld nur noch ein Brot bekommen. Die Mark war damals eine extrem schwache Währung. Lao Ye schickte mir jeden Monat eine Summe, die zweihundert US-Dollar entsprach, und ich tauschte seinen Scheck aus China gegen kleine Dollarnoten ein. Mit nur einem Dollar konnte man viele Dinge kaufen. Von Lao Yes Geld konnte ich für Miete, Essen, Schulgebühren und auch für die Hilfe einer Frau aufkommen, die in Deutschland meine engste Freundin werden sollte: Dora Berger.

Dora war eine freundliche, ruhige Frau Anfang Vierzig und eine Freundin von Zweitem Bruder aus seiner ersten Zeit in Deutschland, als er zwischen 1913 und 1915 an der Universität von Berlin studierte. Weil sie Zweitem Bruder helfen wollte, erklärte sich Dora bereit, mit mir zusammenzuziehen und mir zu zeigen, wie man in Berlin zurechtkam.

Ich weiß nicht, was ich ohne ihre Hilfe gemacht hätte. Sie fand eine Sprachlehrerin für mich und half mir, mich am Pestalozzi-Fröbel-Haus zu bewerben, einer Schule, die sich auf die Ideen des Schweizer Pädagogen Pestalozzi stützte. Ein paar Monate lang lernte ich intensiv Deutsch, dann begann die Schule. Zu dieser Zeit konnte ich bereis das meiste verstehen. Ich hatte mich außerdem für die Ausbildung zur Kindergärtnerin entschieden, weil hierfür die wenigsten Sprachkenntnisse nötig waren.

Im Bereich Kindergarten waren wir im Pestalozzi-Fröbel-Haus etwa fünfzig Mädchen. Da ich einige Zeit mit diesen Mädchen verbringen würde und nicht ständig gezwungen sein wollte, sie anzulügen, erzählte ich ihnen, wenn sie danach fragten, daß ich geschieden war. Sie reagierten nett darauf und sagten niemals ein böses Wort. Die meisten von ihnen waren unverheiratet, und als sie herausfanden, daß ich alleine für meinen kleinen Sohn zu sorgen hatte, waren sie noch freundlicher zu mir. Beim Kaffee*, den wir jeden Nachmittag um vier Uhr einnahmen, setzten sich immer einige von ihnen zu mir, um mich zu fragen, wie es mir ging.

Pestalozzi war ein Schweizer Pädagoge und Reformer, der an eine vollkommen andere Erziehung glaubte als jene, die meine Brüder unter dem Konfuzianismus genossen hatten. Pestalozzi glaubte, daß die Individualität jedes Kindes heilig sei und daß Kinder nicht durch mechanisches Auswendiglernen, sondern durch eine auf Liebe und Verständnis beruhende Selbstdisziplin Kenntnisse erwarben. Ein Pestalozzi-Lehrer sollte Kinder dazu ermutigen, mit Hilfe ihrer eigenen Sinneserfahrungen Wissen aufzunehmen, und seinen Unterricht immer auf die eigenen Erfahrungen und Beobachtungen der Kinder ausrichten.

Ich war sehr gut in der Schule, denn gerade beim Herstellen von Spielzeug oder beim Ausschneiden von Pappschablonen zeigte ich größeres Geschick als die meisten anderen Mädchen. Als wir einmal lernten, aus Streichholzschachteln Spielzeugautos zu basteln, wurde der Lehrer aus dem Klassenzimmer gerufen. Er winkte mich nach vorne, drückte mir seine

* deutsch im engl. Original, Anm. d. Übers.

Streichholzschachtel in die Hand und sagte: »Hier, zeigen Sie es den anderen, bis ich zurückkomme.«

Jeden Morgen, wenn ich Unterricht hatte, kümmerte sich Dora um mein Baby. Sie liebte es bald wie ihr eigenes Kind und erzog es von Geburt an wie einen deutschen Jungen, so daß er nur Deutsch sprach und nur deutsche Gerichte aß. Ich hatte ihn »Bide« genannt, was ein wenig wie der deutsche Name Peter klang; außerdem steckte das Schriftzeichen *de* aus *Deguo* darin, dem chinesischen Wort für Deutschland. Aber wir nannten ihn immer Peter, weil er ein Kind des Westens war. Nach ihren täglichen Einkäufen ging Dora mit Peter im Tiergarten spazieren. Wenn ich dann nachmittags aus der Schule nach Hause kam, erzählte mir Dora von den wundervollen Dingen, die Peter an diesem Tag getan hatte, daß er dem Brotverkäufer zugelächelt und die Affen angeniest habe. Sie war sehr gut zu Peter, spielte unermüdlich mit ihm und sagte ihm oft, wie sehr sie ihn liebte. Es ist komisch, aber wir Chinesen sagen unseren Kindern nie, daß wir sie lieben. Wenn wir sie ausschimpfen, dann schenken wir ihnen damit eine Form von Aufmerksamkeit, in der sich unsere Liebe ausdrückt. Ich sah Dora gerne zu, wenn sie mit Peter spielte; aus allem, was sie tat, machte sie ein Spiel.

Dora war meine erste richtige Freundin; noch nie hatte ich zu einem Menschen außerhalb meiner Familie ein so enges Verhältnis gehabt. Ich verstehe nicht, warum ich sie später aus den Augen verloren habe. Ich habe versucht, ihr zu schreiben, aber es fiel mir so schwer, auf deutsch zu schreiben.

In einem großen Haus nördlich des Tiergartens, das einer älteren Witwe gehörte, mieteten wir drei Zimmer. Die Benutzung des Salons blieb der Vermieterin vorbehalten, während Dora und ich mit Peter in den Räumen auf der anderen Seite des Flurs wohnten. Wir teilten uns die Toilette und eine Ba-

dewanne mit fließendem Warmwasser mit der Vermieterin. Unsere Lebensmittel verwahrten wir in unseren Zimmern, aber wir kochten immer in der Küche und aßen, manchmal auch mit der Vermieterin, im gemeinsamen Speisezimmer.
Es war gut, daß Dora mit mir zusammenlebte, denn ich glaube, daß eine alleinstehende Chinesin mit Kind auf Wohnungssuche keine Chance gehabt hätte. Wir zogen allerdings mehrmals um, weil Dora es mit manchen Dingen sehr genau nahm. Wenn es irgendwo nicht sauber war oder die Vermieterin sich über Kinder oder Chinesen in ihrem Haus beschwerte, war Dora nicht bereit, sich dies gefallen zu lassen, und wir zogen aus.
Wir wohnten in Berlin in drei oder vier verschiedenen Wohnungen und versuchten es bei jeder Vermieterin mit einer anderen Geschichte: Einmal war Peters Vater tot, ein anderes Mal beendete er gerade sein Studium in England, während ich weiter meiner Arbeit in Deutschland nachging. Einer Vermieterin erzählten wir sogar die Wahrheit von meiner Scheidung, aber sie sah mich so argwöhnisch an, daß ich mich wie eine Verbrecherin fühlte. Da ich anfangs noch nicht gut Deutsch konnte, mußte ich es ertragen, daß die Leute über meinen Kopf hinweg mit Dora sprachen. Sie hatten immer Angst, wir könnten die Miete nicht bezahlen; dann mußten wir sagen, daß meine reiche Familie für uns beide aufkäme oder daß ich ein großzügiges Stipendium der chinesischen Regierung hätte und Geld kein Problem sei. Aber solange wir an jedem Ersten des Monats im voraus bezahlten, beschwerten sich die Vermieterinnen nicht.
Dora kam aus Wien und hatte niemals geheiratet, obwohl sie schon über vierzig war. Frauen wie sie habe ich in Deutschland häufig erlebt. Ich habe Dora nie nach ihrer Vergangenheit gefragt, weil ich dachte, es ginge mich nichts an. Aber einmal hat sie mir ihre Geschichte von sich aus erzählt: Sie hatte lange auf eine Jugendliebe gewartet; der Mann war losgezogen, um einem Beruf nachzugehen, und hatte sie in ihrer

Heimatstadt zurückgelassen. Dann hatte er eine andere geheiratet und es Dora jahrelang nicht wissen lassen, so daß sie schließlich zu alt war, um zu heiraten.

Peter war ein schönes Kind mit großen Augen und weichem schwarzem Haar. Wenn wir mit ihm spazierengingen, wurden wir immer angesprochen. Was er am meisten liebte, war die Musik – jede Art von Musik außer chinesische Opern; wenn ich sie manchmal auf unserem Phonographen spielte, hielt er sich beide Ohren zu. Aber wenn Dora Wagner und Beethoven auflegte, war er glücklich und versuchte sogar, die Stücke mit einem richtigen Dirigentenstab, den ich für ihn gekauft hatte, zu dirigieren. Wenn er zappelig war, stellte ich den Phonographen an, und im selben Moment wurde Peter ruhig und hörte statt dessen aufmerksam zu. Und wenn Dora von einem Spaziergang mit dem kleinen Jungen einmal später nach Hause kam, dann wußte ich, daß sie wahrscheinlich zu lange vor dem Haus des benachbarten Pianisten stehengeblieben waren, der bei geöffneten Fenstern übte.

Jeden freien Moment verbrachte ich mit Dora und Peter. Ich hatte das Gefühl, daß die anderen Chinesen in der Stadt zu hochgeistig für mich waren. Ein- oder zweimal ging ich mit ihnen in die Oper oder zum Segeln auf dem Wannsee. Doch ich stand außerhalb ihrer Gruppe. Ich war nicht informiert genug, um über Politik und Literatur zu diskutieren. Und ich glaube, daß sie sich manchmal nur wegen der Scheidung für mich interessierten.

»Ah, Sie sind Chang Yu-i«, sagte einmal einer zu mir, als wir einander vorgestellt wurden. Wenn ich Hsü Chih-mos Frau gewesen wäre, hätte er mich vollkommen ignoriert, weil ich nicht so gebildet war wie Hsü Chih-mo. Aber jetzt, nach der Scheidung, galt auch ich als modern.

Ich war anders als diese Chinesen. Sie konnten sich im Westen austoben, aber jederzeit zu ihren Familien zurückkehren und dort weiterleben, wie sie es früher getan hatten. Jetzt, da ich geschieden war, wußte ich nicht genau, wo oder wie ich nach meiner Rückkehr nach China leben würde. Lao Ye unterstützte mich in Deutschland finanziell, weil ich für einen Sohn der Familie Hsü sorgte. Aber was wäre, wenn ich nach China zurückkehrte? Würde ich Peter den Hsüs übergeben und alleine weiterleben müssen? Und wenn ich mit meinen Söhnen zusammenleben wollte, würden mich die Ältesten der Hsüs dann als Frau von Hsü Chih-mo betrachten, obwohl wir geschieden waren?

Von allen Chinesen in Berlin war einer besonders freundlich zu mir. Er hieß Lu Jiaren und kam mich mehrmals pro Woche besuchen. Er hatte sehr große, behaarte Bärenhände, und wir saßen oft zusammen und spielten mit Peter. Ich war bis dahin einem Mann noch nie so nahe gekommen, glaubte jedoch, daß er vor allem Peter sehen wollte. Während Lu Jiarens Besuchen blieb Peter bei mir im Wohnzimmer. Bei anderen Gästen schickte ich ihn mit Dora hinaus.

Lu Jiaren fragte mich eines Tages, als wir beim Tee zusammensaßen und Peter auf einer Decke auf dem Boden spielte: »Denken Sie eigentlich daran, noch einmal zu heiraten?«

Ich war damals noch sehr jung, um die dreiundzwanzig, aber Vierter Bruder hatte mir geschrieben, daß ich mich, um die Ehre der Familie hochzuhalten, in den nächsten fünf Jahren mit keinem Mann sehen lassen solle. Sonst würden die Leute denken, daß Hsü Chih-mo sich von mir hatte scheiden lassen, weil ich unkeusch war.

Ich wußte außerdem, daß zu Hause ein Sohn auf mich wartete, den ich noch nicht erzogen hatte; ich konnte in keine andere Familie einheiraten, solange ich meine Mutterpflichten nicht erfüllt hätte.

So überhörte ich den zärtlichen Ton in Lu Jiarens Stimme und sagte statt dessen, in meine Teetasse starrend, leise: »Nein, das tue ich nicht.«

Lu Jiaren ging kurz darauf und hörte von nun an auf, mich regelmäßig zu besuchen. Es war mir sehr unangenehm, daß er mich auf die Ehe angesprochen hatte; ich hatte niemals etwas zu ihm gesagt, was ihn hätte ermutigen können. Aber vielleicht hätte ich seine häufigen Besuche unterbinden sollen. Hatte er mir den Hof gemacht? Funktionierte so die Sache mit der »freien Partnerwahl«? War er in mich verliebt? Ich konnte mir nicht vorstellen, warum sich irgend jemand in mich verlieben sollte. Vielleicht wollte er mich auch nur heiraten, um ein ehrbarer Mann zu werden.

In dieser Zeit korrespondierte ich regelmäßig mit Lao Ye und Lao Taitai und erfuhr auf diesem Umweg Neues von Hsü Chih-mo. Im April 1923 luden Hsü Chih-mo und Zweiter Bruder den bengalischen Dichter und Nobelpreisträger, hinduistischen Mystiker und Lehrer Rabindranath Tagore nach China ein. Hsü Chih-mo und Lin Huiyin begleiteten ihn auf seiner zweiwöchigen Vortragsreise durch China als Übersetzer. In allen chinesischen Zeitungen prangten Fotos von ihnen. Ein Journalist verglich das Trio mit den drei Gefährten der kalten Jahreszeit: Lin Huiyin, die Pflaumenblüte, Hsü Chih-mo, der Bambus, und Tagore – mit seinem langen, weißen Bart und seiner Robe –, die Kiefer. Mit diesem wohlbekannten Bild wollte er ausdrücken, daß die drei gemeinsam für eine vereinte asiatische Kultur eintraten.
Es war merkwürdig, solche Neuigkeiten aus China zu hören und zu wissen, daß auch ich jetzt dort hätte sein können.
»Komm nach Hause«, schrieb mir Lao Taitai, so als wäre nichts geschehen. »Warum kommst du nicht endlich nach Hause?«
Mein Mann wollte mich nicht, wohl aber meine Schwiegereltern. »Ich kann nicht kommen«, antwortete ich ihnen. »Ich bin geschieden.«
»Aber du bist trotzdem unsere Schwiegertochter. Du wirst unsere Adoptivtochter sein«, schrieb Lao Taitai zurück.

Jetzt ergab es einen Sinn für mich, daß Hsü Chih-mo mir vorgeschlagen hatte, Schwiegertochter der Familie Hsü, aber nicht länger Hsü Chih-mos Frau zu sein. Was Lao Ye und Lao Taitai betraf, so war ich nach wie vor die Frau, die sie für ihren Sohn ausgewählt hatten. Ich hatte ihnen gut gedient, hatte ihnen zwei männliche Nachkommen geschenkt; ich hatte alles getan, was man von mir erwartete. Hsü Chih-mo jedoch hatte sie mit seinem offenen Ungehorsam schockiert, verärgert, peinlich berührt und verletzt. Aber ich konnte ihnen weder erklären, was Hsü Chih-mo gesucht hatte, noch konnte ich meinen Schwiegereltern klarmachen, daß ich sie nicht im Stich lassen wollte.

»Ich kann nicht nach Hause kommen«, antwortete ich schließlich. »Ich würde mich unwohl fühlen.«

Kurz nach seinem ersten Geburtstag begann Peter in Abständen krank zu werden; er bekam schlimmen Durchfall, der mit Atembeschwerden einherging. Dora und ich brachten ihn zu einem Arzt, den man uns empfohlen hatte. Er hieß Dr. Hess. Zuerst konnte er bei Peter nichts feststellen. Doch im Frühjahr 1923, Peter war anderthalb Jahre alt, entdeckten Dr. Hess und seine Kollegen einen Wurm in seinem Dünndarm. Sie sagten, Peter habe sich den Wurm von schlechter Milch zugezogen. Er steckte genau zwischen Darm und Haut, weshalb es keine Möglichkeit gab, an ihn heranzukommen. Dr. Hess schlug eine Klinik in der Schweiz vor, erklärte mir jedoch, daß sie sehr teuer sei und daß es keine Garantie gebe.

Die Chinesen glauben, daß ein Mensch in seinem Darm alles Mitgefühl und alle Zuneigung speichert, die man ihm entgegenbringt. Es war sehr traurig, daß ein so geliebtes Kind wie Peter gerade am Darm erkrankt war. Vielleicht lag es daran, daß ich ihn nicht gestillt hatte. Ich kann es nicht mit Sicherheit sagen. Ich schrieb Lao Ye und Lao Taitai, um ihnen die Diagnose mitzuteilen, und bat sie, mir bei der Entscheidung zu helfen. Lao Ye und Lao Taitai antworteten, man könne nichts tun; es sei nicht genug Geld da, um Peter in die Schweiz zu schicken. Da meine Schwiegereltern sehr vermögend waren, habe ich das nie verstanden. Vielleicht hatte Lao Ye durch all die kriegerischen Auseinandersetzungen in China Geld verloren – ich weiß es nicht. Wenn sie Peter einmal gesehen hätten, vielleicht wäre es dann anders gewesen. Aber er war mein Kind, ein Kind des Westens, und er würde China niemals erleben.

Im Winter 1924 kam Peter kaum noch zur Ruhe, weder am Tag noch in der Nacht, und es schockierte mich, mein Kind so leiden zu sehen. Das Atmen fiel ihm sehr schwer. Um ihn zu trösten, ließen wir den Phonographen laufen, bis die immergleichen Lieder in meinen Ohren widerhallten und die Nachbarn sich über den nächtlichen Lärm beschwerten. Zuerst konnte er kein Fleisch mehr essen, dann kein Brot und schließlich nicht einmal mehr Suppe. Doch sein Bauch schwoll immer mehr an, während seine anderen Körperteile von Tag zu Tag dünner wurden.

Nach einer langen Phase, in der es Peter besonders schlecht ging, wachte ich eines Nachts auf, weil er laut brüllte. Im Glauben, er hätte einen Alptraum, stürzte ich an sein Bett und sah, daß er hellwach war. Er hielt sich den Bauch und jammerte auf deutsch: »Mami, Peter hat Aua.«

Wir brachten ihn so schnell wie möglich ins Kinderhospital, wo sich Dr. Hess, der die Krankheit diagnostiziert hatte, seiner annahm. Peter starb am 19. März 1925, knapp einen Monat nach seinem dritten Geburtstag. Sein halbes Leben lang hatten Dora und ich gewußt, daß er sterben würde, doch als es schließlich geschah, war es für uns beide ein Schock. Wir waren wie erstarrt, konnten kaum weinen und kaum essen.

Wir ließen ihn einäschern und hielten anschließend eine Zeremonie für ihn ab. Etwa dreißig Menschen kamen: Lu Jiaren, einige Freunde von Zweitem Bruder, einige Mädchen aus der Schule und sogar eine Frau, die Dora und ich regelmäßig im Park getroffen hatten. Wie sie alle davon erfahren hatten, weiß ich nicht.

Dora und ich ließen die Urne in der Leichenhalle. Später, nachdem ich für den nächsten Abschnitt meiner Ausbildung am Pestalozzi-Fröbel-Haus nach Hamburg gegangen war, kehrte ich nach Berlin zurück, um die Urne dort abzuholen und mit nach Hause, nach Xiashi zu nehmen.

In der Nacht nach der Beerdigung wachte ich auf und hörte Dora, die ihr Schluchzen im Kopfkissen erstickte, im Nachbarzimmer weinen. Damals wurde mir klar, daß sie Peter genauso geliebt hatte wie ich. Wir drei waren eine Familie gewesen.

Jetzt, da Peter von uns gegangen war, kehrte Dora zu ihren Eltern nach Wien zurück. Nach unserer Trennung habe ich nie mehr mit ihr gesprochen, ihr nicht einmal geschrieben. Ich sprach zwar fließend Deutsch, konnte aber nicht gut genug schreiben, um meine Gefühle auszudrücken. Sie schickte mir einmal einen Brief. Es waren nur ein paar Zeilen, begleitet von einem Foto ihres Schreibtisches. Zuerst fand ich es merkwürdig, daß sie mir so ein Foto schickte. Doch dann sah ich, daß zwischen all ihren Andenken über dem Schreibtisch ein großes Foto von Peter den wichtigsten Platz einnahm. So sehr hatte Dora ihn geliebt.

Ein paar Jahre später, nachdem ich bereits nach China zurückgekehrt war, hörte ich die traurige Nachricht von Doras Tod. Körperlich und emotional geschwächt nach Peters Ableben, zog sie sich eine Lungenentzündung zu, von der sie sich nie wieder erholte. So hatte es meine kleine Familie in Deutschland nur kurze Zeit gegeben.

Am 26. März 1925, genau eine Woche nach Peters Tod, traf Hsü Chih-mo in Berlin ein. Ich hatte ihn seit unserer Scheidung, die schon drei Jahre zurücklag, nicht gesehen, und er schien vor Energie zu strotzen, während ich durch den Tod meines Sohnes geschwächt und gebrochen war. Hsü Chih-mo waren seit unserer Scheidung erfreuliche Dinge passiert. Er war im Oktober 1922 nach China zurückgekehrt, hatte dort einen Gedichtband veröffentlicht, war Tagores Übersetzer gewesen und hatte vor kurzem mit der Veröffentlichung der angesehenen literarischen Beilage der Pekinger Zeitung *Chenbao* begonnen.

Ich war natürlich überrascht, Hsü Chih-mo zu sehen. Er sagte, daß Lao Taitai sich wegen Peters Tod große Sorgen um mich gemacht und ihn gedrängt habe zu kommen. Ich nahm ihn mit in die Leichenhalle, wo er weinend die Urne mit Peters Asche umklammerte. Wie es in China üblich ist, hatte ich die Einäscherung des Körpers innerhalb von drei Tagen nach dem Tod veranlaßt, aber wenn ich gewußt hätte, daß wenige Tage später Hsü Chih-mo eintreffen würde, hätte ich vielleicht gewartet, damit er seinen Sohn noch einmal gesehen hätte.

## Die empfindsame Reise

Einige Monate nach der Scheidung kehrte Hsü Chih-mo nach China zurück und veröffentlichte seinen ersten Gedichtband, *Gedichte von Chih-mo*, der sofort ein Erfolg wurde. Er wurde als vielversprechendster Dichter des Jahres 1925 gefeiert und machte sich in seinen Essays und Gedichten zu einem intellektuellen Vorreiter, der westliche Reime, Metren und Themen in die chinesische Literatur einführte.

Die Art und Weise, wie er Yu-i behandelte, erweckte jedoch die Aufmerksamkeit seines Mentors, Liang Qichao. In einem langen Brief an Hsü Chih-mo schrieb Liang Qichao im Januar 1923:

> *Bisher hatte ich angenommen, es gebe zwischen Dir und Deiner Frau (auch wenn Du sie nicht mehr so nennen willst, werde ich es weiterhin tun) grundsätzliche Unvereinbarkeiten, und ich hatte vor, mich nicht mehr um diese Angelegenheit zu kümmern. Aber nun höre ich, daß Du ihr seit Deiner Rückkehr nach China weiterhin schreibst und sie mit Lob überhäufst. Warum nur hast Du so gehandelt? Es ist wirklich unverständlich.*

Dieser Brief, in dem Liang Qichao Hsü Chih-mo vorwirft, Yu-i, seinen beiden Söhnen, seinen Eltern und den Changs großes Leid zugefügt zu haben, bestätigte mich in gewisser Weise in meinem Gefühl gegenüber dieser Geschichte.

»Allein die Fähigkeit, anderen Menschen Gefühle entgegenzubringen, bedingt die übergeordnete Stellung des Menschen vor anderen Geschöpfen; wir können unser persönliches Glück nicht verfolgen, wenn dadurch andere leiden müssen«, schrieb Liang Qichao.

Lin Huiyin war Liang Qichaos Sohn, Liang Sicheng, versprochen. Liang Qichao liebte Hsü Chih-mo fast wie einen Sohn, doch nun wollte er ausgerechnet die Frau heiraten, die Liang Qichao für seinen eigenen Sohn ausgesucht hatte.
Als ich Hsü Chih-mos Antwort an Liang Qichao las, kam ich jedoch, anders als Yu-i, zu der Überzeugung, daß Hsü Chih-mo sich aus idealistischen Gründen und nicht bloß für Lin Huiyin hatte scheiden lassen:

*Ich trotze der feindlichen Kritik der Gesellschaft und kämpfe mit aller Kraft, nicht um die Qualen eines elenden Geschicks zu vermeiden, sondern um meinem Gewissen Ruhe zu verschaffen, meine Persönlichkeit zu festigen und meine Seele zu erretten.*
*Wer unter den Menschen strebt nicht nach tugendhaftem Mittelmaß? Wer ist nicht zufrieden mit der gegenwärtigen Situation? Wer fürchtet nicht Schwierigkeiten und Gefahr? Aber da sind einige, die sich losreißen und darüber hinausgehen. Ich will in dem Meer der Menschheit die Gefährtin meiner Seele suchen. Finde ich sie, dann ist das mein Glück. Finde ich sie nicht, dann ist das mein Schicksal.*
*Ach, mein Lehrer! Ich war bemüht, in den Tiefen meiner Seele aus meinen Idealen ein reines Juwel zu schaffen. Ich nähre es mit dem heißen Blut meines Herzens, auf daß es meine tiefsten Sehnsüchte ausstrahlen möge.*

Ich unterhielt mich außerdem mit einer Frau, die Lin Huiyin persönlich gekannt hatte: Sie hieß Wilma Fairbank und war mit einem Sinologieprofessor aus Harvard namens John Fairbank verheiratet. Mrs. Fairbank sagte, daß die Beziehung zwischen Hsü Chih-mo und Lin Huiyin ihrer Meinung nach eher romantisch als sexuell gewesen sei und daß ihr Verhältnis stark von der Literatur getragen wurde. Sie sagte, daß Lin Huiyin, wenn sie über Hsü Chih-mo sprach, stets Dichter wie Shelley und Byron erwähnt habe. Mrs. Fairbank zufolge war Hsü Chih-mo für Lin Huiyin der Inbegriff der romantischen Liebe.
Lin Huiyin habe Hsü Chih-mo geliebt, sagte Mrs. Fairbank,

aber sie hätte ihn niemals heiraten können. Lin Huiyin war das einzige Kind der ersten Konkubine ihres Vaters. Der Vater bevorzugte eindeutig die zweite Konkubine, die ihm einen Sohn geboren hatte. Mrs. Fairbank zufolge konnte sich Lin Huiyin deshalb nicht vorstellen, eine Beziehung zu führen, für die eine Frau ihretwegen verlassen wurde.
Ich beschrieb Yu-i diese Seite von Lin Huiyins Persönlichkeit, doch Yu-i gab der jungen Frau weiter die Schuld für die Scheidung. Wenn es Hsü Chih-mo schon schwerfiel, sich für einen Film zu entscheiden, so argumentierte sie, wie sollte er sich dann von sich aus zu einer Scheidung durchringen? Nein, er mußte dazu ermutigt worden sein.

Dann las ich Yu-i aus der Gedenkschrift mit dem Titel »Wode Bide«, »Mein Peter« vor, die Hsü Chih-mo für seinen Sohn verfaßt hatte.

*Peter, mein lieber Peter … Du wirst diese Worte niemals hören, doch meine Trauer um Dich soll mir Gelegenheit geben, meinen unterdrückten Gefühlen Ausdruck zu verleihen. In dieser unnatürlichen Welt gibt es viele andere Menschen, denen ähnliche oder sogar schlimmere Dinge widerfahren. Vielleicht werden diese Menschen mich anhören und Mitgefühl für mich aufbringen; zum Beispiel Deine Mutter, Peter; hat sie jemals einen einzigen Tag des Glücks und der Freude erlebt? Und dennoch zeigte sie in ihrer elenden Lage Einsicht, Geduld und, was noch beeindruckender ist, Mut und Entschlossenheit. Wenigstens sie wird, wie ich wohl hoffen darf, alle Feinheiten meiner Worte begreifen. Nur sie allein, dies wage ich zu sagen, wäre in der Lage, die Wahrheit meiner Gefühle zu deuten …*
*Mein Peter, ich wollte, wie ich anfangs gesagt habe, diese Gelegenheit nutzen, um meinen Gefühlen Ausdruck zu verleihen, die ich im Laufe der Jahre unterdrückt habe. Aber das ist alles andere als leicht. Was ich sagen will, scheint mir auf der Zunge zu liegen, doch wenn ich versuche, es auszudrücken, wird es unaussprechbar. Meine Worte sind wie junges, zartes Gras, das unter einem schweren Felsen wächst. Ich brauche Kraft, um diesen schweren Felsen anzuheben und das zarte Gras mit seinen Wurzeln auszureißen, ohne es zu beschädi-*

*gen. Gott weiß, wie tief diese Wurzeln schon gewachsen sind! Sind es Wurzeln des Hasses, des Grolls, der Reue oder der Melancholie? Vielleicht sind es Wurzeln des Hasses, des Grolls, der Reue und der Melancholie.*

*Erst wenn Knöchel und Schienbein eines Wanderers von Dornen zerstochen werden, merkt er, wie beschwerlich sein Weg ist. Doch warum gibt es überhaupt Dornen? Wachsen sie dort von selbst, oder werden sie absichtlich von einem anderen Menschen gesät? Oder sät sie vielleicht der Wanderer selbst? Wie dem auch sei, du kannst nicht den Dornen alle Schuld geben, weil es der Weg ist, den Du gewählt hast, und die Wunden daherrühren, daß Du auf die Dornen trittst; die Dornen kommen nicht auf Dich zu, um Dich von sich aus zu stechen …*

*Peter, Du kamst in diese sterbliche Welt wie ein Gast, der nicht lange verweilt. Was Du kennenlerntest, war die Liebe Deiner gütigen Mutter, die Wärme der Sonne, die Schönheit der Blumen und Gräser. Du hast den Busen Deiner Mutter verlassen, um in die Arme Gottes zurückzukehren. Ich bin sicher, er hört sich nun freudig an, was du über deinen Aufenthalt auf dieser Erde zu berichten hast … Deine kleinen Füße blieben von jenen gnadenlosen Dornen verschont, und die weißen Kleider, die Du trugst, als Du kamst, wurden niemals von Schlamm beschmutzt.*

Als ich diesen Text las, beeindruckte mich trotz allem die Komplexität von Hsü Chih-mos Charakter. Warum ging ihm Peters Tod so nahe? Versuchte er nur, wie ein guter Vater zu wirken, oder war es mehr? Hatte er Schuldgefühle, weil er Yu-i anfangs gesagt hatte, sie solle das Kind abtreiben? Für mich klang es fast so, als bedauere er in gewisser Weise die Scheidung. Vielleicht hatte er angefangen, Yu-i zu schätzen.
Aber trotzdem konnte ich nicht glauben, daß Hsü Chih-mo dieses Kind nur einmal gesehen hatte und ihm dann eine solche Gedenkschrift widmete.
»Nun ja«, sagte Yu-i, nachdem sie sich den Text aufmerksam angehört hatte. »Das klingt nach einem Mann, dem sehr viel an der Familie liegt und der Verantwortung für sie übernimmt.«
»Aber«, fuhr sie fort, »wenn man ihn an seinen Taten mißt,

dann glaube ich kaum, daß er sich wirklich über solche Dinge Gedanken gemacht hat – ob wir genug Geld hatten oder wie wir lebten. Weißt du, so ist das nun einmal mit den Künstlern.«

幼儀 Hsü Chih-mo und ich fuhren nach Peters Tod zusammen nach Italien. Er schlug mir diese Reise vor, und ich hatte das Gefühl, daß ich wirklich eine Weile von allem wegkommen mußte, um mich zu erholen. Seit ich China vier Jahre zuvor verlassen hatte, hatte ich keinen freien Tag gehabt. In China hätte ich eine neunundvierzigtägige Trauerzeit eingehalten, aber hier in Europa schien es angebrachter, für mich zu sein, auf Reisen zu gehen und zu versuchen, alles zu vergessen.
War es merkwürdig für Hsü Chih-mo und mich, jetzt wieder gemeinsam zu reisen? Ich hatte nicht die Absicht, ein Hotelzimmer mit ihm zu teilen oder im Foyer herumzusitzen und auf ihn zu warten, so wie in London, als wir verheiratet waren. Außerdem fuhren Hsü Chih-mo und ich mit zwei Engländerinnen, mit denen er befreundet war, den Taylor-Schwestern. Ich verständigte mich mit den beiden Frauen in einem rudimentären Französisch – ich sprach immer noch kein Englisch – und war tagsüber in der Regel mit ihnen zusammen, während Hsü Chih-mo sich auf eigene Faust die Sehenswürdigkeiten ansah.
Beim Frühstück wartete Hsü Chih-mo jeden Morgen unruhig auf einen Brief oder ein Telegramm von seinem Freund Hu Shi aus China. Diese morgendliche Ungeduld erinnerte mich an sein Verhalten in Sawston. Ein paar Monate später erfuhr ich, daß ich nicht ganz falsch gelegen hatte. Hsü Chihmo hatte sich erneut verliebt, diesmal in ein Mitglied der feinen Gesellschaft von Peking namens Lu Xiaoman. Das ein-

zige Problem bestand darin, daß sie verheiratet war. Ihr Mann, der in der Mandschurei Polizeipräsident war, hatte von der Affäre erfahren und drohte damit, Hsü Chih-mo umzubringen.

Jeden Morgen beim Frühstück erhielt Hsü Chih-mo Briefe, die ihn wissen ließen, wann er es wagen könnte, nach China zurückzukehren.

Eines Morgens sah Hsü Chih-mo schließlich von einem Brief auf und sagte: »Gut, wir können jetzt abreisen.« Hu Shi schrieb, daß er nun sicher heimreisen könne. Der Ehemann hatte es sich anders überlegt und beschlossen, in die Scheidung einzuwilligen, anstatt zu versuchen, Hsü Chih-mo zu töten.

Erst im Laufe der Jahre habe ich alle Informationen zusammengetragen. Hsü Chih-mo lernte Lu Xiaoman im Sommer 1924 in Peking kennen. Sie war eine schöne junge Frau von zwanzig Jahren und begehrtester Gast auf allen diplomatischen Empfängen. Wenn sie einmal nicht an einer Party teilnahm, waren alle Leute enttäuscht. Als Tochter eines wichtigen Ministers sprach Lu Xiaoman Französisch und Englisch; sie konnte zeichnen, schreiben, tanzen und singen. 1920 hatte man ihre Hochzeit mit Wang Geng arrangiert, einem gutaussehenden Absolventen der Princeton University und der Militärakademie West Point, der Englisch, Französisch und Deutsch sprach.

Das junge Paar lebte zuerst in Peking, wo es über gemeinsame Bekannte mit Hsü Chih-mo zusammenkam. Als Wang Geng seine Stelle als Polizeipräsident in der Mandschurei annahm, wollte Lu Xiaoman Peking nicht verlassen; so ließ Wang Geng sie bei ihren Eltern zurück. Er bat Hsü Chih-mo, seine Frau zu verschiedenen gesellschaftlichen Ereignissen zu begleiten. Wie man munkelte, war die Freundschaft zwischen Hsü Chih-mo und Lu Xiaoman in dieser Zeit gewachsen. Andere Leute behaupteten, Hsü Chih-mo habe Lu Xiaoman kennengelernt, als beide für eine Wohltätigkeitsveranstaltung

auf der Bühne standen. Er spielte die Rolle eines alten Gelehrten und sie die eines niedlichen Mädchens. Nach dem Stück hatten sich die beiden angeblich ineinander verliebt.
Als Hsü Chih-mo mit mir in Italien war, befand er sich vermutlich auf einer »empfindsamen Reise«*, auf der er die Liebe zwischen ihm und Lu Xiaoman prüfen wollte. Fünf Monate blieb er weg und kehrte erst im August nach China zurück. Zu diesem Zeitpunkt hatte ich Berlin bereits verlassen, um meine Ausbildung in Hamburg fortzuführen.

Ich habe Hamburg nicht so gut kennengelernt wie Berlin. Dora war fort, Peter war fort, und selbst Zweiter Bruder hatte Jena verlassen, um nach China zurückzukehren. Meine kleine Familie in Deutschland existierte nicht mehr, und manchmal hatte ich das Gefühl, daß die Familie in China so sehr mit Hsü Chih-mos und Lu Xiaomans Geschichte beschäftigt war, daß sie mich darüber vergaß. Der monatliche Scheck von Lao Ye und Lao Taitai kam jetzt häufig zu spät und immer unregelmäßiger. Aber ich brauchte Geld für die Miete, das Essen und die Fähre, die mich jeden Tag zur Schule brachte. Einmal kam der Scheck so spät, daß ich mein restliches Geld und die mir verbliebenen Lebensmittel – ein Sack Kartoffeln – in zehn kleine Stapel unterteilte.
In zehn Tagen wird der Scheck schon kommen, redete ich mir ein. Zum Glück kam er tatsächlich.
Ich war nach Peters Tod extrem niedergeschlagen. Und ich fing an, mich zu fragen, ob es wirklich wichtig war, meine Ausbildung am Pestalozzi-Fröbel-Haus zu beenden. Peter war tot – ihm könnte ich nichts mehr beibringen –, und die wichtigsten Jahre in A-huans Kindheit hatte ich bereits verpaßt. Ich hatte außerdem das sichere Gefühl, daß ich mit dem,

* Anspielung auf den Roman *Yoricks empfindsame Reise durch Frankreich und Italien* von Laurence Stern (1768).

was ich bereits wußte, in China eine Arbeit finden und meinen Lebensunterhalt selbst verdienen könnte.

Im Frühjahr kamen plötzlich Briefe von Hsü Chih-mo und seinen Eltern. Die Scheidung von Wang Geng und Lu Xiaoman war durch. Aber Lu Xiaomans Mutter wollte der Hochzeit zwischen ihrer Tochter und Hsü Chih-mo erst zustimmen, wenn sie die Gewißheit hätte, daß er von mir geschieden war: Sie wollte nicht, daß Lu Xiaoman den Status einer Konkubine erhielt. Außerdem wollten Lao Ye und Lao Taitai die Hochzeit nur dann zulassen, wenn ich persönlich meine Zustimmung gegeben hätte. Die Hsüs und Hsü Chih-mo wollten, daß ich sofort nach China zurückkehrte. Ich war also direkt beteiligt. Daß Lao Ye und Lao Taitai mich ausdrücklich baten, nach China zurückzukehren, half mir, mein Gesicht zu wahren, und zeigte, daß sie mich immer noch respektierten. Wenn ich nach China zurückkehrte, dann nur, um ihnen zu helfen. Ich konnte die Hsü-Eltern nicht in dem Glauben lassen, mir sei es egal, was mit dem Ruf der Familie geschah, während Hsü Chih-mo mit Lu Xiaoman herumzog. Außerdem würde meine Rückkehr inmitten des Skandals um Hsü Chih-mo und Lu Xiaoman allen Leuten klarmachen, daß ich der Scheidung aus freien Stücken zugestimmt und mich seitdem alleine durchgeschlagen hatte.

Meine Brüder hatten schon immer ein Talent dafür, im richtigen Moment zur Stelle zu sein. Dieses Mal stand Achter Bruder, dein Großvater, vor der Tür, um mich nach Hause zu begleiten. Von all meinen Brüdern erinnerte mich dein Großvater am meisten an Hsü Chih-mo. Als er zu mir nach Hamburg kam, hatte er gerade fünf Jahre an der Clark und an der Columbia University studiert, die auch Hsü Chih-mo besucht hatte. Er schlug mir vor, auf demselben Weg nach China zu reisen, den Hsü Chih-mo genommen hatte, um nach Europa zu kommen: mit der Transsibirischen Eisenbahn. Ich habe es immer bedauert, daß du Hsü Chih-mo niemals kennengelernt hast, aber ich bin froh, daß du wenigstens deinen Großvater noch gekannt hast. Obwohl sie sechs Jahre auseinander waren, ähnelten sie sich sehr. Beide waren Träumer, und beide hatten ein großmütiges Wesen.

In den fünf Jahren, die ich in Europa verbrachte, waren Mutter und Baba aus dem Haus der Familie in Nanxiang nach Shanghai gezogen, hatten die meisten meiner Brüder zum Studium ins Ausland geschickt und bis auf Vierte Schwester alle meine Schwestern verheiratet. Als ich sie am Bahnhof wiedersah, hatte ich das Gefühl, eine Ewigkeit fort gewesen zu sein. Während meiner Abwesenheit waren die beiden um einiges gealtert.

»Wein doch nicht«, tröstete ich meine Mutter, die mich umarmte und hemmungslos an meiner Schulter schluchzte. Weder ich noch eins meiner Geschwister hatte ihr jemals ausdrücklich von der Scheidung erzählt, doch ich war mir sicher, daß sie ihre eigenen Schlüsse über Hsü Chih-mo und mich gezogen hatte. »Wenn ich alleine glücklich bin«, sagte ich zu ihr, das Wort »Scheidung« nach wie vor vermeidend, »dann ist das doch die Hauptsache.«

Als wir zu Hause angekommen waren, fragte mich Baba über mein Leben in Deutschland aus. Das war seine Art, mir zu sagen, daß ich gut alleine zurechtgekommen sei, ohne die Scheidung anzusprechen. Ich war überglücklich, daß er nicht mit mir schimpfte oder mich nicht verleugnete, weil ich mit der Tradition gebrochen hatte. Ich hatte meinen Vater immer für altmodisch gehalten. Doch selbst er konnte offenbar nicht über das hinwegsehen, was in unserem Land vor sich ging. Die westliche Lebensart hatte in China an Einfluß gewonnen. Schon während der Rikschafahrt vom Bahnhof nach Hause sah ich die Veränderungen mit eigenen Augen: Männer, die in den Haaren Pomade und an den Füßen spitze Lederschuhe trugen, Mädchen mit gewellten Bubiköpfen in weißen Gazeblusen, durch die ihre straffen Büstenhalter gut sichtbar hindurchschimmerten, und die zu ihren hautfarbenen Seidenstrümpfen Schuhe mit hohen Absätzen trugen.

Vom Haus meiner Eltern machte ich mich auf, Lao Ye und Lao Taitai in ihrer Shanghaier Hotelsuite zu besuchen. Als ich das Wohnzimmer betrat, verbeugte ich mich leicht vor jedem von ihnen und nickte Hsü Chih-mo, der auf einem Sofa am anderen Ende des Raumes saß, kurz zu. Mir sprang ein breiter grüner Ring an seinem Finger ins Auge, dessen Farbe von einer Reinheit war, wie ich sie nie zuvor gesehen hatte. Dieses Grün nannte man »die Jade, die Pferde bremst«. Ein Prinz rettete einst sein Leben, indem er einem angreifenden Pferd seinen Jadering entgegenhielt. Als das Pferd das leuchtende Grün sah, glaubte es, es sei Gras und senkte sofort den Kopf, um zu weiden.

»Stimmt es«, fragte Lao Ye langsam, unser gezwungenes Schweigen brechend, »daß du und mein Sohn euch habt scheiden lassen?«

Natürlich wußten Lao Ye und Lao Taitai Bescheid, aber was auch immer auf jenem Stück Papier stand und was auch immer Hsü Chih-mo ihnen erzählt hatte, sie wollten es von mir selbst hören.

»Ja«, sagte ich und versuchte dabei, so ruhig und neutral wie möglich zu klingen.

Hsü Chih-mo stieß einen Seufzer aus und beugte sich auf dem Sofa vor. Lao Ye sah auf meine Antwort hin verwirrt und fast traurig aus.

»Hast du irgendwelche Einwände dagegen, daß er Lu Xiaoman heiratet?« fragte mich Lao Ye. Mir fiel auf, daß er »heiraten« sagte und nicht »zur Konkubine nehmen«. Offenbar glaubte er mir, was unsere Scheidung betraf.

»Nein«, sagte ich und schüttelte den Kopf. Lao Ye wandte sich ab, so als hätte ich ihn enttäuscht. Seine Reaktion ließ

mich vermuten, daß ich sein letzter Hoffnungsschimmer gewesen war, jemand könne Hsü Chih-mo doch noch von seinem Vorhaben abbringen.
Hsü Chih-mo brach in Jubel aus und sprang vor Freude von seinem Sofa hoch. Glücklich breitete er die Arme aus, so als wollte er die ganze Welt umarmen, wodurch ihm sein Jadering vom Finger rutschte und aus dem offenen Fenster flog. Hsü Chih-mos erfreute Miene wich einem Ausdruck blanken Entsetzens. Der Ring war Lu Xiaomans Verlobungsgeschenk an ihn. Wir suchten gemeinsam unten im Hof, fanden ihn jedoch nicht. Wie merkwürdig, daß er den Ring gerade in dem Moment verlor, in dem ich ihm die Erlaubnis zur Hochzeit gab. Es sollte sich als Omen für das herausstellen, was später mit Lu Xiaoman geschah.
Ein paar Monate später lud mich Hsü Chih-mo zu seiner Hochzeit mit Lu Xiaoman ein. Natürlich ging ich nicht hin; selbst seine Eltern blieben zu Hause. Aber ich war mir sicher, daß Hsü Chih-mo an seinem Hochzeitstag bewußt war, daß ich ihm den Weg für seine Heirat mit Lu Xiaoman frei gemacht hatte.

Ursprünglich hatte ich vorgehabt, nach meiner Rückkehr nach China in Xiashi zu leben, in der Nähe der Hsüs. Ich wollte mir mein eigenes kleines Zuhause schaffen und in der Gegend eine Schule für junge Mädchen gründen. Ich machte sogar ein Gebäude ausfindig, das für meine Schule ideal gewesen wäre. Doch nachdem ich ein paar Wochen bei meinen Schwiegereltern gelebt hatte, nahm ich meinen Sohn und zog nach Peking. A-huan war drei Jahre alt gewesen, etwa in Peters Alter, als ich ihn in China zurückgelassen hatte. Fünf Jahre später war ein kleiner Gentleman aus ihm geworden, der mit seiner hellen Haut und seinem zarten Knochenbau Hsü Chih-mo verblüffend ähnlich sah. Er war so anders als mein kleiner, robuster Peter, sein Bruder, von dem ich mir immer gewünscht hatte, A-huan würde ihn einmal kennenlernen. A-huan, der seit seinem vierten Lebensjahr von Privatlehrern unterrichtet worden war, schien ein guter Schüler zu sein. Wenn er mir vorlas, bewunderte ich seine sichtliche Begeisterung für Gedichte. Doch über andere Aspekte seiner Entwicklung machte ich mir Sorgen. Ich wollte, daß mein Sohn früh lernte, selbständig zu sein. Aber das hatten ihm die Hsüs, die sich in den vergangenen Jahren um ihn gekümmert hatten, nicht beigebracht. Er zog sich niemals ohne die Hilfe Bediensteter an und aß von morgens bis abends Süßigkeiten. Als wir eines Abends einmal alleine waren, öffnete ich seinen Mund, um mir seine Zähne anzuschauen, und sah, daß die meisten regelrecht weggefault waren. Das erklärte auch, warum er den Koch immer um weiche, breiartige Fleischgerichte wie *shizitou*, »Löwenkopf«-Fleischbällchen, und *huiguorou*, zweifach gekochtes Schweinefleisch, bat.

Was mich selbst betraf, so stellte ich fest, daß ich in Xiashi nicht mehr leben konnte. Ich konnte mich in einem Dorf, in dem mich alle trotz meiner Scheidung immer noch als Frau Hsü betrachteten, einfach nicht wohl fühlen. Vor allem aber konnte ich meinen Sohn im Haus meiner Schwiegereltern nicht so großziehen, wie ich es für richtig hielt. So appellierte ich an ihre ständige Sorge um die Sicherheit ihres Enkels und erklärte ihnen, daß es besser für A-huan sei, in der Stadt zu leben. Da China damals in der Gewalt verschiedener Kriegsherren einzelner Provinzen war, brachen auf dem Land häufig Gefechte aus. Außerdem konnte A-huan in Peking seine Ausbildung auf einem höheren Niveau fortsetzen. Zu meiner Überraschung erklärten sich Lao Ye und Lao Taitai einverstanden. Ich wußte das Vertrauen, das sie, auch nach Peters Tod, in mich setzten, sehr zu schätzen. Während ich schon die Vorbereitungen für den Umzug nach Peking traf, ließ mich Lao Ye wissen, daß er seine Einkünfte gerecht verteilen würde: ein Drittel für Hsü Chih-mo und Lu Xiaoman, ein Drittel für mich und meinen Sohn und ein Drittel für ihn und Lao Taitai. Ich sollte monatlich dreihundert Dollar erhalten, womit ich meinen Sohn nach meinen Vorstellungen großziehen könnte.

Etwa einen Monat nach Hsü Chih-mos und Lu Xiaomans Hochzeit bekam ich aus Tianjin, einer Stadt im Süden von Peking, ein Telegramm von Lao Ye und Lao Taitai. Ich war überrascht, daß die beiden in der Nähe von Peking waren; ich hatte sie in Xiashi vermutet.

In dem Telegramm hieß es: BRING EINE DIENERIN MIT UND KOMM ZU UNS IN UNSER HOTEL.

Als ich in Tianjin eintraf und meine Schwiegereltern begrüßte, schienen sie so verzweifelt, wie ich sie noch nie erlebt hatte. Offenbar hatten Hsü Chih-mo und Lu Xiaoman ihnen nach ihrer Hochzeit einen Besuch abgestattet.

»Lu Xiaoman kam schließlich nur zu Besuch«, begann Lao Taitai, die bei der bloßen Erinnerung zornig wurde, »aber trotzdem hat sie die rote Brautsänfte verlangt!« Diese Sänfte, die nicht nur von zwei, sondern von sechs Männern getragen wurde, benutzte eine Frau nur *einmal* in ihrem Leben.

»Und dann«, fuhr Lao Taitai so hastig fort, daß ihre Stimme sich überschlug, »hat sie beim Abendessen nur die Hälfte von ihrem Reis gegessen. ›Chih-mo, iß du das für mich auf‹, hat sie gejammert.«

Diese Etikette kannte selbst der achtjährige A-huan. Reis war *das* Nahrungsmittel unseres Landes und mußte in seinen verschiedenen Formen respektiert werden: die reifen, ungeschälten Reiskörner, der noch nicht gekochte klebrige Reis, geschälter Reis und schließlich gekochter Reis. Um die Bauern zu ehren, die die Reisfelder bestellten, den Reis ernteten und schälten, durfte man auch nicht ein Körnchen auf dem Boden seiner Reisschale zurücklassen.

»Außerdem war der Reis kalt«, sagte Lao Taitai, »Hsü Chihmo hätte schlecht werden können.«

»Und jetzt hör dir einmal an, was Lu Xiaoman als nächstes getan hat«, fuhr Lao Taitai fort. »Als wir nach dem Essen nach oben gehen wollten, drehte sie sich zu Hsü Chih-mo um und quengelte ›Chih-mo, trag mich die Treppe hoch.‹«
Ich hatte diese westliche Sitte, daß ein Mann seine Frau über die Türschwelle trug, schon immer seltsam gefunden. Und die Treppe bei den Hsüs in Xiashi war extrem lang, sie hatte etwa fünfzig Stufen.
»Ist dir jemals so etwas Faules untergekommen?« sagte Lao Taitai fast keifend zu mir. »Sie ist eine erwachsene Frau, und sie will von meinem Sohn getragen werden. Dabei hat sie nicht einmal gebundene Füße! An diesem Abend hat Lao Ye zu mir gesagt: ›Ich reise mit dem nächsten Zug ab. Pack du die Sachen, sprich mit dem Personal, und komm nach, sobald du kannst.‹«
»So sind wir in den Norden gekommen, um bei dir zu sein«, schloß Lao Taitai. »Du bist unsere Schwiegertochter.«
In welch eine unangenehme Situation brachten mich Lao Ye und Lao Taitai! Ich wußte, daß Hsü Chih-mo sich aufregen würde. Prompt erhielt ich, nachdem ich mit meinen Schwiegereltern aus Tianjin nach Peking zurückgekehrt war, einen Anruf von ihm.
»Du hast ihnen geschrieben und ihnen gesagt, sie sollen zu dir kommen, oder etwa nicht?« fragte er mich.
»Nein«, erwiderte ich. »Warum sollte ich so etwas tun?«
»Lu Xiaoman hat ihr Gesicht verloren«, sagte Hsü Chih-mo.
Ich hatte die Hsüs nicht aufgefordert zu kommen. Es war einfach so, daß dieses ältere Ehepaar Lu Xiaomans neue Lebensweise nicht verstand. Kurz vor dem Neujahrsfest zogen die Hsüs bei mir ein. Wir verbrachten die Feiertage zusammen, und alles schien wieder wie früher zu sein. Es gab viele Geschenke für A-huan, und Lao Ye und Lao Taitai erinnerten sich sogar an meinen Geburtstag am neunundzwanzigsten Tag des letzten Monats. Ich versuchte, mir über Hsü Chih-

mo und Lu Xiaoman, die jetzt alleine in Xiashi waren, keine Gedanken zu machen.
Doch wie es so kam, sollten die Hsüs kurz nach Neujahr wieder nach Xiashi zurückkehren, weil ich durch ein Telegramm erfuhr, daß Mutter sehr krank war. Ich brach sofort mit ihnen nach Shanghai auf. Sie gingen dort zuerst in ein Hotel und kehrten dann nach Xiashi zurück, wo sich immer noch Hsü Chih-mo und Lu Xiaoman aufhielten.
Meine Mutter starb zehn Tage nach meiner Ankunft. Sie war dreiundsechzig Jahre alt. Alle meine Geschwister versammelten sich um Mutters Bett, um ihren Verlust zu beklagen. Ich organisierte die ganze Beerdigung.
Kurz vor Mutters Tod, in dem Moment, in dem sie ihren letzten Atemzug tat, legte ich ein Stoffpäckchen in ihren Mund, das eine Perle, einen Rubin und jeweils ein Stück Jade, Gold und Silber enthielt. All dies war für den Drachen, der Mutter Einlaß in die Unterwelt gewähren würde.
Dann wies ich die Bediensteten an, Mutters Körper zu waschen und sie in sieben Kleiderschichten zu hüllen. Die ersten vier Schichten waren Hosenkleider aus weißer und hellblauer Seide, aus einem dunkelblauen Baumwollstoff und schließlich aus einer tiefblauen gesteppten Seide. Die fünfte und die sechste Schicht bestanden aus zwei langen weißen Roben. Die siebte Schicht war das Zeremonienkleid aus weißer, mit Gold und Silber bestickter Seide. An den vier Ecken dieses Gewands und auf jedem Schuh ließ ich die Dienerinnen eine Perle festnähen. Diese Perlen waren Laternen, die Mutter den Weg in die nächste Welt weisen würden.
Am nächsten Tag kamen die Mönche und hoben Mutters Körper auf eine Holzplanke. Von da aus legten sie den Körper in einen Sarg. Der versiegelte Sarg blieb mehr als einhundert Tage im Hause Chang, in dessen Räumen der Gesang der Mönche widerhallte.

Nach dem Tod meiner Mutter sagte mein Vater, daß er keine Freude mehr empfinden könne. Meine Eltern waren einander seit der Geburt meines Vaters versprochen gewesen und hatten gemeinsam ein langes und glückliches Leben gehabt. Wie sollte mein Vater ohne meine Mutter leben? Etwa hundert Tage nach ihrem Tod starb er selbst vor Kummer.

Jetzt, da beide Eltern von uns gegangen waren, fühlten wir, meine Geschwister und ich, uns verlassen. Dein Großvater sagte zu mir: »Jetzt gibt es niemanden mehr auf der Welt, der uns ausschimpfen oder uns sagen kann, was Recht und was Unrecht ist.«

Hsü Chih-mo erschien bei keiner der beiden Beerdigungszeremonien. Ich hatte nicht erwartet, daß er meinetwegen kommen würde, wohl aber aus Respekt gegenüber meinen Brüdern. Keiner von ihnen schien Hsü Chih-mos Fehlen jedoch als Beleidigung zu empfinden. Zweiter Bruder hatte mir damals nach Sawston geschrieben, daß die Nachricht von unserer Scheidung so tragisch für ihn sei wie der Verlust unserer Eltern. Zweiter Bruder liebte Hsü Chih-mo genauso, wie er unsere Eltern geliebt hatte. So war es nur natürlich, daß er Hsü Chih-mo sein Fehlen bei den Beerdigungen verzieh.

## Eine Frage des Status

Yu-i gab es mir gegenüber niemals zu, aber ich vermute, daß sie hocherfreut darüber war, von der Familie Hsü gebraucht zu werden und bei ihrer Rückkehr nach China eine so wichtige Position einzunehmen. Sie wirkte weniger verbittert gegenüber Hsü Chih-mos neuer Frau, Lu Xiaoman, als sie es Lin Huiyin gegenüber gewesen war. Darüber freute ich mich. Ich begriff, was Yu-i meinte, wenn sie davon sprach, wie unkultiviert und ungebildet sie sich im Vergleich zu Lu Xiaoman fühlte. Yu-i drückte sich weniger mit Worten als durch Taten aus, und sie schien im Grunde auf eine viel unbefangenere Weise durchs Leben zu gehen als Hsü Chih-mo und Lu Xiaoman. Sie erzählte, daß sie während ihrer gesamten Zeit in Deutschland Tagebuch geführt, die Bücher jedoch verbrannt habe, als Hsü Chih-mo und Lu Xiaoman 1927 ihre eigenen Tagebücher veröffentlichten. Yu-i wollte nicht, daß jemals irgend jemand ihre Tagebücher fände und sie ebenfalls veröffentlichte!

Von Lu Xiaomans Tagebuch war ich begeistert. Wenn ich Hsü Chih-mo gewesen wäre, dann hätte ich wirklich das Gefühl gehabt, China zu verändern, indem ich durch meine Liebe die Leidenschaften dieser Frau weckte.

Als romantischer Dichter, Übersetzer von Tagore und leidenschaftlicher Verehrer von Lu Xiaoman wurde Hsü Chih-mo eine nationale Berühmtheit. Seine Arbeiten, die alles umfaßten, von Elogen auf Schrifsteller wie Thomas Hardy und Katherine Mansfield bis hin zu Essays über die Entwicklung der Kunst, fanden eine breite Anhängerschaft.

Ein zeitgenössischer romantischer Dichter, Yu Dafu, schrieb etwa zehn Jahre später über die verbotene Liebe zwischen Hsü Chih-mo und Lu Xiaoman:

> *Wo eine ehrliche und schöne Frau wie Hsiao-man [Xiaoman] auf einen leidenschaftlichen und aufrichtigen Mann wie Chih-mo traf, sprühten natürlich die Funken, bis sie zu einem flammenden Feuer aufloderten. Wie sollten sie sich um gesellschaftliche Normen oder ethische Lehrsätze kümmern? Wie sollten sie sich von Clan-Gesetzen oder Familienbräuchen beeindrucken lassen? Als die Affäre zentraler Gegenstand des Pekinger Klatsches wurde, hätte meine Bewunderung für den Mut von Hsiao-man und die Aufrichtigkeit von Hsü Chih-mo nicht größer sein können.*

Hsü Chih-mos und Lu Xiaomans Hochzeit fand am 3. Oktober 1926 im Beihai-Park in Peking statt. Liang Qichao, Hsü Chih-mos Lehrer, übernahm die Rolle des Zeremonienmeisters. Er schockierte die Gäste mit einer Rede, in der er deutlich machte, daß er Hsü Chih-mos Tun mißbilligte und das, was die beiden dort taten, als unmoralisch betrachtete. Liang Qichao sagte, er und auch andere hätten vergeblich versucht, Hsü Chih-mo von seinem Vorhaben abzuhalten.
»Hsü Chih-mo, du bist ein flatterhafter Mensch, der nichts, aber auch gar nichts erreicht hat. Weder der Liebe noch irgendwelchen Idealen bist du treu ergeben. Du hättest besser deinen Lebensstil geändert und wärest ein neuer Mensch geworden«, schimpfte er.
Mitten in Liang Qichaos Rede erhob sich Hsü Chih-mo und unterbrach ihn: »Du hast genug gesagt. Sei mir bitte gnädig.«
Mein Großvater, Yu-is Achter Bruder, nahm an Hsü Chihmos Hochzeit teil und sprach mit mir darüber, als er unsere Familie 1984 in Connecticut besuchte. Er erzählte mir, Hsü Chih-mo habe gewußt, daß Liang Qichao ihn beim Hochzeitsempfang kritisieren würde.
»Warum hat Hsü Chih-mo ihn dann reden lassen?« fragte ich.

»Erstens«, sagte mein Großvater, »trug es zu Liang Qichaos Prestige bei, daß Hsü Chih-mo ihm die Gelegenheit gab, seine Ansichten öffentlich darzulegen.«
Ich stimmte ihm zu.
»Und zweitens«, fuhr mein Großvater fort, »war es gut für das Prestige der Familie Chang.«
Ich bezweifelte, daß Hsü Chih-mo einen Gedanken an diese Idee verschwendet hatte. Meiner Meinung nach hatte er Liang Qichao vor allem deshalb reden lassen, um das Revolutionäre seines eigenen Tuns in den Vordergrund zu stellen.
Mein Großvater schien sich über meine Haltung zu ärgern. Er sagte, ich hätte nicht genügend Respekt vor Hsü Chih-mo und müsse versuchen, ihn besser zu verstehen. Schließlich habe Hsü Chih-mo der Familie Chang mit seinem Talent große Ehre gemacht.
Mich wiederum störte die ungetrübte Bewunderung, die mein Großvater Hsü Chih-mo entgegenbrachte. Er schien Hsü Chih-mo mehr zu schätzen als seine eigene Schwester. Während seines Besuches an der Ostküste wohnte mein Großvater bei uns in Connecticut. Yu-i hatte sich in unserer Familie immer wohl gefühlt, aber jetzt, in Anwesenheit meines Großvaters, wirkte sie steif und förmlich, und ihr Ton war schärfer, energischer als sonst, so als hätte sie Sorge, mein Großvater könnte ihre Autorität in Frage stellen oder sie lächerlich machen. Und es war auch wirklich so, daß er ihre Äußerungen häufig als belanglos abtat.
Mir kam es so vor, als prallten einfach ihre extrem unterschiedlichen Charaktere aufeinander. Denn auch die heitere Art meines Großvaters, der immer zu Scherzen aufgelegt war und damit, wie sich alle in der Familie einig waren, Hsü Chihmo am meisten ähnelte, schien sich angesichts Yu-is Ernsthaftigkeit nicht entfalten zu können. Ich wette, zwischen Yu-i und Hsü Chih-mo herrschte im Prinzip die gleiche Dynamik.
Auf seinem Sterbebett ermahnte mich mein Großvater 1985,

in allem, was ich schreiben würde, »freundlich mit Hsü Chih-mo umzugehen«, und bat darum, daß bei seiner Beerdigung ein Gedicht von Hsü Chih-mo vorgelesen werde.

幼儀

Zwischen meiner übereilten Abreise aus Peking ans Sterbebett meiner Mutter in Shanghai und dem letzten Tag der Trauerzeit um Baba lagen fast fünf Monate. Da ich so lange von Peking fernbleiben mußte, kündigte ich den Mietvertrag für das Haus und meldete A-huan in einer Schule in Shanghai an.

Nach den Beerdigungen hielt ich es für besser, ihn nicht schon wieder die Schule wechseln zu lassen. Ich wollte in Shanghai bleiben, konnte es mir aber nicht leisten, in der Stadt selbst zu leben. Die finanzielle Last der gesamten Familie ruhte jetzt auf den Schultern von Viertem Bruder, und er stimmte mir zu, daß es zu teuer für mich und die jüngeren Geschwister sei, weiter im Haus der Familie in Shanghai zu wohnen. Vierter Bruder hatte bis dahin die Miete für Mutter und Baba bezahlt, aber da die Beerdigungen viel Geld gekostet hatten, wollte er den Vertrag auflösen.

Ich bekam nach wie vor meine monatlichen dreihundert Dollar von den Hsüs. So erklärte ich Viertem Bruder, daß ich mit den jüngeren Geschwistern auf dem Land leben könne. Er war einverstanden. Vierte Schwester, Achter Bruder, A-huan und ich zogen in eine kleine Stadt, die etwa eine halbe Zugstunde von Shanghai entfernt war. Ich bezahlte die Miete und kam für das Essen auf. Vierte Schwester bekam ihr Taschengeld von Erster Schwester und ihrem Mann, die in der Stadt lebten. Manchmal durfte sie auch bei ihnen wohnen. Achter Bruder, der damals vierundzwanzig war und seine erste Stelle in einer Bank hatte, pendelte täglich, gemeinsam mit A-huan.

Vierter Bruder wohnte damals mit seiner Frau mitten in Shanghai. Sie lebten in einem hübschen Haus in einer der ausländischen Konzessionen, was für Chinesen einen großen Prestigewert hatte. Vierter Bruder war Hauptgeschäftsführer der Bank von China, aber noch nicht ihr Präsident.

Eines Nachts, es war schon sehr spät, erschien Mutters Geist in seinem Schlafzimmer. Erdentrückt und wutentbrannt zugleich schwebte sie in ihren sieben Gewändern über ihm. Ihre Gegenwart spürend, wachten Vierter Bruder und seine Frau auf. Mutters Geist schlug ihre Bettdecke zurück, so daß die beiden zitternd vor Angst und Kälte vor ihr lagen.

»Wie konntest du deine kleinen Geschwister einfach alleine auf dem Land lassen?« schalt Mutters Geist Vierten Bruder. »Du solltest dich um sie kümmern! Du bist derjenige, der die Verantwortung trägt!«

Erinnerst du dich noch, was ich dir über die Welt des Lichtes und des Schattens erzählt habe? Daß die Menschen bei ihrem Tod von der einen in die andere Welt übergehen? Ich hatte bis zum Tod meiner Mutter niemals über die Scheidung mit ihr gesprochen, und ich glaube, daß sie vor allem aus der Schattenwelt zurückkehrte, weil sie sich Sorgen um mich machte.

Auch Vierter Bruder glaubte, daß unsere Mutter ihm dies sagen wollte, denn er rief mich am nächsten Tag an, um mir sein Haus anzubieten. Er beharrte darauf, daß Mutters Geist nur dann zur Ruhe käme, wenn ich sein Haus nähme. Er und seine Frau, die sehr abergläubisch war, würden sofort ausziehen.

Um mich für das Haus zu revanchieren, half ich Viertem Bruder drei Jahre später, in der französischen Konzession ein anderes Heim für ihn und seine Frau zu kaufen. Dafür hatte er mir die Eigentumsurkunde für das Haus in der Avenue Hague 125 gegeben, die in der »Fan Yuan«-Siedlung lag. »Fan« war der Mann, der das Land besessen hatte, bevor es unter britischer Kontrolle stand. »Yuan« bedeutete Garten. Mitten in der Siedlung, die aus etwa zehn Häusern bestand, lag ein großer Blumengarten mit Spazierwegen und Springbrunnen. Mein neues Haus lag im hinteren Teil der Siedlung und war ganz aus Stein. Es hatte drei Schlafzimmer, eine Küche, Zimmer für die Bediensteten und eine Terrasse, die sich an das Wohnzimmer anschloß.

Ich machte einen schnellen Rundgang durchs Erdgeschoß, doch dann zog es mich nach oben in das große Schlafzimmer. Dort setzte ich mich still und leise auf den Rand des Doppelbettes und schloß die Augen. Nach einer Weile meinte ich, ein Geräusch zu hören.

»Mama?« rief ich leise.

Der Zweig eines Baumes strich gegen das Fenster. Ich bewegte mich nicht.

»Mama?« rief ich wieder, diesmal ein wenig lauter. Dann spürte ich ihren Geist im Zimmer wie einen merkwürdigen Luftzug. Ich hatte überhaupt keine Angst. Ich sagte meiner Mutter, uns Jüngeren ginge es gut. Sie könne in die Schattenwelt zurückkehren und dort in Frieden ruhen.

Nachdem ich mich in meinem neuen Heim eingerichtet hatte, begann ich nach einer Arbeit als Lehrerin zu suchen. Ein Semester lang unterrichtete ich Deutsch an der Dongwu Universität und spielte gerade mit dem Gedanken, ein zweites Semester anzuhängen, als ein paar Frauen der Shanghai Women's Savings Bank auf mich zukamen. Ich glaube, daß Vierter Bruder, der sich Mutter gegenüber dazu verpflichtet fühlte, sich um mich zu kümmern, sie zu mir geschickt hatte. Die Frauen wollten, daß ich für ihre Bank arbeitete, weil ich viele Leute kannte und den Einfluß von Viertem Bruder – der neben seiner Tätigkeit in der Bank von China auch Begründer des *Bankers Weekly*, einer Fachzeitschrift für chinesische Wirtschaftsfragen war – nutzen konnte, um Geld zu beschaffen. Sie waren so ehrlich, mir zu sagen, daß meine Verbindun-

gen wichtiger seien als meine Kompetenz; schließlich hatte ich noch nie zuvor in einer Bank gearbeitet.
Trotz meiner pädagogischen Ausbildung beschloß ich, die Gelegenheit wahrzunehmen. Aber ich kündigte an, daß ich nicht die Präsidentin der Bank, sondern nur ihre Vizepräsidentin werden wolle. Denn wie hätte es ausgesehen, wenn mein Bruder Präsident einer Bank wäre, was ja absehbar war, und ich Präsidentin einer anderen?
Die Leute, die die Bank vor mir geleitet hatten, hatten alles Geld an Freunde, Verwandte und an jeden, der danach fragte, verteilt, und nun stand das Unternehmen fast ohne einen Pfennig da. Ich sollte den Rettungsversuch starten.
»Nehmen Sie sich bloß keine Anwälte«, sagte ich den Frauen in der Bank. »Wir sind schon arm genug.« Ich sagte, daß ich mit allen Schuldnern reden und versuchen würde, gemeinsam mit ihnen einen Weg zu finden, wie sie ihre Schulden begleichen könnten.
Die Bank war im Jahre 1910 von Frauen für Frauen gegründet worden und lag im Stadtzentrum in der Nanjing East Road. Sie war sowohl bei älteren als auch bei jüngeren Frauen beliebt. Die jüngeren, von denen viele in den nahegelegenen Geschäften arbeiteten, lösten ihre Gehaltsschecks gerne bei uns ein und überwiesen dann sofort eine kleine Summe auf ihre Sparkonten. Auf diese Weise mußten sie mit dem verbliebenen Geld nicht haushalten, sondern konnten alles für westliche Kleidung, Seidenstrümpfe und Lippenstift ausgeben. Und wenn sie heirateten und aufhörten zu arbeiten, hatten sie unabhängig von ihren Ehemännern ein bißchen eigenes Geld.
Die meisten älteren Frauen benutzten die Bank, um Schmuck aufzubewahren, den sie der Bank des Ehemannes nicht geben konnten. Meistens waren es Geschenke von ihren Freunden. Vor jedem größeren gesellschaftlichen Ereignis herrschte bei den anderen Banken Hochbetrieb: Große Wagen fuhren vor,

aus denen reiche Frauen stiegen, um ihre Halsketten oder ihren Kopfschmuck für das jeweilige Fest abzuholen. Bei der Women's Bank herrschte jedoch zu solchen Zeiten kein besonderer Betrieb, denn wir hüteten vor allem inoffizielle Schmuckstücke, die zu anderen Anlässen abgeholt wurden.

Mein Schreibtisch stand im hinteren Teil der Bank, so daß ich alles und jeden im Auge behalten konnte. Es gefiel mir, jeden Morgen um genau neun Uhr das Büro zu betreten. In Deutschland hatte ich mir angewöhnt, sehr pünktlich zu sein. Ich war immer zur korrekten Zeit da. Andere Mitarbeiter kamen zu spät, sahen mich und entschuldigten sich. Ich sagte ihnen dann immer, sie sollten sich keine Gedanken machen.

Jeden Nachmittag um fünf kam ein chinesischer Privatlehrer zu mir ins Büro. Ich habe dir ja schon erzählt, daß ich mit fünfzehn meine Ausbildung abbrechen mußte; jetzt hatte ich das Gefühl, nicht genug über Literatur und über die Klassiker zu wissen.

Nach etwa einer Stunde mit dem Lehrer ging ich hinüber in das Bekleidungsgeschäft in der Nanjing East Road, das ich leitete. Dieses Geschäft in Shanghais vornehmster Einkaufsstraße war ein kleines Projekt von Achtem Bruder und ein paar Freunden, darunter auch Hsü Chih-mo. Die Idee für das Geschäft stammte von Achtem Bruder: eine Mischung aus Konfektionskleidung und Kleidern nach Maß. Wir stellten in dem Geschäft Modelle aus, die wir dann entsprechend dem Geschmack und der genauen Größe der jeweiligen Kundin umänderten. Unsere modischen Perlstickereien, Knöpfe und Zierbänder wurden so unverwechselbar, daß jeder Kunde prahlen konnte: »Das habe ich bei Yunchang gekauft.«

Achter Bruder hatte dem Geschäft den Namen Yunchang gegeben, was wörtlich »Wolke und Gewand« bedeutete, womit er auf ein berühmtes Gedicht des Poeten Li Bo aus dem achten Jahrhundert anspielte, in dem es von der kaiserlichen Nebenfrau Yang heißt:

*Wolken stellt ihr Gewand uns vor,*
*eine Blume ihr Gesicht.*

Ich war Hauptgeschäftsführerin des Yunchang, und das bedeutete für mich, jeden Auftrag zu überprüfen, am Ende des Tages mit dem Schneider Absprachen zu treffen und auf alles ein Auge zu haben.

Wenn ich nach Hause kam, half ich A-huan beim Lernen und versuchte, alles, was er nicht wußte, mit ihm durchzusprechen. Dreimal pro Woche spielte ich ab acht Uhr abends Mahjongg. Noch heute spiele ich es mehrmals pro Woche.

Ich begann sogar, für Vierten und Zweiten Bruder in meinem Haus Einladungen zu geben, was ihnen lieber war, als sich mit ihren Freunden in Restaurants zu treffen. Beide Brüder hatten ihre eigenen Häuser und auch Frauen, die für sie die Einladungen hätten geben können, aber sie zogen hierfür mein Haus vor. Die Frau Vierten Bruders verbrachte ihre Abende lieber mit Mah-jongg und Opium, und die meines anderen Bruders empfand den nicht enden wollenden Strom von Menschen, die mit ihrem Mann sprechen wollten, als überaus störend. Einmal sagte sie zu ihm: »Wie sollen die Dienstboten zum Arbeiten kommen, wenn sie ständig deine Freunde bedienen müssen?«

Zweiter Bruder, der ihren Standpunkt kannte, fragte mich eines Tages voller Erstaunen: »Warum beschwerst du dich nicht über all diese Leute, die mich bei dir besuchen kommen?«

»Es gehört zu deinem Geschäft, mit anderen Menschen zu reden«, antwortete ich. »Wenn die Leute nicht ständig vorbeikämen, hieße das, daß du deine Geschäfte nicht gut betreibst.«

1934 ernannte mich Zweiter Bruder zur Schatzmeisterin seiner National Socialist Party. Wenn man mich nach diesem Posten fragt, erkläre ich den Leuten immer, daß Zweiter Bruder meiner Meinung nach bloß in der Lage sein wollte zu sagen: »Da muß ich erst meinen Schatzmeister fragen«, damit er nicht ständig Geld herausgeben mußte.

Bald nach meinem Umzug nach Fan Yuan, etwa ein halbes Jahr nach ihrer Hochzeit, mieteten Hsü Chih-mo und Lu Xiaoman ein Haus in der Avenue Édouard VII in der französischen Konzession. Lao Ye und Lao Taitai zogen aus Xiashi in die Stadt, weil es dort aufgrund der Kämpfe zwischen den Kriegsherren sicherer war. Trotz der anfänglichen Schwierigkeiten, die die Sache mit der roten Sänfte, dem abgelehnten Reis und der Treppe verursacht hatte, lebten die Hsü-Eltern nun mit Hsü Chih-mo und Lu Xiaoman zusammen. Diese Regelung, als verheiratetes Paar bei den Eltern des Mannes zu leben, entspricht der chinesischen Tradition. Je nach Jahreszeit und Stand der regionalen politischen Auseinandersetzungen lebten Lao Ye und Lao Taitai monatelang abwechselnd in Shanghai und Xiashi.

Die französische Konzession war eine ebenso schicke Wohngegend wie die britische Konzession. Es gab den Cercle Sportif Français, einen Sportclub, den die Franzosen besuchten, und den französischen Park, in dem ein großer Gedenkstein an einen französischen Flieger erinnerte. Samstags brachte ich A-huan durch die schattigen Straßen des Viertels zu Hsü Chih-mos Haus, damit A-huan Zeit mit seinen Großeltern verbringen konnte. Da die Hsüs ihn in den ersten sieben Jahren seines Lebens großgezogen hatten, standen sie sich sehr nah. Lao Ye kaufte in einem der modernen Geschäfte auf der Nanjing Road häufig Spielzeug für A-huan, und Lao Taitai sorgte dafür, daß die Bediensteten seine Lieblingsgerichte kochten. Wenn A-huan von diesen Besuchen zurückkehrte, war er immer rundum glücklich.

Eines Nachmittags stieß ich praktisch mit Hsü Chih-mo zusammen, als ich A-huan vor seiner Haustür ablieferte.

Ich wollte gleich wieder gehen, doch Hsü Chih-mo hielt mich auf. »Ich habe da über etwas nachgedacht«, sagte er in besorgtem Ton. »Wie sollte A-huan Lu Xiaoman deiner Meinung nach anreden?«

Wie jemand angeredet wird, ist in China sehr wichtig, weil sich darin widerspiegelt, wieviel Respekt der Person entgegengebracht wird. Während ich immer darauf achtgab, andere korrekt anzusprechen, hatte Hsü Chih-mo sich schon vor langer Zeit offenkundig von dieser Tradition losgesagt. Warum scherte er sich jetzt darum, fragte ich mich unwillig.

»Was hältst du von Ji Mu?« fragte mich Hsü Chih-mo; es war das chinesische Wort für »Adoptiv-« oder »Stiefmutter«.

So neutral wie möglich antwortete ich: »Was immer du willst, solange A-huan bereit ist, sie so zu nennen.«

Als es Hsü Chih-mo jedoch mit »Ji Mu« bei A-huan, der inzwischen fast zehn Jahre alt war, versuchte, weigerte sich der Junge. Er wollte Lu Xiaoman überhaupt nicht anreden.

Ich selbst habe nichts gegen Lu Xiaoman. Als sie und Hsü Chih-mo sich ineinander verliebten, ging mich das nichts mehr an; ich war bereits geschieden. Ich freute mich sogar für sie, daß sie sich von ihrem ersten Mann hatte scheiden lassen können, um Hsü Chih-mo zu heiraten. Aber ihre Trennung war anders als meine, weil seitdem drei Jahre vergangen waren und es in China modern wurde, sich für die freie Liebe scheiden zu lassen. Außerdem hatte Lu Xiaoman schon jemanden, dem sie sich nach ihrer Scheidung zuwenden konnte; ich konnte nur auf mich selbst zurückgreifen.

In all den Jahren unserer Nachbarschaft in Shanghai habe ich nur einmal mit Lu Xiaoman zu Abend gegesssen. Wir waren beide bei Hu Shi eingeladen. Er hatte Hsü Chih-mo damals die Briefe nach Italien geschickt. Später arbeiteten sie gemeinsam an einer progressiven Literaturzeitschrift, dem *Halbmond*. Als Hu Shi mich zu dem Essen einlud, fragte er mich, ob ich auch kommen wolle, wenn Lu Xiaoman da wäre.

Ich sagte: »Natürlich. Das ist mir egal.« Ich war geschieden; nichts verband mich mehr mit Hsü Chih-mo, sosehr ich seiner Familie auch nahestand.

Ich weiß nicht genau, warum Hu Shi so erpicht darauf war, Lu Xiaoman und mich zusammenzubringen, aber ich spürte, daß ich schlecht ablehnen konnte. Vielleicht wollte er zeigen, wie progressiv wir alle geworden waren, vielleicht war er aber auch nur neugierig, was passieren würde. Ich jedenfalls wußte, daß ich meine *zhiqi*, meine Würde, unter Beweis stellen mußte, indem ich hinging. Ich hatte außerdem gehört, daß Hu Shi selbst in Lu Xiaoman verliebt sei. Seine eigene Frau war altmodisch und hatte gebundene Füße. Er hatte in Amerika studiert, war jedoch zurückgekehrt, um sie zu heiraten.

Bei jenem Abendessen sah ich, wie schön Lu Xiaoman war. Sie hatte eine schimmernde Haut und ein fein geschnittenes Gesicht. Alle Männer waren fasziniert, wenn sie das Wort ergriff. Während des Essens nannte sie Hsü Chih-mo »Mo« und »Mo Mo«, eine Verkleinerungsform von Chih-mo. Er nannte sie »Man« und »May«, ein Kosename für Xiaoman. Er sprach mit so viel Geduld und Respekt zu ihr. All das beobachtete ich und erinnerte mich, wie barsch und kurz angebunden Hsü Chih-mo zu mir immer gewesen war.

Ich sagte wenig an jenem Abend, verriet aber nicht meine wahren Gefühle. Ich wußte, daß ich nicht charmant war, nicht so wie andere Frauen. Mein Leben hatte mich hart gemacht.

Eines Tages rief mich Lao Taitai an. Sie sagte: »Ich halte es nicht mehr aus. Ich muß mit dir über Lu Xiaoman sprechen. Ich ertrage es nicht länger, mit dieser Frau unter einem Dach zu leben.«

»Es gibt hier einen Mann namens Weng«, fuhr Lao Taitai fort. »Lu Xiaoman hat ihn über ihre Bekannten in der Oper kennengelernt, und jetzt ist er ihr Freund. Er wohnt sogar hier.

Im Kühlschrank lag kürzlich ein Schinken, den ich von den Dienern zum Abendessen für Lao Ye und mich aufwärmen ließ. Am nächsten Tag öffnete Lu Xiaoman den Eisschrank und wollte wissen, wo ihr Schinken sei. Ich sagte ihr, daß Lao Ye und ich ihn gegessen hätten. Da drehte sie sich zu mir um und keifte mich an: ›Wie konntest du das tun? Diesen Schinken habe ich extra für Herrn Weng zubereiten lassen!‹«
»Ich verstehe das nicht«, klagte Lao Taitai weiter. »Hsü Chih-mo scheint es nicht zu stören, daß Herr Weng hier ist. Einmal kam er völlig übermüdet und heiser aus Peking zurück, wo er viele, viele Stunden unterrichtet hatte. Ich wies die Bediensteten an, ihm eine Ginsengmedizin zu machen, weil ich wußte, daß im Schrank hervorragendes Ginseng stand. Aber sie sagten mir, wir dürften das Ginseng im Haus nicht anrühren, weil es für Herrn Weng reserviert sei!«
»Wer gehört eigentlich hierher?« rief Lao Taitai aus. »Die Eltern, die Schwiegertochter oder der Freund, Herr Weng? Hsü Chih-mo ist es völlig egal. Er sagt, solange Lu Xiaoman und Herr Weng zusammen auf dem Bett liegen und gemeinsam ihr Opium rauchen, ist daran nichts Schlimmes. ›Sie leisten sich Gesellschaft‹, hat er gesagt. Aber als er letzte Nacht nach Hause kam, kroch er auf die andere Seite des Bettes, um mit Lu Xiaoman zusammenzusein. Lu Xiaoman und Herr Weng müssen die ganze Nacht Opium geraucht haben, denn heute morgen fand ich sie alle drei zusammengerollt auf dem Bett: Herr Weng und Lu Xiaoman direkt vor der Opiumpfeife und Hsü Chih-mo auf der anderen Seite von Lu Xiaoman, wo kaum noch Platz für ihn war und er fast aus dem Bett fiel.
Unsere Familie steht vor dem Ruin«, schloß Lao Taitai. »Ich will dort nicht mehr leben. Lao Ye und ich wollen zu dir ziehen.«
Ich hatte Lao Taitai noch nie so aufgebracht erlebt. Es war das erste Mal, daß sie den Wunsch äußerte, bei mir zu wohnen.

Ich wußte, daß Lu Xiaoman ihr Gesicht verlieren würde, sollten sich Lao Ye und Lao Taitai aus Hsü Chih-mos Haus direkt zu mir flüchten. Deshalb erklärte ich den Hsüs, daß sie bei mir wohnen dürften, aber erst nachdem sie eine Woche in Xiashi verbracht hätten.

»Ah, ich verstehe.« Lao Taitais Stimme klang erleichtert. »Das werden wir tun.«

Als die Hsüs aus Xiashi zurückkehrten, erzählten sie Hsü Chih-mo, daß sie ein bißchen Zeit mit ihrem Enkelkind verbringen wollten. Letztendlich blieben sie viele Jahre bei mir. Entweder durchschaute Hsü Chih-mo diese Taktik nicht, oder er beschloß, nichts zu sagen.

Lu Xiaoman hatte ihren Freund, Weng Ruiwu, anscheinend einige Monate nach ihrer Hochzeit mit Hsü Chih-mo kennengelernt. Der Anlaß war eine zweitägige Operninszenierung in Peking, die von Hsü Chih-mos Künstlerfreund Jiang Xiaojian organisiert wurde. Lu Xiaoman und Herr Weng, ein berühmter Opernstar, spielten die Hauptrollen und Hsü Chih-mo eine Nebenrolle. Durch die Inszenierung wurden die drei gute Freunde. Nach der Vorführung wurde Lu Xiaoman vor Erschöpfung krank, worauf Herr Weng ihr Massagen anbot. Hsü Chih-mo hatte keine Einwände; Herr Weng verbrachte daraufhin soviel Zeit in ihrem Haus, daß die drei noch engere Freunde wurden. Herr Weng kam aus einer sehr guten Familie. Sein Vater, ein Provinzbeamter der früheren Qing-Bürokratie, war äußerst bewandert in der Malerei und sammelte Kunstwerke. Durch ein Familienerbe besaß Herr Weng einen Berg, der regelmäßige Teernten hervorbrachte. Später verleitete er Lu Xiaoman leider zum Opiumrauchen, wovon sie schließlich süchtig wurde.

Diese Sucht ist etwas Fürchterliches, und es tat mir leid für Lu Xiaoman. Als ich etwa vierzehn Jahre alt war und mit meinen Eltern Ferien in Hangzhou machte, aßen Vierte Schwester und ich einmal mehrere Schalen unreiner Garnelen –

diese zarten, lebendigen Garnelen aus dem Westsee, die mit heißem Öl übergossen werden – und bekamen beide Magenkrämpfe und Fieber. Baba sagte, es sei Typhus, und wollte uns, damit wir zur Ruhe kamen, ein wenig Opium geben. Vierte Schwester nahm eine kleine Menge und war danach sofort still. Aber als Baba zu mir kam, wandte ich den Kopf ab und weigerte mich.

»Und was passiert, wenn ich abhängig davon werde?« fragte ich meinen Vater. »Wirst du dann immer dasein, um für mich zu sorgen und mir Opium zu kaufen, wenn ich es brauche?«

Mein Vater glaubte, ich sei durch die Krankheit verwirrt, und antwortete mir nicht.

»Lieber ertrage ich die Schmerzen«, sagte ich, weil ich schon damals über diese Droge Bescheid wußte. Wenn die Leute Opium rauchten, zog der Rauch nach oben, und selbst die Ratten wurden süchtig nach dem Zeug und versammelten sich auf den Dachsparren, sobald die Opiumpfeife an war. Obwohl Vierte Schwester erst zwei Jahre alt war, fing sie an, das Opium zu mögen, und weinte tagelang, wenn Baba ihr nichts gab. Der einzige Grund, warum sie nicht süchtig wurde, war ihr junges Alter; außerdem hatte Baba ihr nur eine kleine Menge gegeben. Aber ich war viel älter als sie und wollte das Risiko nicht eingehen.

Nachdem ich an der Börse etwas Geld verdient hatte, ließ ich auf einem freien Grundstück hinter meinem Haus ein eigenes Haus für Lao Ye und Lao Taitai bauen. Die beiden Häuser waren nur ein paar hundert Meter voneinander entfernt: Die Hintertür ihres neuen Hauses lag meiner Hintertür genau gegenüber. Aber ich hielt es für wichtig, daß meine Schwiegereltern getrennt von mir lebten, da Hsü Chih-mo und ich geschieden waren.

Trotzdem herrschte ein reger Verkehr zwischen unseren Häusern. Manchmal aßen Lao Ye und Lao Taitai bei mir zu

Abend, oder ich schickte ihnen A-huan herüber, damit er ihnen in dem neuen Haus Gesellschaft leistete. Während die Jahre ins Land gingen, begannen die Leute zu sagen, daß Lao Ye und Lao Taitai so enttäuscht von Hsü Chih-mo seien, daß sie ihn verstoßen hätten und dafür ihre Liebe zu mir immer mehr wüchse. Ich habe das nie geglaubt. Wie konnte eine Familie ihren einzigen Sohn aufgeben? Wie sollten sie mich jemals mehr lieben als ihn? Seine Eltern verstanden Hsü Chihmo einfach nicht, weil sie Menschen der alten Schule waren.

Das Leben ist sehr merkwürdig. So war ich nun eine geschiedene Frau, geschieden von meinem Mann, weil er fand, daß wir nicht zusammenpaßten, und jetzt, nach unserer Scheidung, kam ich besser mit ihm aus als während unserer Ehe. Hsü Chih-mo hielt regelmäßig Vorlesungen über Kunst und Literatur in Peking, aber er pendelte zwischen der Hauptstadt und Shanghai, weil Lu Xiaoman lieber dort lebte. Wenn er in Shanghai war, sah ich Hsü Chih-mo praktisch jeden Tag. Nach der Scheidung kamen wir uns wirklich nahe. Er kam mich häufig im Geschäft besuchen. Wenn er eine Reise vorhatte, bestellte er bei mir Hemden oder Hosen. Einmal machte ich ihm eine Krawatte. Dann kam er zurück und sagte, er habe sie verloren, so daß wir ihm eine neue machen mußten.

Im Sommer 1928 machte Hsü Chih-mo eine Vortragsreise durch Europa. Lao Ye und Lao Taitai lebten zu dieser Zeit für eine Weile in Xiashi. Eines Tages, kurz nach Hsü Chih-mos Abreise, nahm Lao Ye den Zug in die Stadt, um Lu Xiaoman zu besuchen. Er hatte beschlossen, daß er jetzt, da Hsü Chihmo so lange verreist war, versuchen würde, freundlich zu ihr zu sein.

»Es ist doch unnötig, daß du nur für dich dieses große Haus unterhältst«, sagte er. »Warum stellst du nicht das Auto in die

Garage, behältst bloß noch einen Diener, der auf das Haus aufpaßt, und kommst zu uns aufs Land?«
Lao Ye wollte Geld sparen und zugleich Lu Xiaoman die Chance geben, vor ihm und Lao Taitai ihr Gesicht zu wahren. So kehrte er aufs Land zurück und wartete auf Lu Xiaomans Ankunft. Sie reagierte jedoch nicht und ließ sich in Xiashi nicht blicken. Als Hsü Chih-mo im Januar 1929 nach China zurückkehrte, holte ihn Lao Ye am Bahnhof ab.
»Ich habe beschlossen, daß ich mit deiner Frau nicht mehr sprechen werde. Wenn sie mich ignoriert, warum soll ich dann versuchen, nett zu ihr zu sein?« kündigte er Hsü Chih-mo an.
Wenn Lao Ye und Lao Taitai von nun an in der Stadt waren, kam Hsü Chih-mo sie alleine besuchen. Das eine oder andere Mal versuchte er, Lu Xiaoman mitzubringen, doch sobald Lao Ye ihr Auto heranfahren sah, kam er aus seinem Haus zu mir gelaufen. Er stahl sich einfach durch die Hintertür hinaus, rannte quer durch den Garten und schlüpfte in mein Haus, während Lao Taitai das Paar alleine begrüßen mußte.
Wenn Hsü Chih-mo und Lu Xiaoman dann wieder gegangen waren, lief Lao Ye schnell zurück, um von Lao Taitai zu erfahren, wie es den beiden erging. So sehr liebte Lao Ye seinen Sohn.

Da die Eltern beschlossen hatten, daß ich ihre Schwiegertochter war, konnte ich eigentlich immer nur das Richtige tun. Ich frage mich, ob ich meinerseits irgend etwas hätte anders machen können. Aber wenn ich gut zu meinen Schwiegereltern war, dann deshalb, weil ich immer daran dachte, daß sie die Großeltern meines Sohnes waren. Wie hätte ich sie schlecht behandeln können?
Manchmal war es jedoch schwierig, zwischen Hsü Chih-mo und seinen Eltern zu stehen. Ich wußte einfach nicht, wo mein Platz in der Familie war, was besonders kompliziert

wurde, als Lao Taitai 1930 schwer an Asthma erkrankte. Lao Ye rief Hsü Chih-mo in Shanghai an und sagte ihm, daß er nach Xiashi kommen müsse. Dann rief er mich an und sagte, daß er auch mich erwartete. Ich war entsetzt über die Nachricht von Lao Taitais schwerer Krankheit und wäre natürlich am liebsten sofort an ihr Bett geeilt, aber ich wußte ja, daß Hsü Chih-mo und seine Frau hinfuhren, und wollte mich nicht im gleichen Haus aufhalten wie Lu Xiaoman. Außerdem hielt ich es für besser, in einem so schwerwiegenden Fall wie dem Tod streng an meiner Position in der Familie festzuhalten: Ich war geschieden.

Ich erklärte Lao Ye, daß ich A-huan nach Xiashi schicken würde. A-huan und Hsü Chih-mo trafen sich am Bahnhof und fuhren gemeinsam aufs Land.

Am gleichen Nachmittag rief mich Lao Ye erneut an und fragte mich, warum ich immer noch nicht gekommen sei. Schließlich sagte ich zu ihm: »Ich bin geschieden. Ich sollte mich in die Angelegenheiten eurer Familie nicht einmischen.«

Ich sagte das nur, weil es Lu Xiaomans Aufgabe war, sich um die Schwiegereltern zu kümmern, und ich nicht wollte, daß sie oder Hsü Chih-mo sich über meine Einmischung ärgerten.

Am späten Abend rief mich Lao Ye wieder an. Er klang völlig verzweifelt. »Du mußt sofort kommen. Uns fehlt eine Frau im Haus. Wir wissen nicht, was wir tun sollen.«

»Warum ich?« antwortete ich. »Ich bin geschieden.« Dann bat ich Lao Ye, Hsü Chih-mo ans Telefon zu holen. Bald hörte ich seine verzweifelte Stimme am anderen Ende: »Ich kann nichts tun. Sie ist so krank. Ich kenne mich mit den Arzneimitteln nicht aus.«

Ich dachte einen langen Moment nach. »Ihr seid sehr egoistisch«, sagte ich schließlich. »Jetzt, wo ihr mich braucht, soll ich kommen. Und wenn Lu Xiaoman auch kommt, was soll

ich dann tun? Wie sieht das denn aus, zwei Frauen unter einem Dach? Werde ich dann auch bis zur Zeremonie bleiben dürfen? Wie wird das wieder aussehen?«
Aber trotz allem mußte ich jetzt zur Familie halten, denn dies war eine wichtige Angelegenheit. »Wenn ich komme«, sagte ich, »dann werde ich das Haus bei Lu Xiaomans Ankunft aber nicht verlassen. Ich muß bis zur Zeremonie bleiben dürfen.«
Hsü Chih-mo klang verzweifelt und erschöpft. »In Ordnung, in Ordnung, komm einfach«, sagte er.
Ich traf etwa zwei Wochen vor Lao Taitais Tod in Xiashi ein. Sie war sehr schwach, drückte aber ihre Freude über mein Kommen aus. Jetzt wußte sie, daß alles gemacht werden würde, wie es sein sollte.
Ich traf alle Vorbereitungen für die Beerdigung, die normalerweise die Hauptfrau trifft. Ich war diejenige, die das Stoffpäckchen in Lao Taitais Mund legte und den Auftrag gab, sie in die verschiedenen Kleider zu hüllen, die Perlen aufzunähen und dann ihren Körper in den Sarg zu betten. Ich bestellte für mehrere Wochen die Mönche zum Beten und wies die Schneider an, unsere Trauerkleider aus weißem Sackleinen zu nähen. Dann engagierte ich das Klageweib, das während der Zeremonie neben dem Sarg stand und jedesmal laut zu jammern begann, wenn ein Freund oder Verwandter der Verstorbenen seine Huldigung darbrachte. »Drei tiefe Verbeugungen, während du auf den Sarg zugehst, und drei, während du zurückgehst«, erklärte ich A-huan, der damals zwölf Jahre alt war.
Lu Xiaoman traf am Morgen der Beerdigung in Xiashi ein und zog sich in das Schlafzimmer im Hauptgebäude zurück, bis die eigentliche Zeremonie begann. Da ich wußte, daß sie kommen würde, war ich mit dem Onkel und den Cousins im alten Familienhaus geblieben. Ich wollte mich nicht im gleichen Gebäude aufhalten wie Lu Xiaoman.
Doch an Lao Taitais Beerdigung nahmen wir beide teil. Lao Ye, der wichtigste Trauergast, stand neben dem Sarg und ver-

beugte sich vor den Menschen, die vortraten, um Lao Taitais Körper die letzte Ehre zu erweisen. In weißes Sackleinen gehüllt und mit gebeugtem Kopf nahm ich meinen Platz neben Hsü Chih-mo, Lu Xiaoman und A-huan ein – als Adoptivtochter der Familie Hsü.

# Das Ende meiner Geschichte

Im Frühjahr 1986 fuhr ich auf der Suche nach Yu-is Vergangenheit nach Shanghai. Ich wollte die Straßen sehen, durch die sie gegangen war, das Haus, in dem sie gewohnt und die Umgebung, in der sie gelebt hatte. Mittlerweile konnte ich sie kaum noch in New York besuchen, ohne ständig an ihre Geschichte und ihre Vergangenheit zu denken. Ich sah nicht mehr die sechsundachtzigjährige Frau, die jeden Morgen aufstand, ihre Gymnastik machte, ihre Vitamine einnahm und immer wieder entschlossen den Tag in Angriff nahm. Wenn ich mit ihr zusammen war, sah ich nur noch ihre Vergangenheit: zusammenhangslose Bilder, bruchstückhafte Abstraktionen, wiederkehrende Themen, Hsü Chih-mo, Lu Xiaoman, Lin Huiyin, und alles vor dem Hintergrund von Berlin und Shanghai.

Nicht alles an dieser Geschichte war mir klargeworden. Yu-i rückte Hsü Chih-mo in ein allzu heldenhaftes Licht. Anfangs behauptete sie, er habe sich wegen seiner damaligen Freundin von ihr scheiden lassen, doch am Ende hieß es, er habe sich scheiden lassen, weil er die Frauen respektierte und keine von ihnen kompromittieren wollte. Wie lautete die Wahrheit? Hatte Yu-i an ihrer anfänglichen Wut auf Hsü Chih-mo so lange herumgedreht, bis Liebe und Dankbarkeit daraus geworden waren?

Ihre Interpretation der Scheidung irritierte mich noch, als ich Yu-i schon in New York zurückgelassen hatte und mich auf dem Weg nach Shanghai befand. Dort traf ich mich mit einem Sohn von Viertem Bruder, der sich noch gut an die alten

Orte erinnerte. Wir begannen unsere morgendliche Fahrt auf dem Bund, dem prachtvollen, baumgesäumten Boulevard, der am Ostrand der Stadt parallel zum Fluß Huangpu verlief. Diese Straße, die heute Zhongshan Dong Road heißt (nach Sun Yat-sen), war und ist immer noch Shanghais berühmteste Promenade. Wir fuhren am Volkspark vorbei, einem einst britischen Park, auf dessen Schildern sicher gestanden hatte: ZUTRITT FÜR CHINESEN UND HUNDE VERBOTEN. Dann fuhren wir weiter den Bund entlang und sahen die Bank von China, deren Präsident Vierter Bruder gewesen war, und daneben das Sassoon House, wo er immer sein Nachmittagsschläfchen gehalten hatte.

Alle Straßennamen hatten sich verändert, und ich hielt einen Stadtplan im Schoß und eine Flasche Tipp-Ex in der Hand, um die harten *X*e und *Z*s der Pinyin-Umschrift und die kommunistischen Straßennamen zu tilgen. An ihrer Stelle zeichnete ich die Grenzen ausländischer Konzessionen ein und schrieb Straßennamen wie Lafayette oder Bubbling Well oder Joffre darüber. Anstelle der Stadtbücherei von Shanghai, dem Volkspark und dem Platz des Volkes trug ich den Club und die Rennbahn ein, die genau zwischen der britischen und der französischen Konzession gelegen hatten.

Meinem Onkel, für den nur der Verlauf und die Biegungen der alten Straßen – und nicht ihre Namen – wichtig waren, hatten wir es zu verdanken, daß wir das Bekleidungsgeschäft fanden, das inzwischen ein Copy-Shop war, und auch die Bank, die Yu-i geleitet hatte; in ihrem Gebäude befand sich jetzt eine Eisenwarenhandlung. Wir verließen das Zentrum mit seinen Scharen von Radfahrern und näherten uns den Wohngegenden der Stadt, deren Häuser ein wenig abseits der breiten Straßen lagen und von Mauern umgeben waren. Mein Onkel zeigte auf ein kleines Haus in der französischen Konzession auf der Avenue Édouard VII, in dem Hsü Chih-mo und Lu Xiaoman eine Weile gewohnt hatten; sie hatten es ge-

mietet, erklärte er mir. Derweil saß ich weiter mit dem Stadtplan von Shanghai da und trug ein großes *H* für Hsü Chih-mo zwischen die *Y*s für Yu-i ein.
Schließlich kamen wir zu Yu-is Haus in der ehemals britischen Konzession. Es war jetzt eine Art Militärkrankenhaus. Als ich auf dem Gelände der ehemaligen Fan-Yuan-Siedlung stand, konnte ich den Zauber der Vergangenheit spüren, sah im Geiste die Weiden, die mir zuzunicken schienen, und die kunstvoll angelegten Gärten. Eine Verbündete, mit der ich nicht gerechnet hatte, war die fast unheimliche Zeitlosigkeit von Shanghai. Irgendwie waren die Geister der Vergangenheit nicht verschwunden, und an diesem Morgen, an dem ich ihre Gegenwart immer stärker spürte, wurde ich wie von selbst um einige Jahrzehnte zurückversetzt. Während ich in Fan Yuan auf Yu-is Spuren wandelte, begriff ich, daß ich ihre Geschichte so akzeptieren mußte, wie sie sie mir vermacht hatte.

幼儀

Ich sah Hsü Chih-mo das letzte Mal am Tag vor seinem Tod; das war 1931. Er kam ins Geschäft, um Achten Bruder zu begrüßen und mich nach ein paar Hemden zu fragen, die er sich nähen lassen wollte. Er war nur für einen Tag nach Shanghai geflogen, um jemandem das Haus eines Freundes zu zeigen, das zum Verkauf stand. Hsü Chih-mo arbeitete als Makler; wenn er besagtes Haus verkaufte, bekäme er eine Provision.
Hsü Chih-mo nahm immer das Flugzeug, obwohl es damals noch gefährlich war zu fliegen. Die ausländischen Gesellschaften waren sicherer als die chinesischen, aber Hsü Chihmo sagte, er fliege mit China Airlines, weil er ein ganzes Heft Freikarten habe. Einer von Hsü Chih-mos berühmtesten Essays handelte vom Fliegen, und die Gesellschaft wollte seine Person für ihre Werbekampagne benutzen.

An diesem Nachmittag sagte er, daß er sofort nach Peking zurückmüsse. Ich fragte ihn, warum er es so eilig habe; er könne doch am nächsten Tag zurückfliegen. Ich erklärte ihm auch, daß er meiner Meinung nach, auch wenn es kostenlos war, nicht mit China Airlines fliegen sollte. Er lachte, wie er immer lachte, und sagte mir, es würde schon alles gutgehen.

An diesem Abend spielte ich bei einer Freundin Mah-jongg und kam erst spät nach Hause. Als ich gegen ein oder zwei Uhr morgens gerade eingeschlafen war, trat plötzlich eine Bedienstete in mein Zimmer und sagte mir, daß ein Mann von der Bank von China vor der Tür stünde, um mir ein Telegramm zu geben.

Auf dem Weg nach Peking sei Hsü Chih-mos Charterflugzeug der China Airlines in Ji'nan, in der Provinz Shandong, abgestürzt, hieß es in dem Telegramm. Hsü Chih-mo, der einzige Passagier, und die beiden Piloten waren sofort tot.

Völlig ungläubig stand ich in meinem Morgenrock im Flur. Ich hatte Hsü Chih-mo doch gerade erst lebend gesehen.

»Was sollen wir tun?« bedrängte mich der Mann von der Bank. »Ich war schon in Hsü Chih-mos Haus, aber Lu Xiaoman will das Telegramm nicht annehmen. Sie sagt, es stimmt nicht, daß Hsü Chih-mo tot ist. Sie weigert sich, die Bestattungsformalitäten in die Hand zu nehmen.«

Ich stellte mir vor, wie Lu Xiaoman die Haustür hinter sich schloß und in einer Opiumwolke verschwand. Was war bloß mit ihr los? Wie konnte Lu Xiaoman sich weigern, die Verantwortung für Hsü Chih-mos Körper zu übernehmen? Seit dieser Zeit glaube ich nicht mehr an die Art von Liebe, die Hsü Chih-mo und Lu Xiaoman verband.

Ich bat den Überbringer der Nachricht ins Eßzimmer. Eine Dienerin brachte ihm Tee, während ich meine Gedanken ordnete. A-huan mußte als Sohn von Hsü Chih-mo nach Ji'nan fahren und den Körper seines Vaters identifizieren. Irgend jemand, aber nicht ich – es hätte Lu Xiaoman sein müssen –,

mußte den dreizehnjährigen A-huan begleiten und die Vorbereitungen für die Beerdigung treffen.
Ich rief Achten Bruder an. Er begann zu schluchzen, als ich ihm die Neuigkeit überbrachte.
»Bist du in der Lage, A-huan morgen nach Ji'nan zu bringen?« fragte ich ihn.
»Natürlich, natürlich«, brachte er mit Mühe hervor.

Als Lao Ye am nächsten Morgen zum Frühstück kam, erzählte ich ihm, daß es einen Flugzeugabsturz gegeben hatte. Ich sagte ihm nicht, wer davon betroffen war. Von allen Leuten, die wir kannten, war Hsü Chih-mo der einzige, der regelmäßig flog. Er fragte mich nach dem Zustand des Passagiers. Ich traute mich nicht, Lao Ye sofort die Wahrheit zu sagen; ich fürchtete, er würde in seinem hohen Alter einen Schock erleiden. So gab ich vor, daß Hsü Chih-mo noch lebte. Ich sagte, er sei im Krankenhaus, und es stünde sehr schlecht um ihn.
Lao Ye wollte nicht ins Krankenhaus gehen und seinen Sohn in diesem Zustand sehen. Ich sollte gehen und ihm alles berichten.
Am nächsten Tag fragte mich Lao Ye beim Frühstück: »Was gibt es Neues?« Ich sah auf meinen Teller und antwortete: »Sie versuchen alles, aber ich weiß nicht, was sie ausrichten können.«
Am folgenden Tag fragte er mich wieder nach Neuigkeiten. Da sagte ich es ihm endlich unter Tränen, denn für mich selbst war es in diesem Moment so, als hörte ich zum ersten Mal davon: »Es gibt keine Hoffnung mehr. Er ist von uns gegangen.«
Als ich in Lao Yes Gesicht schaute, sah ich so viele Gefühle darin: Schmerz, Kummer, Bedauern. Er wandte sich von mir ab und sagte: »Na gut, vergiß es.« *Suy le va*.
Es war schrecklich, so etwas zu sagen, aber er war derart gekränkt und wütend auf Hsü Chih-mo, nachdem er Lu Xiaoman geheiratet hatte.

Ein Suchtrupp wurde auf den Berghang geschickt, um das Flugzeugwrack zu durchforsten. Man fand Hsü Chih-mos Körper unweit der Unfallstelle. Der Leichnam war verstümmelt und schwer verbrannt, aber noch identifizierbar.
Sein Körper blieb zunächst in Ji'nan, wo die Bank von China einen ersten Gedenk- und Trauergottesdienst für ihn stattfinden ließ. A-huan und Achter Bruder nahmen daran teil, und auch Lao Ye trauerte um ihn, wie es sich gehörte, indem er für diesen Anlaß ein Gedicht verfaßte. Darin verglich er Hsü Chih-mo mit einigen berühmten Dichtern: mit Qu Yuan, der sich im dritten Jahrhundert v. Chr. im Xiang ertränkt hatte, weil sein Herrscher ihm nicht mehr vertraute, und dem Tang-Dichter Li Bo, der angeblich bei dem Versuch, in betrunkenem Zustand das Spiegelbild des Mondes zu packen, ertrunken war.

*Die Geschichte zeigt mir Dichter,*
*die im Xiang ertranken*
*oder den Mond im Wasser erhaschten;*
*Allzufrüh verstorbene Literaten.*
*Wie aber Deine Tragödie vorausahnen,*
*aufgeschwungen in die Lüfte,*
*von unerwarteten Winden erfaßt?*

*Von der Wiege an*
*und in all jenen Jahren des Lernens und Studierens*
*haben Dein Vater und Deine Mutter immer dafür gesorgt,*
*daß Du das Beste bekamst.*
*Du warst unser einziger Sohn, unser liebster.*
*Nun, da Deine Mutter gegangen ist,*
*schreibt Dein Vater in einsamer Trauer*
*diese Verse, um Deine Seele anzurufen.*

Auch ich wollte anläßlich des Gedenkgottesdienstes etwas sagen. Aber ich wußte nicht, wie ich meinen Kummer in Worte fassen sollte. So schrieb ein Freund von Zweitem Bruder unter meinem Namen ein Gedicht, in dem er den sagenumwobenen Vogel Peng aus der Gegend um Ji'nan heraufbeschwor, den es mit seinen endlos breiten Schwingen Jahr für Jahr zum Himmelssee hinaufzieht.

*Zehntausend Meilen weit, schwangst Du Dich auf wie der Vogel Peng*
*in die Nebelwolken. O weh! Du verirrtest Dich!*
*Und voller Entsetzen hören wir, daß Du ein Kranich geworden warst;*
*Nun muß Dein Sohn Deine Seele anrufen – welch ein trauriges Los!*

Sechs Monate nach Hsü Chih-mos Tod gelang es der Bank von China schließlich, seinen Körper im Zug von Ji'nan nach Shanghai zu bringen, von wo aus er zur Beisetzung nach Xiashi transportiert werden sollte. Damals war es schwierig zu reisen, da die Kämpfe zwischen den Nationalisten und den Japanern in dieser Gegend anhielten. Achter Bruder begleitete A-huan, um den versiegelten Sarg in Shanghai zu empfangen. Ich hatte nicht vor, an dem Gottesdienst in Shanghai teilzunehmen, hielt aber für alle Fälle einen schwarzen *cheongsam* bereit. Nachmittags klingelte das Telefon.

»Du mußt kommen«, sagte ein Freund.

Ich fragte, warum.

»Komm einfach«, sagte er. So ging ich in die Trauerhalle, in der inmitten von Blumen Hsü Chih-mos geöffneter Sarg stand. Gegen die dunkle Seidenrobe sah sein Gesicht weiß gepudert und geschwollen aus, gar nicht wie er selbst. Ich verbeugte mich dreimal sehr tief, um meinen Respekt auszudrükken. Er war erst fünfunddreißig gewesen, so jung und so talentiert.

Nachdem ich vom Sarg zurückgetreten war, kam erleichtert der Freund, der mich herbeigerufen hatte, auf mich zu. »Du mußt uns helfen«, bat er mich inständig. »Lu Xiaoman will Hsü Chih-mos Trauerkleider gegen einen westlichen Anzug austauschen, und der Sarg gefällt ihr auch nicht. Sie will einen westlichen.«

Mit der Unterstützung der Bank von China hatte Achter Bruder dafür gesorgt, daß Hsü Chih-mos Sarg aus den traditionellen *shou ban*, den Brettern für ein langes Leben, gebaut wurde, die an einer Seite abgerundet waren. Der Sarg sah aus wie ein Baumstamm, nicht wie eine rechteckige Kiste.
Den Gedanken, Hsü Chih-mos Körper von einem Sarg in den anderen umzubetten, fand ich abstoßend. Und auch die Sache mit seiner Kleidung. Warum seinen Körper noch mehr mißhandeln?
»Selbst wenn er eines natürlichen Todes gestorben wäre«, sagte ich, »wäre es schwierig, jetzt noch seine Kleidung zu wechseln. Aber Hsü Chih-mo starb eines so unnatürlichen Todes ...«
Ich wollte Lu Xiaoman nicht sehen, wollte nicht mit ihr sprechen und mich nicht mit ihr auseinandersetzen müssen. »Erzähl Lu Xiaoman einfach, daß ich nein gesagt habe«, meinte ich schließlich.
Dann ging ich, nur für den Fall, daß Lu Xiaoman plötzlich auftauchte. Später erfuhr ich, daß sie Hsü Chih-mo in seiner chinesischen Kleidung und seinem chinesischen Sarg gelassen hatten. Ich verstand Lu Xiaoman nicht. War Hsü Chih-mo so abendländisch geworden, daß er bei seinem Tod westliche Kleidung tragen mußte? Das glaubte ich nicht.
Wie westlich oder progressiv sein Denken auch gewesen sein mochte, ich hielt Hsü Chih-mo nach wie vor für einen Chinesen, denn die westliche Liebe, die er gesucht hatte, konnte ihn am Ende nicht retten. Erst letztes Jahr habe ich die Briefe gelesen, die er Lu Xiaoman vor seinem Tod geschrieben hat. Hsü Chih-mo hatte niemals ein richtiges Familienleben mit ihr. Sie weigerte sich, nach Peking zu ziehen, weil Opium in Shanghai leichter zu bekommen war; um ihr entgegenzukommen, flog Hsü Chih-mo ständig zwischen beiden Städten hin und her. Es macht mich so traurig, wenn ich lese, wie sein Leben am Ende aussah.

Weißt du, warum Hsü Chih-mo an dem Abend, an dem er starb, das Flugzeug nahm? Er hatte es eilig, nach Peking zu kommen, um dort an einer Vorlesung über Architektur teilzunehmen, die von Lin Huiyin gehalten wurde, mit der er ja zum Zeitpunkt unserer Scheidung befreundet gewesen war. So gab es sie immer noch, Lin Huiyin, mit der er seit den Tagen in Sawston, seit ihrer gemeinsamen Vortragsreise mit dem Dichter Tagore und selbst nach ihrer Hochzeit mit Liang Sicheng Kontakt gehalten hatte. Sie und Hsü Chih-mo und sogar ihr Ehemann waren gute Freunde. Liang Sicheng hielt sich zufällig in der Provinz Shandong auf, als Hsü Chihmos Flugzeug dort abstürzte. Er und seine Freunde nahmen am ersten Suchtrupp teil.
Ich habe Lin Huiyin einmal getroffen, 1947, als ich zu einer Hochzeit in Peking war. Ein Freund kam zu mir, um mir zu sagen, daß Lin Huiyin im Krankenhaus sei. Sie hatte gerade eine schwere Operation im Zusammenhang mit einer Tuberkuloseerkrankung hinter sich und schwebte in Lebensgefahr. Ihr Mann war aus Amerika, wo er an der Yale University unterrichtete, zurückgerufen worden. Ich fragte mich zwar, warum Lin Huiyin mich sehen wollte, ging aber mit A-huan und meinen Enkelkindern hin. Zu schwach, um irgend etwas zu sagen, sah sie uns nur abwechselnd an. Ich weiß nicht, was sie erwartet hatte. Vielleicht, daß ich häßlich wäre und nicht lächeln könnte.
Wie sich herausstellte, sollte Lin Huiyin erst 1954 an Tuberkulose sterben. Ich glaube, sie wollte mich damals treffen, weil sie Hsü Chih-mo liebte und sein Kind sehen wollte. Obwohl sie mit Liang verheiratet war, liebte sie Hsü Chih-mo immer noch. Aber wenn sie ihn liebte, warum hatte sie ihn dann nach unserer Scheidung seinem Schicksal überlassen? War das Liebe?

Es heißt, daß Lu Xiaoman, Hsü Chih-mos zweite Frau, ihn geliebt habe. Aber wenn ich bedenke, wie sie sich bei seinem

Tod verhielt, es einfach ablehnte, sich um die Formalitäten zu kümmern – das war keine Liebe. Wie kann man sich weigern, Sorge füreinander zu tragen? Liebe heißt Verantwortung übernehmen, eine Pflicht erfüllen.
Die beiden hatten kein gemeinsames Familienleben. Außerdem brachte Lu Xiaomans Opiumsucht Hsü Chih-mo in finanzielle Schwierigkeiten. Immer wieder mußte er seine Freunde um Geld bitten. Auch mich bat er um Geld, und wenn ich ihm welches aus meiner eigenen Tasche gab, dann sagte ich: »Das ist von deinem Vater.«
Hsü Chih-mo selbst hatte keine schlechten Gewohnheiten. Er trank nicht, rauchte kein Opium. Er hatte bis kurz vor seinem Tod nicht einmal Zigaretten geraucht. Er war ein wunderbarer Mensch und allseits beliebt.

Mein ganzes Leben habe ich mich bemüht, meine Pflicht zu erfüllen. Selbst nach der Scheidung kümmerte ich mich um Hsü Chih-mos Eltern, weil ich es für meine Pflicht hielt. Ich tat das, wovon ich glaubte, daß es richtig für Hsü Chih-mo, für seine Familie und für seinen Sohn sei.
Als Hsü Chih-mo noch lebte, unterstützte ihn Lao Ye finanziell mit monatlich dreihundert Dollar. Nach Hsü Chih-mos Tod gab er Lu Xiaoman weiterhin dreihundert Dollar, weil er sich für sie verantwortlich fühlte. Er ließ das Geld direkt auf ihr Bankkonto überweisen, damit er sie nicht sehen mußte. Lao Ye überlebte Hsü Chih-mo um dreizehn Jahre, und in all diesen Jahren lebte er bei mir und unterstützte Lu Xiaoman Monat für Monat, selbst als sie keinen Hehl mehr daraus machte, daß sie mit ihrem Liebhaber, Herrn Weng, zusammenlebte. Herr Weng und Lu Xiaoman lebten unverheiratet zusammen, bis Herr Weng 1961 starb, sechs Jahre vor Lu Xiaoman. Herr Weng selbst war in all diesen Jahren verheiratet; mir tun seine Frau und seine Töchter leid.
Nachdem Lao Ye 1944 gestorben war, überwies ich weiterhin

jeden Monat dreihundert Dollar auf Lu Xiaomans Konto, weil ich es für die Pflicht meines Sohnes hielt, sie zu versorgen. Vier bis fünf Jahre später kam Herr Weng zu mir, um mich zu sprechen. Er sagte mir, daß er mehrere Tonnen Tee verkauft habe und nun wohlhabend genug sei, um selbst für Lu Xiaoman zu sorgen. Von da an überwies ich kein Geld mehr.

Jetzt komme ich zum Ende meiner Geschichte, und in gewisser Weise bist das du: Du bist das Ende meiner Geschichte. Du bist der erste Mensch, dem ich meine ganze Lebensgeschichte erzählt habe. Aber du warst interessiert, wolltest alles wissen, und schließlich ist meine Geschichte wirklich alles, was ich dir geben kann. Du fragst mich immer, ob ich noch einmal Zeit für ein Gespräch habe. Alles, was ich jetzt habe, ist doch Zeit – Zeit, herumzusitzen und über vergangene Tage nachzudenken.

Manchmal habe ich das Gefühl, alles für meine Familie und dann für die Familie Hsü getan zu haben, weil ich mir ständig über Recht und Unrecht Gedanken machte. Trotz meiner Scheidung stand ich der Familie Hsü und selbst Hsü Chih-mo immer nahe. Auch die Wahrsagerin hatte die Hsüs von Anfang an gemocht.

Du fragst mich, wie ich eine Bank und ein Bekleidungsgeschäft leiten und trotzdem so gehorsam gegenüber den Hsüs und Hsü Chih-mo sein konnte. Ich glaubte einfach, eine Verantwortung gegenüber meinen Schwiegereltern zu haben, weil sie als Großeltern meines Sohnes genauso meinen Respekt verdienten wie die eigenen Eltern. Ich bin mit diesen traditionellen Werten aufgewachsen; ich konnte sie nicht einfach ablegen, wie sehr ich auch vom Westen beeinflußt wurde.

Ich möchte Hsü Chih-mo für die Scheidung danken. Ohne sie wäre es mir vielleicht nie gelungen, mich selbst zu finden und mich weiterzuentwickeln. Da er mich befreite, konnte ich etwas aus meinem Leben machen.

Letzte Woche habe ich in einer Zeitung aus Taiwan einen Artikel über einen Mann gelesen, der achtzehn Frauen hatte. Alles sei bestens, behaupete er und fragte sich, worüber die Leute sich eigentlich aufregten. Und er hatte auch gute Gründe dafür: Alle seine Frauen waren erwerbstätig, hatten genug zu essen und waren unabhängig. Wo lag also das Problem? Er erklärte sehr einleuchtend, daß diese Gründe für jede Religion zufriedenstellend seien. Warum sollte es also ein Gesetz gegen die Polygamie geben?
Alle waren glücklich. Keine der Frauen beschwerte sich. Erst die neunzehnte. Als er im Begriff war, Nummer neunzehn zu heiraten, regte sich deren Mutter auf und spielte den Zeitungen die Geschichte zu. Weißt du, solche Sachen interessieren mich immer sehr, weil sie mich darüber nachdenken lassen, was Recht und was Unrecht ist.

Nach Hsü Chih-mos Tod lebte ich noch fast zwanzig Jahre in Shanghai; in dieser Zeit kämpfte China bis 1945 gegen die Japaner und dann, bis 1949, gegen die Kommunisten. Chiang Kai-shek, der Präsident der damals regierenden Kuomintang, sagte einmal, als er diese beiden Feinde Chinas miteinander verglich, daß die Kommunisten das größere Übel seien. Die Japaner seien lediglich eine Hautkrankeit, während die Kommunisten die inneren Organe angriffen.
Ich hatte in dieser langen Kriegsperiode sehr viel Glück: Mein Leben ging ungestört weiter, und ich verdiente viel Geld. Ich kaufte große Mengen Färbemittel, das für die Armeeuniformen gebraucht wurde. Ich wartete ab, bis sich der Preis verhundertfacht hatte und es unmöglich war, das Färbemittel aus Deutschland zu beziehen; dann verkaufte ich. Mit diesem Kapital begann ich, in Baumwolle und Gold zu investieren. Von allen Leuten, die an dem Bekleidungsgeschäft beteiligt waren, war ich die einzige, die es zu Geld brachte.
Ein Jahr lang machte eine Frau namens Song jedes Geschäft

nach, das ich abschloß. Jeden Morgen kam sie zu mir und rief ihren Makler an, sobald ich meinen benachrichtigt hatte. Sie lebt jetzt in Hongkong und schreibt mir immer, daß das Jahr mit mir ihre erfolgreichste Zeit gewesen sei.

Das Schlimmste, was ich während jener Kriege erlebt habe, war die japanische Invasion in Shanghai im Sommer 1937, durch die die Women's Bank beinahe zugrunde gerichtet wurde. Es war ein schrecklicher Tag, an dem es in den Straßen von Menschen wimmelte, die aus der Stadt flohen. So viele Kunden strömten in die Bank, daß unsere Bargeldreserven knapp wurden und ich eine größere Bank bitten mußte, die Eigentumsurkunde unseres Gebäudes als Sicherheit für einen Kredit zu akzeptieren. Dann kam ein Kunde hereinspaziert und wollte das gesamte Geld abheben, das ich gerade mühsam für unsere Bank aufgetrieben hatte, vierzigtausend Dollar.

Ich ging nach hinten zum Manager und sagte: »Wenn dieser Kunde vierzigtausend Dollar abhebt, können wir die Bank morgen nicht mehr aufmachen. Unsere Bank wird dann ein für allemal schließen. Ich möchte ihm vorschlagen, daß wir ihm eine Garantie für diese Summe geben. Aber können Sie mir Ihrerseits dafür die Garantie geben?«

Der Manager garantierte mir, daß er bei einem Zusammenbruch der Bank als erstes meine vierzigtausend Dollar sicherstellen würde. Ich ließ mir diese Zusage schriftlich geben. Dann ging ich zu dem Kunden und fragte ihn, ob ihm eine Bürgschaft für sein Geld reichen würde.

Unser Unternehmen war eine Frauenbank, aber dieser Kunde war ein Mann. Er sagte: »Wenn Sie, Chang Yu-i, mir sagen, daß Sie dafür bürgen, dann glaube ich Ihnen. Ich würde niemand anderem glauben, aber Ihrem Wort vertraue ich.«

Wir setzten einen Vertrag auf, demzufolge ich ihm in einem halben Jahr das Geld plus Zinsen geben würde. So rettete ich unsere Bank. In den folgenden sechs Monaten hatte ich diesen Vertrag ständig bei mir. Falls mir etwas zustoßen sollte, wollte ich, daß diejenigen, die mich fänden, über meine Verpflichtung gegenüber diesem Kunden informiert wären.

Mein Sohn A-huan wurde 1939 einundzwanzig Jahre alt. Seit meiner Rückkehr aus Deutschland hatte ich stets mitverfolgt, was er lernte, und dafür gesorgt, daß er sowohl in den konfuzianischen Klassikern als auch in westlichen Fächern unterrichtet wurde. Ich wollte, daß er erst heiratete, wenn er sein Studium beendet hätte. Als er einundzwanzig wurde, fragte ich ihn, wen er sich als Ehefrau vorstellen könnte. Ich wollte ihm helfen, eine passende Frau zu finden und nicht wie ich aufs Geratewohl zu heiraten.

Er antwortete mir: »Nur eine Schönheit wird mich interessieren.«

Als er mir diese Antwort gab, verstand ich ihn nicht. Er erinnerte mich plötzlich an seinen Vater, bei dem ich immer gespürt hatte, daß er sich eine weiblichere, charmantere Frau gewünscht hatte, als ich es war.

Über Mah-jongg-Freunde hörte ich dann jedoch von einer schönen jungen Frau in seinem Alter. Ich lüd sie und ihre Mutter zum Abendessen ein. A-huan sah sie an, wechselte ein paar Worte mit ihr und mochte sie. Noch im gleichen Jahr fand ihre Hochzeit statt, zu der tausend Gäste geladen waren. Sie haben es seitdem immer gut getroffen. 1947 emigrierten sie in die Vereinigten Staaten, wo sie heute noch leben, und sie haben mir vier Enkel und sogar schon Urenkel geschenkt. Als ich am Anfang mit ihnen zusammenlebte, machte ich mir Sorgen um meine Schwiegertochter. Ich wollte nicht, daß sie in der Ehe den gleichen Schwierigkeiten begegnete wie ich. Ich bot ihr Unterrichtsstunden in Englisch, Französisch, Deutsch und auch in chinsesischer Literatur an, damit sie nicht nur den ästhetischen, sondern auch den intellektuellen Ansprüchen meines Sohnes genügen konnte.

Im April 1949, einen Monat, bevor die Stadt in die Hände der Kommunisten fiel, verließ ich Shanghai. Tag für Tag hatte ich auf den Titelseiten der Zeitungen die Karten studiert, die das Anrücken der Kommunisten dokumentierten. Als wir schließlich gingen, herrschten in China weder Recht noch Ordnung. Wer konnte, der floh. Ich hatte das große Glück, einen Platz in einem Flugzeug zu bekommen. Auf dem Flug nach Hongkong mußten wir vor kommunistischen Bombern auf der Hut sein. Außer Erstem Bruder, Siebtem Bruder, Erster Schwester und Dritter Schwester haben alle Chang-Geschwister China verlassen. Wir beschlossen, nicht etwa den Führern der Kuomintang nach Taiwan zu folgen, sondern zu versuchen, im Westen einen Platz für uns zu finden. Die meisten von uns landeten, nachdem wir über den ganzen Erdball verstreut gewesen waren, schließlich in Amerika. Vierter Bruder ging zunächst nach Australien; Zweiter Bruder nach Hongkong, dann nach Indien; Achter Bruder nach Japan, dann Brasilien. Alle drei Brüder machten am Ende Kalifornien zu ihrer neuen Heimat. Nachdem wir eine Weile in Hongkong gelebt hatten, kamen Vierte Schwester und ich nach New York, sie 1956 und ich 1974.

1953 heiratete ich einen Mann namens Dr. Su. Er wohnte in Hongkong mit seinen vier jugendlichen Kindern eine Etage unter mir. Ich lernte ihn über einen Freund kennen, und als er um meine Hand anhielt, da überlegte ich mir, wie schrecklich es für uns beide wäre, wenn die Ehe nicht funktionieren würde. Er war ebenfalls geschieden; ich glaube, seine Frau hatte wieder geheiratet.

Ich schrieb meinen Brüdern, die ich in allem um Rat fragte. Ich zog auch A-huan zu Rate, denn als Witwe mußte ich eigentlich meinem Sohn gehorchen.

Vierter Bruder schrieb aus Australien: »Laß mich darüber nachdenken.«

Auch Zweiter Bruder konnte sich nicht entscheiden, ob ich wieder heiraten sollte oder nicht. An einem Tag erhielt ich ein Telegramm, in dem es »Ja« hieß, und am nächsten eins mit einem deutlichen »Nein«. Meine Brüder liebten mich sehr; sie wollten nicht, daß ich noch einmal verletzt würde. Außerdem existiert diese chinesische Vorstellung, daß eine Witwe nicht wieder heiraten sollte, weil sie damit Schande über ihre Familie bringt. Aber Hsü Chih-mo und ich waren schon vor seinem Tod geschieden worden. Deshalb glaubte ich nicht, daß ich Schande über die Familie brächte, wenn ich eine neue Ehe einging.
Zweiter Bruder, der mir immer geraten hat, auf mein Innerstes zu hören, schrieb mir:

*Dein Bruder ist nicht begabt. Seit dreißig Jahren bist Du Witwe, hast unter Mühen Deinen Sohn großgezogen, und ich konnte Dir niemals von Hilfe sein. Jetzt bin ich alt ... Deine erneute Heirat ist eine Frage des Rufes und des Anstands. Ich kann dazu kein klares Wort sprechen. Meine liebe Schwester, Du bist eine kluge Frau. Du solltest Deine eigene Entscheidung treffen.*

A-huan antwortete mir:

*Meine liebe Mutter, seit dreißig Jahren weißt Du, was es heißt, Witwe zu sein. Du hast mir das Leben und große Zuneigung geschenkt; Du hast mich ernährt, mich großgezogen. Die Gunst, die Du mir zuteil werden ließest, ist so groß wie der weite Himmel. Glücklicherweise bin ich jetzt unabhängig und kann für mich selbst sorgen ... Doch ich werde weiter Deinen Wünschen gehorchen und Deinem Lebensweg folgen. Ich werde darum kämpfen, daß mein Leben sich Deiner Gunst würdig erweist ...*
*Du hast zuviel gelitten in vergangenen Tagen, Mutter, Du kanntest wenig Glück. Deine Mutterpflichten sind erfüllt, und nun sollte Dein Herz Beistand finden. Doch wer wird Dir beistehen? Wer wird Dir Gesellschaft leisten? Wenn Du den richtigen Menschen gefunden hast, Mutter, dann werde ich ihm dienen, als wäre er mein leiblicher Vater ...*

Mein Sohn war Bauingenieur geworden, als er nach Amerika ging. Aber alle, die diesen Brief lasen, sagten, daß sich darin deutlich zeige, daß er Hsü Chih-mos Sohn sei.
Vierter Bruder hat mir nie geantwortet. Aber da mein Sohn mir die Erlaubnis gegeben und Zweiter Bruder keinen Einwand erhoben hatte, heiratete ich Dr. Su. Habe ich ihn geliebt? Nicht einmal das kann ich sagen. Als ich ihn heiratete, fragte ich mich, ob ich in der Lage sein würde, irgend etwas für diesen Mann zu tun. Würde ich ihm helfen können, Erfolg zu haben?
Am Anfang unserer Ehe verließen sein Sohn und seine drei Töchter jeden Abend nach dem Essen sehr schnell den Tisch, und ich fragte mich immer nach dem Grund. Sie erklärten mir schließlich, daß ihr Vater, sobald er etwas Bier oder Wein getrunken habe, immer Streit mit ihnen suche. Deshalb verließen sie den Tisch, ehe er die Beherrschung verlor.
Als ich Dr. Su das erzählte, war er überrascht. Es war ihm selbst nicht aufgefallen. Ich sagte zu ihm: »Wie wär's, wenn du mit dem Trinken aufhörst? Dann bleiben die Kinder am Tisch.«
Von jenem Tag an gab er das Trinken für immer auf. Er trank nie wieder einen Tropfen. Ich habe ihn sehr dafür bewundert, daß er in der Lage war, diese Gewohnheit von heute auf morgen abzulegen. Von da an blieben die Kinder immer mit uns am Tisch sitzen.
Mit Dr. Su konnte ich mich unterhalten, konnte mit ihm über alle möglichen Dinge reden. Außerdem konnte ich ihm helfen. Als er gerade nach Hongkong gezogen war und noch für seine Zulassung als Arzt arbeitete, blieb ich die ganze Nacht mit ihm auf, wenn er seine dicken Medizinbücher las. Später hatte er zwei Praxen, eine jenseits des Hafens in Kowloon, die er vormittags öffnete, und eine andere in Hongkong. Ich kümmerte mich um seine gesamte Buchhaltung und seine Termine. Wenn jemand wegen eines Notfalls anrief, holte ich

ihn mit dem Auto an der Star Ferry Station ab, um ihm zu sagen, wo er als nächstes hinfahren mußte.

1967 reiste ich sogar gemeinsam mit Dr. Su nach Cambridge und Berlin, um all die Orte meiner Vergangenheit zu besuchen. Er hatte die meiste Zeit seines Lebens in Japan gelebt und war noch nie in den Westen gereist. Ich zeigte ihm alles. Zu zweit saßen wir an den Ufern des Cam und betrachteten den Fluß, der sich malerisch durch die Colleges wand. Und mir wurde bewußt, wie schön Cambridge war; das war mir bis dahin nie aufgefallen. Wir nahmen sogar einen Bus von Cambridge nach Sawston, wo ich wie erstarrt draußen vor dem Cottage stand und es einfach nicht glauben konnte, daß ich damals so jung gewesen war.

Als wir nach Berlin fuhren, hatte sich die ganze Stadt verändert. So viele Stadtteile waren während des Zweiten Weltkrieges ausgebombt worden. Ich konnte nicht einmal durch das Brandenburger Tor gehen oder über die Straße Unter den Linden spazieren, weil die Berliner Mauer direkt davor lag. Aber es gelang mir, von außen ein oder zwei Gebäude anzuschauen, in denen ich mit Peter und Dora gewohnt hatte.

Nachdem ich diese Orte besucht hatte, beschloß ich, daß es wichtig für meine Enkelkinder sei, etwas über Hsü Chih-mo zu erfahren. So bat ich einen ehemaligen Kollegen von Hsü Chih-mo, der mit ihm beim *Halbmond* gearbeitet hatte und ein gelehrter Mann war, eine Anthologie von Hsü Chih-mos Werken zusammenzustellen. Ich stellte einige meiner Briefe zur Verfügung, und A-huan fuhr nach Taiwan, um sich mit dem Mann zu treffen. Ich wollte, daß mein Sohn und meine Enkel etwas hätten, was sie an Hsü Chih-mo erinnern würde.

Dr. Su starb im Jahre 1972. Wie mein Sohn Peter in Deutschland litt auch Dr. Su an einer Darmerkrankung, in seinem Fall Krebs. Als ich ihn eines Tages an der Fähre abholte, war er unter seiner Wolljacke in Schweiß gebadet, obwohl es kalt war. Der Arzt sagte zu mir: »Sie haben sechs Monate. Stellen Sie sich darauf ein.« Wir beerdigten ihn in Hongkong.

Nach Dr. Sus Tod kam ich nach Amerika, um näher bei meinem Sohn und meinen Enkelkindern zu sein. Ich stehe jeden Morgen um halb acht auf und mache fünfundvierzig Minuten Gymnastik. Dann frühstücke ich – einen Teller Hafergrütze oder ein Ei, zweieinhalb Minuten gekocht. Ich nehme täglich meine Vitamine und einen Löffel Bierhefe mit Orangensaft, um gesund zu bleiben. Ich lese gerne meine Zeitungen, besuche meine Familie und gehe manchmal sogar in die Kurse, die in meinem Wohnblock angeboten werden. Da kann ich an Aerobic-, Deutsch- oder Häkelkursen für ältere Menschen teilnehmen. Ich spiele auch noch jede Woche Mah-jongg und gestatte mir bis zu zweihundert Dollar Gewinn oder Verlust pro Jahr.

Du fragst mich immer, ob ich Hsü Chih-mo geliebt habe, und Du weißt, daß ich diese Frage nicht beantworten kann. Sie verwirrt mich, weil mir die Leute immer erklären, ich hätte so viel für Hsü Chih-mo getan, daß ich ihn geliebt haben müsse. Dabei kann ich gar nicht sagen, was Liebe ist. In meinem ganzen Leben habe ich noch nie zu irgend jemandem gesagt »Ich liebe dich«. Wenn es Liebe ist, daß mir Hsü Chih-mo und seine Familie immer etwas bedeutet haben, dann habe ich ihn vielleicht geliebt. Vielleicht habe ich ihn von allen Frauen in seinem Leben am meisten geliebt.

# Epilog

Das letzte Mal sah ich Yu-i am Abend des 20. Januar 1989, der, wie sich herausstellen sollte, ihr letzter Abend war. Sie lebte nach wie vor in ihrer Wohnung, verbrachte aber die meiste Zeit im Bett, weil sie an einer Bronchitis litt. Ihre Enkelin Angela pflegte sie aufopferungsvoll. Da Angela an jenem Tag Geburtstag hatte, blieb ich bei Yu-i, damit sie mit ihrem Mann und ihrem Sohn in ein Restaurant gehen konnte.

Im vergangenen Jahr hatte ich von Yu-is Tod geträumt; es war ein Alptraum, in dem sie keuchte und nach Luft rang, während sie auf ihrem Bettrand immer mehr zusammenschrumpfte. Doch als ich sie jetzt sah, schwach und in sich zusammengesunken, war ich fassungslos. Ich erinnerte mich an den einst so glühenden Ausdruck in ihren Augen, wenn sie sprach; jetzt tränten ihre Augen, und sie betupfte sie ununterbrochen mit einem Tuch. Ich konnte nicht sagen, ob sie weinte oder ob es ein Symptom ihrer Krankheit war. Sie wurde auch häufig von einem krampfartigen Husten geschüttelt, der jedesmal eine ungeheure Menge Schleim hervorbrachte.

Während wir zu zweit an dem Teakholztisch saßen, an dem wir so viele Gespräche geführt hatten, kam sie mir unglaublich klein vor. Sie hatte kaum Appetit und aß nur eine halbe Schale Reis. Es kostete sie große Mühe, ihre Tabletten herunterzuschlucken; ich mußte sie auf ihre Zunge legen und ihr das Glas Wasser an die Lippen halten. Während des Essens drohte sie plötzlich an einem Reiskorn zu ersticken; ihr Keuchen war so unheimlich, so real, genau wie in meinem Alptraum. Der Hu-

stenkrampf nahm ihr so viel Kraft, daß ich fürchtete, sie würde jeden Moment hier an diesem Tisch sterben.
Den Rest unserer Mahlzeit empfand ich wie eine traurige Erinnerung an die Zeit, die wir zusammen verbracht hatten. Ich spülte das Geschirr, während sie teilnahmslos dasaß, und führte sie dann mit ihrer Gehhilfe ins Badezimmer und schließlich an ihr Bett. Sie konnte sich nur noch mit großer Mühe alleine ausziehen, und während ich ihr langsam in ihren Pyjama half, hob sie pflichtbewußt ihre Arme und Beine an, um mir wenigstens ein bißchen zu helfen. Als sie dann auf dem Bett saß und sich von mir den Pyjama zuknöpfen ließ, spürte ich, daß sie von einer unglaublichen Erschöpfung überwältigt wurde.
Nachdem ich ihren Körper vorsichtig zur Seite geschoben hatte, um die Decke zurückzuschlagen und ihr ins Bett zu helfen, nahm sie meine Hand und sagte heiser, aber kraftvoller, als ich sie an diesem Abend hatte sprechen hören: »Ich bin so glücklich, daß du hier bist.«
Ich antwortete mit einem Nicken und gab ihr einen Gutenachtkuß. Dann machte ich es mir auf dem Sofa in der anderen Ecke ihres Appartements bequem und lauschte ihrem tiefen, schweren Atem, während sie ein letztes Mal in den Schlaf fiel.

Die Beerdigung fand ein paar Tage später in der Brick Church an der Ecke 91. Straße, Park Avenue statt. Ich war erstaunt, wie viele Menschen gekommen waren – etwa zweihundert. Ich erkannte Familienmitglieder und vertraute Gesichter aus ihrem Wohnblock, Nachbarn, mit denen sie gemeinsam gegessen und ihr Deutsch erprobt hatte. Angela, die immer ein sehr enges Verhältnis zu ihrer Großmutter gehabt hatte, wies mich auf weitere Trauergäste hin: Yu-is Mah-jongg-Freunde und einige Gemeindemitglieder. Es herrschte eine feierliche und doch lebhafte Stimmung, so als sei allen Anwesenden das lange, erfüllte Leben bewußt, das Yu-i geführt hatte.

Angelas Mann erhob sich, um seiner Bewunderung für Yu-is Energie und ihren *nenggan*, ihren zupackenden Geist, Ausdruck zu verleihen. Ich sah, wie alle Gesichter vor Anerkennung aufleuchteten. So hatten sie die meisten gekannt, als eine offene, entschlossene Frau, die allen ein Vorbild war. Angela bat mich, auch etwas zu sagen. Ich hörte, wie meine Stimme durch den Raum hallte, während ich mich über das Mikrophon beugte. Ich berichtete von meinen Jahren mit Yu-i und davon, wie ich auf dem College während meines Studiums der chinesischen Geschichte zum ersten Mal in einer Fußnote etwas über sie gelesen hatte. Noch als Studentin hatte ich begonnen, Yu-i regelmäßig zu besuchen und mir von ihr ihre Geschichte erzählen zu lassen.
Und nun berichtete ich allen Versammelten von Yu-is wenig bekannter Vergangenheit, schilderte ihnen, wie sie einst mit Hsü Chih-mo verheiratet worden war, eine Scheidung durchstehen mußte und als starke, von traditionellen wie modernen Werten geprägte Frau daraus hervorging. Die Reaktionen der Trauergemeinde ließen mich darauf schließen, daß nur die wenigsten von Yu-is Verbindung mit Hsü Chih-mo, von ihrem Kampf um Unabhängigkeit und um eine eigene Persönlichkeit gewußt hatten. Als ich all diese Menschen um mich herum betrachtete, begriff ich, daß Yu-i jedem von ihnen etwas anderes gegeben hatte. Und in diesem Moment wurde mir klar, welch ein großes Geschenk sie mir gemacht hatte.

Vor der Mahagonitruhe im Haus meiner Eltern kniend, drücke ich Yu-is schwarzes Seidenkleid, ihren *cheongsam*, an mich, so als könnte er meine Großtante wieder herbeirufen. Das Lotosblütenmuster, das in den weichen Stoff hineingewoben ist, läßt an einen schimmernden schwarzen Teich denken. Yu-i sagte immer, sie möge diesen strukturierten Stoff besonders, weil er sich gut tragen lasse und man die Falten darauf nicht sähe. Sie hatte außerdem den traditionell engen *cheongsam* abgeändert, indem sie einige Abnäher entfernte und die Seitennähte öffnete, um mehr Bewegungsfreiheit zu haben. Der unverwechselbare Schnitt ihres maßgefertigten *cheongsams* rief mir Yu-is praktische Veranlagung und ihre Unabhängigkeit in Erinnerung, die ich so geschätzt hatte.

Inzwischen habe ich neben Yu-is Sachen zwei weitere Kleidungsstücke in die Truhe gelegt: meine beiden Hochzeitskleider. Das erste, ein weißes Chiffonkleid – der Stoff meiner amerikanischen Kindheitsträume – trug ich, als ich mein Ehegelübde ablegte. Das zweite ist ein langes Futteralkleid in leuchtendem Rot, der chinesischen Farbe des Glücks. Mein *cheongsam* wurde nach den Kleidern entworfen, die auch Yu-i und meine Mutter getragen hatten: schmal geschnitten, mit Schlitzen und einem steifen Stehkragen versehen. Als ich mich für den Hochzeitsempfang umzog und in meinen *cheongsam* schlüpfte, bebte ich vor Stolz; ich war respektvolle Tochter und selbstbewußte Schwester zugleich, hatte ich doch mit der Tradition gebrochen und, mit dem Segen meiner Eltern, außerhalb meines Erbes geheiratet.

Während ich noch nachdenklich vor der Truhe saß, kam es mir einen Moment lang so vor, als stünde Yu-i neben mir. Sorgfältig faltete ich mein weißes Kleid, meinen roten und Yu-is schwarzen *cheongsam* zusammen und strich das Seidenpapier dazwischen glatt. Dann legte ich die Kleider eins neben das andere in die Truhe und schloß leise den Deckel über den Erinnerungsstücken meiner Familie.

# Danksagungen

Ich bin vielen Menschen dankbar.

An erster Stelle der Familie Hsü, und besonders Yu-is geliebtem Sohn, Hsü Chih-kai, und ihrer geliebten Enkelin, Angela, die mir erlaubt haben, so viele Stunden mit Yu-i zu verbringen und ihr mit diesem Buch Tribut zu zollen. Ich bin ihnen sehr dankbar, daß sie mir das kostbare Fotoalbum der Familie zur Verfügung gestellt haben und mich an ihren Erinnerungen an die Frau, die sie so sehr liebte, teilhaben ließen.

Dem Kalligraphen Qianshen Bai sind die kalligraphischen Zeichen für »Yu-i und Chih-mo« auf dem Buchumschlag zu verdanken.

Bei meinen Recherchen über Hsü Chih-mo und andere Mitglieder der 4.-Mai-Bewegung waren mir die Arbeiten von Leo Ou-fan Lee, Julia Lin, Jiang Fucong, Liu Shiqing, Jonathan D. Spence und Cyril Birch von großer Hilfe. Besonderen Dank schulde ich den Herren Lee, Spence und Birch für ihre Übersetzung der privaten Unterlagen und Essays von Hsü Chih-mo und Liang Qichao. Jonathan Spence, der in meiner High-School-Zeit einige Texte von mir las und mich im Laufe der Jahre in meinem Interesse für Yu-is Geschichte stets ermutigte, half mir mit wertvollen Vorschlägen. Als Wissenschaftler, Leser und Freund inspirierte er mich immer wieder mit seiner Sensibilität.

Chi-hung Yim von der Yale University übersetzte folgende Texte für mich: Yu-is Gedicht zum Gedenken an Hsü Chihmo, Hsü Chih-mos Elegie an seinen Sohn und Chang Chiasens und Hsü Chih-kais Briefe an Yu-i. Er, Chen Gang und Vivian Lu, ebenfalls von der Yale University, lasen außerdem mit größter Sorgfalt das gesamte Manuskript und trugen mit ihren Kommentaren erheblich zu seiner Verbesserung bei.

Die Professoren und Fellows im Fachbereich Ostasien, von deren Zeit und Sachkenntnis ich durchweg profitieren durfte, schufen eine Atmosphäre, in der freies Forschen möglich war. Meine Examensarbeit wurde hervorragend von Wei-ming Tu betreut. Rulan Pian half mir mit ihren Erinnerungen an Hsü Chih-mo und ihrer Kenntnis der damaligen Zeit. Wilma Fairbank war so freundlich, mich an ihren Erinnerungen an Lin Huiyin teilhaben zu lassen.

All diesen Spezialisten bin ich zu großem Dank verpflichtet; alle eventuellen Ungenauigkeiten in diesem Buch gehen natürlich nur auf mein Konto.

Frances Bennett, Carolyn Yordan und Alec Gold ermutigten mich in meinen ersten Schreibversuchen. Die *National Foundation of the Arts* gab mir in einem entscheidenden Moment ein dringend benötigtes Stipendium. Ohne den kritischen Blick meiner Kommilitonen von der Columbia University und der Writer's Voice und ohne die Anleitungen von Patricia Bosworth, Martha Golub und Alice Dark hätte ich dieses Buch niemals schreiben können. Besonders Alice Dark half mir, die Veröffentlichung des Manuskriptes anzugehen.

Lynne Goodwin und James Bulkeley unterstützten mich mit wertvollen Vorschlägen. Charlotte Bacon, David Franklin, Judy Neugroschl und Ashar Qureshi mühten sich durch zahllose Entwürfe hindurch. Elizabeth Miles und Kate Young waren meine Kritiker in Moskau. Tenney Walsh war mir beim Schreiben eine inspirierende Freundin, die mir mit klugen Ratschlägen, Ideen und Vertrauen in meine Fähigkeiten zur Seite stand. So viele meiner Freunde haben an mich geglaubt und mir in dieser langen Phase geholfen. Ich bin ihnen allen sehr dankbar.

Großen Dank schulde ich auch meiner wunderbaren Agentin und Freundin Nicole Aragi für ihren Humor, ihre Freundlichkeit und ihren Rat. Auf ihre Integrität und Intelligenz konnte ich mich immer verlassen; jeder Autor sollte so viel

Glück haben. Ich danke auch Nicoles Assistentin in der Watkins-Loomis Agency, Lily Oei.

Ich möchte außerdem allen Mitgliedern der Familien Chang und Pu danken, die mir immer wieder gezeigt haben, was es bedeutet, eine Familie zu sein, und was es bedeutet, Chinesin zu sein. Mein kenntnisreicher Großvater mütterlicherseits, Hung-ki Pu, ein begabter Linguist, hat mir vor seinem Tod ungeheuer viele Ideen gegeben. Meine Eltern haben mich über viele schwierige Jahre hinweg unterstützt, ohne jemals in Frage zu stellen, daß sie mir und diesem Projekt helfen wollten. Sie haben mich immer meinen eigenen Weg suchen lassen, und dank ihres Vertrauens weiß ich, daß ich niemals allzuweit vom rechten Pfad abkommen werde. Mein Mann Dan gab mir in Moskau die Gelegenheit, mich nur noch dem Schreiben zu widmen; von ihm lerne ich Tag für Tag, was Liebe und Freundschaft bedeuten.

Und schließlich verdanke ich Yu-i selbst, die immer geduldig mit mir war und alles tat, um meine Neugierde zu stillen, unendlich viel. Ich werde niemals die rechten Worte finden, um Dir zu danken, Yu-i.

# Expeditionen in unbekannte Welten

Nigel Barley
**Traumatische Tropen**
Notizen aus meiner Lehmhütte
dtv 12399
**Die Raupenplage**
Von einem, der auszog, Ethnologie zu betreiben
dtv 12518
**Hallo Mister Puttymann**
Bei den Toraja in Indonesien
dtv 12580

Julia Blackburn
**Daisy Bates in der Wüste**
Eine Frau bei den Aborigines
dtv 30588

Mary Crow Dog
**Lakota Woman**
Die Geschichte einer Sioux-Frau
dtv 36104

Mary Crow Dog
Richard Erdoes
**Ohitika Woman**
dtv 30589

John Fire Lame Deer
Richard Erdoes
**Tahca Ushte**
Medizinmann der Sioux
dtv 20034

Archie Fire Lame Deer
Richard Erdoes
**Medizinmann der Sioux**
Tahca Ushtes Sohn erzählt von seinem Leben und seinem Volk
dtv 36057

Rae Graham
**Mashudu**
Die weiße Zauberheilerin
dtv 36056

Bernard Lewis
**Der Atem Allahs**
Die islamische Welt und der Westen
dtv 30640

Annemarie Schimmel
**Berge, Wüsten, Heiligtümer**
Meine Reisen in Pakistan und Indien
dtv 30639